河湟遗韵

陈生龙 编著

中国建筑工业出版社

序一

万紫千红　光耀后世——《河湟遗韵》读后

看到家乡青海省西宁市湟中区（本书简称“湟中”）编辑了一本宣传非遗的册子，很感欣慰。今天的湟中是历史上古湟中的一个核心点，曾是青藏高原华夏文明、西亚文明、中亚文明的交汇点，中华文明发祥的一个聚焦点，见证了丝绸南路绵延1500多年的风雨。多民族多元文化的交融汇合，形成颇具特色的地域和民族文化，拥有灿若繁星的非物质文化遗产（以下简称“非遗”）。今天，喜逢盛世，湟中在弘扬地域文化、保护与传承非遗方面，做了大量工作，打造了许多富有地方和民族特色的文化载体与项目，保护、传承和开发非遗，记录历史文化符号，使其显现时代活力，发挥重要作用，实在是一件利在当代、功在千秋的壮举。

这本集子，包括国家级非遗项目6项、传承人8人，省级非遗项目16项、传承人27人，市级非遗项目12项、传承人21人三个层次，分别进行了提纲挈领式的概说。如国家级项目介绍了加牙藏毯、塔尔寺酥油花、湟中堆绣、湟中千户营高台、湟中银铜器制作与鎏金技艺、塔尔寺花架音乐等，对于了解这些非遗项目的基本内容、主要技能、制作工艺、艺术特色等，从而窥斑见豹，进一步展示这个地区的特殊文化底蕴，开拓传承空间，增强民族认同，凝聚民间力量，有着积极作用。湟中非遗，有着与众不同的文化内涵和外在形式，给我们的学习和解读留下了众多的思考空间。保护和利用好非遗，对于实现现代化，经济、文化可持续的全面协调发展意义重大。

内涵深邃。湟中非遗是湟中地区各族人民世代相承、与群众生活密切相关的各种传统文化表现形式和文化空间。它具有重要历史价值的文化信息资源，也是历史真实的珍贵记忆。湟中各族人民在长期生产生活实践中创造的丰富多彩的非遗，是中华民族智慧与文明结晶的有机组成部分，更是古西陲之地连结民族情感，巩固与维系国家统一的民间基础。它所蕴含的中华民族特有的精神价值、思维方式和文化意识，是维护中华民族文化身份和文化主权的基本依据。加强非遗保护，不仅是国家和民族发展与进步的需要，也是国际社会文明对话和人类社会可持续发展的必然要求。随着全球化趋势的加强和现代化进程的加快，我国的文化生态发生了巨大变化，深藏于民间的非遗受到越来越大的冲击。一些依靠口传心授传承的文化遗产正在不断消失，许多传统技艺濒临消亡，大量有历史、文化价值的珍贵实物与资料遭到毁坏，一些过度开发的现象也时有发生。挖掘深邃内涵，加强非遗保护已刻不容缓。

历史悠久。古湟中特殊的地理环境和战略地位决定了这个地区悠久的开发历史。据《青海通史》记载，考古发现，距今三万年前的旧石器时代，青海省先民就在此繁衍生息。考古学分期的新石器时代，青海省境内有很多马家窑文化遗存，据碳14测定，大约在公元前3800—公元前2000年，人们过着以氏族为单位的定居生活。青海省境内主要的土著文化遗存——卡约文化，是齐家文化的延续和发展。据碳14测定，约在公元前1600—公元前740年，早期以农牧业并重，晚期以牧业为主，河湟谷地的农业较发达。范晔的《后汉书·西羌传》记载，商周秦汉时期包括河湟谷地在内的青海地区正是古羌人聚居的中心地区。后来，河湟地区有了丝绸南路和唐蕃古道的重镇，在古老羌文化基础上，不断地吸收融合黄河与长江流域农耕文化、青藏高原与河套地区的草原文化、丝绸之路的西域文化和少数民族文化，形成了深厚的历史文化积淀。早在汉武帝时期，接受中央政府管辖，古湟中成为青海高原的政治、经济、文化、军事中心。之后，又融入了近现代文明，逐步形成了颇具特色的多民族多元化的地域文化大格局。湟中非遗正是在如此丰厚的历史视域下的积淀，它反映了极强的包容性、融合力和多元化。厚重历史是非遗的强力支撑，“海纳百川，有容乃大”，湟中非遗就是在这种特殊历史背景下的物化表现。

地域特色。中华人民共和国成立后，湟中区地域呈U字形环包在省会西宁的北、西、南三面，滔滔湟水横穿其间。特殊的地理环境孕育了特色的文化，紧紧围绕着省会城市，巨大的信息量和繁多的物质流量，各种形态的文明、各种形式的表现，各个民族的习俗，既错综复杂，又相互交织，其实质是“我中有你，你中有我”。湟中非遗从表象到内涵清晰地表明，既离不开城市文化的影子，也有自身农业文化和牧业文化以及半农半牧文化的综合反映，老百姓俗称“杂合儿”。非遗更多地具有地域多样性和民族多元化特征，这是有别于其他地方文化的显著反映。

宗教文化。湟中区委区政府依托著名藏传佛教格鲁派圣地塔尔寺而建，民风民俗深受其影响，寺院周边和远一些地方的一些汉族等群众，也信仰藏传佛教，习惯跟着藏族同胞朝拜佛寺。同时，域内还有不少塔尔寺的附寺，他们在塔尔寺还有自己的席位。这些附寺周围，又有不少信教的汉、藏等群众。因此，湟中域内，民间受藏传佛教影响较深。此外，境内多民族聚居，因而长期各种宗教信仰并存，如道教、伊斯兰教等，多民族文化共存共荣。所以，宗教文化也影响着非遗，不少非遗还依附于宗教存在，如加牙藏毯、塔尔寺酥油花、湟中堆绣、塔尔寺花架音乐等，无论其外形还是内涵，宗教文化成为非遗物象的一个支撑点。

民间底蕴。这是湟中非遗存在和成长的沃土。非遗是活态文化，它离不开活态传承，而民间底蕴给它提供了日常生活方式，在其中延续和使用。物遗是静态文化，传承更需要注重实体本身的保存与修复，因此保护非遗与物遗的侧重点有所不同，它所需的是活态化而不是固化和静态化。要做到持续性的活态化，它须臾离不开民间。非遗是精神性的文化内容，需要民间老百姓实情实景地体验，感受其中的丰富情感，仅靠把表演过程刻录存放在博物馆中进行循环播放，就是晒干的蝴蝶。这不仅会折损非遗内容的精髓，也使它失去了存活的根基。离开了民间底蕴，就离开了民间百姓的共同参与。非遗传承的载体是民间和人，非遗更强调变化，延续需要活态、创新和演变。湟中非遗正是有了丰富的民间底蕴，为它提供了延续和生存的无形化基因，它才成为这片沃土上的万紫千红。

传承谱系。一辈辈忠实传承是非遗生命力延续的根本。通览湟中非遗，一个十分突出的特点是脉络清晰、从不间断的传承谱系。受藏传佛教文化影响的许多项目，自不待言，那些长期深埋在民间山乡的群众性技艺，如千户营高台、银铜器制作与鎏金技艺、钉马掌、庙会与社火、回族花花制作等，也都有着清晰可辨的传承脉络。这是一个令人叹服的现象。正是民间百姓珍贵的文化自觉、宽容的民族认同和难舍的乡恋情结，排除一些历史的、人为的不利因素和干扰，顽强地维系老百姓认可的谱系，使繁若灿星的非遗薪火得以代代相传。

多元共享。湟中自古是多民族聚居地区，人们在长期生活中，和睦相处、互帮互助、共存共荣，才有了难得的文化辉煌。这里的非遗，自然而然地就有了多元文化和多民族共享的特色。往往是一个民族的非遗形式，多个民族共享，如汉族的社火，多民族欢乐；藏族的酥油花灯会，多民族光顾；回族的面食，多民族品尝；古建筑艺术，多民族享用等。这些非遗，既反映了民间文化的辉煌，也成为西部多民族地区不断巩固民族团结，增强向心力，维护社会安定，发挥正能量的一个特殊黏合剂。人心齐泰山移，多元共享来自于就地取材，方便群众，这些非遗所具有的极高的艺术价值、历史文化价值、实用价值和商业价值，都与多元共享、多民族认同有着千丝万缕的联系。

习近平总书记近年来多次强调要保护历史文化遗产，“历史文化是城市的灵魂，要像爱惜自己的生命一样保护好城市历史文化遗产”。使之在“在保护中发展，在发展中保护”。通过《河湟遗韵》的出版，让我们看到了湟中区政府对非遗保护的举措和信心。我相信，今天万紫千红的遗韵汇集，一定是明天光耀后世的文化辉煌！

滕晓天
2020年8月

（滕晓天：青海省非遗保护专家工作委员会专家，青海省花儿研究会会长，青海省民间文艺家协会原副主席、顾问，省政府地方志、青海大学智库专家，青海开放大学客座教授，湟中区文化首席顾问，地方文化学者。）

序二

非物质文化遗产既是一个民族历史发展的见证，又是珍贵的、具有重要价值的文化资源。青海省西宁市湟中区[①]（以下简称“湟中”）在湟水流域是具有悠久历史的地区，不仅有大量的物质文化遗产，而且有丰富的非物质文化遗产。湟中各族人民在长期的生产生活实践中创造出了丰富多彩的非物质文化遗产，它是湟中各族人民智慧与文明的文化结晶。更好地保护和利用好这些非物质文化遗产，对实现全区经济社会的全面、协调和可持续发展具有十分重要的意义。

湟中区位于青海省东部农业区，湟水流域中上游，所辖面积2444平方千米，区域南、西、北三面环绕省会城市西宁，有汉、回、藏、土、撒拉、蒙古等13个民族，1946年设县，2019年11月，国务院批准同意撤县设区。全区辖10镇5乡1街道办，380个行政村，16个社区居委会，46.3万人。为西北黄土高原和青藏高原过渡地带，属青藏高原凉温半干旱地区，境内三面环山，祁连山余脉娘娘山雄踞西北，拉脊山脉绵亘西南。属高原大陆性气候，年平均气温5.1℃。湟水河由西向东横贯区境中部，大南川、西纳川、云谷川等14条河流呈扇形从南、西、北三面山区汇集湟水。有塔尔寺、群加国家级森林公园、卡约文化遗址、上五庄水峡、南朔山、莲花山旅游风景区等名胜古迹。是古代“丝绸之路”“唐蕃古道”的重镇。这里风光秀丽，人杰地灵，艺术氛围浓厚，不仅有蜚声海内外的壁画、唐卡、堆绣和酥油花，也有农民画等现代民间艺术，有“中国现代民间绘画画乡”的美誉。

湟中非物质文化遗产光彩夺目，多数项目在国内外都有很大影响，是湟中文化的一项宝贵财富。“加牙藏毯”“湟中堆绣”“银铜器制作与鎏金技艺”等项目曾多次在全国非物质文化遗产大展中取得优异成果。截至目前，湟中已申报批准市级以上非物质文化遗产项目34项，其中国家级非物质文化遗产项目6项，省级项目16项，市级项目12项。有市级以上非物质文化遗产代表性传承人56人，其中国家级代表性传承人8人，省级传承人27人，市级传承人21人。县级非遗项目103项，代表性传承人108人。

余秋雨先生说：“中国文化是一条奔流不息的大江，而不是江边的枯藤、老树、昏鸦。”我区非物质文化遗产是湟中文化的一个重要方面，但这些以民间艺术、民俗文化、民间技艺形式存在的非物质文化遗产，随着经济的发展，正在逐渐远离我们的生活。如何让经济发展带动非物质文化遗产的保护，以及如何让非物质文化遗产的保护性开发带动经济的发

① 2019年11月，国务院正式批复撤销湟中县，设立湟中区。2020年7月22日，湟中区正式挂牌。由于书稿编写时，还未撤县设区，因此正文中多以“湟中县”出现。

展，都是非常值得我们注意的话题。非物质文化遗产不是教条的、僵化的、凝固的，而是有生命的、有灵魂的、有光彩的。更多的时候，我们只把它们古老的、陈旧的、陌生的一面当成了文化遗产的珍贵，却往往忽略了它的顽强的生命力。非物质文化遗产需要我们给予滋润、滋养，并不是将它们晾干、晒透，然后储藏起来。要给它们第二次生命，让它们活起来，动起来，给后代带来更多的愉快和财富。

譬如“加牙藏毯”“银铜器制作与鎏金技艺”“千户营高台”“却西德哇村古老游戏”“田家寨下洛麻村‘出阎王’”“页沟村老社火”“鲁沙尔高跷”这些文化遗产，深受广大民众的喜爱和欢迎，都是我们的唯一，别人没有，只有我们才能给予它生根发芽开花结果的适宜土壤，也只有从家门口出发，才能到达更远的地方，才能充分体现出它们的精神价值和艺术价值。所以。我们非常有必要也非常需要把它们整理出来，记录下来，传承下去。

虽然我们当前的非物质文化遗产整理工作面临着许多困难和曲折，但一定要相信，只要是真正优秀的东西，一定会有灵感爆发的时刻，一定会绽放出更加灿烂的光彩。

湟中区文体旅游局

2020年8月

前言

《河湟遗韵》经过半年多的紧张编写，终于走到了即将付梓的兴奋时刻。本书共分三部分，第一部分为“湟中非物质文化遗产项目”，共34项，包括国家级非遗项目6项，省级非遗项目16项，市级非遗项目12项；第二部分为“湟中非物质文化遗产代表性传承人”，共56人，包括国家级代表性传承人8人，省级代表性传承人27人，市级代表性传承人21人；第三部分为湟中非物质文化遗产面临的困境和保护开发。全书内容涵盖了自2006年以来，湟中区向上级非物质文化遗产主管部门整理、申报的国家、省、市级非遗项目和项目代表性传承人的基本内容，是对这一历史阶段湟中区非遗文化成果的一次精心荟萃，也是对湟中历史变迁和湟中非遗文化遗珠之憾的补拾。《河湟遗韵》是一幅凝重的湟中非遗文化历史画卷，必将为今后“和谐湟中”“文化湟中”“旅游湟中”的宏伟蓝图和可持续发展起到举足轻重的作用。

《河湟遗韵》以提纲挈领的方式把湟中的非遗项目从项目所在区域及历史渊源、项目的基本内容、项目的主要特征及重要价值、项目的传承谱系及存续状况四个方面做了着重介绍。项目的代表性传承人，从传承人的基本信息、传承谱系及授徒传艺情况、学习与实践经历、技艺特点、个人成就、为该项目传承保护作出的贡献六个方面作了重点概述。内容充分体现了非遗的史料功能和编写原则，尤其在“挖掘”和“补遗”上下功夫，突出了非遗功在桑梓、泽被后世的意义。湟中今天的非遗成果，是在湟中前人筚路蓝缕的基础上，经过湟中今人的辛勤努力得来的，这是湟中后继有人的根脉所在，更是湟中继往开来的美好前景和多彩憧憬。

但是，《河湟遗韵》不只是“逗老祖母开心”，而是要给“老祖母”装上一架强劲有力的“心脏起搏器”，不但“逗得老祖母开心、微笑”，还要让她打开尘封已久的“百宝箱”，抖落“百宝箱”里那些“珍珠汗衫”上光彩夺目的“珠子”，并用她饱经沧桑的手指重新勾勒出一个能够重现“老祖父”神采奕奕的昨天，给儿孙们一个启迪，给儿孙们一个感悟，给儿孙们带来更多的幸福和愉悦。

编者

2020年8月

目录

一、湟中非物质文化遗产项目

（共34项）

（一） 国家级非物质文化遗产项目（6项）

1．加牙藏族织毯技艺

（1）项目所在区域及历史渊源

加牙，村名，原为藏族部落名，在青海省湟中县上新庄镇。据记载，明洪武十三年（1380年），该部落迁徙到此定居。早在清代，该村就有“毛织品编织村”的美誉，他们编织的五彩褥、地毯等远近闻名。

藏毯编织是藏民族先辈们创造的一项优秀手工技艺（图1）。生活在青藏高原上的藏民族由于高原特殊的自然地理环境，长期以来形成了独特的生活方式。他们很早就有用牛羊毛皮制作生活用品的习惯，譬如平常使用的牛毛帐房、防寒隔潮的毛毡长垫、耐磨的羊皮袄，都离不开牛羊等家畜。尤其是做工精良的藏毯更显现出藏民族高超的手工技艺。

1959年，青海省在海西蒙古族藏族自治州柴达木诺木洪文化塔里他里哈遗址中发现的“毛席”残片，是我国出土最早的“毛席”实物，现陈列于青海省博物馆内。这片“毛席”的出土，表明早在3000多年以前，居住在青藏高原上

图1．国家级非物质文化遗产加牙藏族织毯技艺代表性传承人杨永良

的藏民族就已经掌握了编织藏毯的技艺。“毛席”残片所用的原材料就是青海省藏系羊毛，也称“西宁大白毛”。

据有关记载，明末清初已是青海藏毯编织的成熟期。清康熙年间，藏传佛教圣地塔尔寺在扩建之际，为满足寺院装饰及僧人诵经所用坐垫，藏毯编织工艺便在塔尔寺周边迅速兴起。传统的藏毯有卡垫、地毯和挂毯（图2）3种类型，属于高级装饰品，在塔尔寺大经堂的重建过程中，自然少不了对藏毯的需求。当时需要大量的卡垫和“龙包柱”（“龙包柱”是艺人们对用来包大殿柱子的毯子的称呼）。

《湟中县志》记载，清嘉庆年间（1796年—1820年），两位姓马的宁夏地毯匠人来到湟中加牙村，村民杨新春和马得全便跟这两位匠人学习栽绒地毯编织技艺，又把当地的藏毯编织和内地栽绒地毯的编织方法相互结合，进一步规范了加牙藏毯的编织技艺。后来，马、杨两家的藏毯技艺世代相传，全村人几乎人人都会捻线、编织藏毯，民间曾有“姑娘嫁到加牙里，不捻线着干啥哩”的俗语。加牙藏毯以卡垫、马褥毯、炕毯、地毯为主，花样新奇，做工精致。民国二年（1913年），加牙村有1所织毯职业学校，采用藏毯工艺编织手工地毯。到民国十八年（1929年）时，政府建立工业学校，内设栽绒工厂，从上海购置毛织机器，聘请加牙村村民为技工，生产马褥子、坐垫等藏式栽绒织品。

由此可见，加牙藏毯的编织技艺已有300多年的历史。

图2. 加牙藏毯（工艺挂毯——青海湖）

（2）**项目的基本内容**

加牙藏族织毯技艺的内容主要包括：原料、编织工艺、工艺要求等。

①原料

加牙藏毯以青藏高原特有的藏系土种绵羊所产的羊毛（即西宁大白毛）为主要原料。

②编织工艺

由原料到毛纱生产，再到地毯织做，最后整理至成品。

③工艺要求，又分为：毛纱生产、地毯织做和后整理。

A. 毛纱生产

a. 洗毛：原毛→分等分级→开松→洗毛→洗净毛。

b. 和毛：和毛后回潮率达到28%～30%，混料均匀、油水均匀。

c. 梳毛、纺纱：纱支达到规定要求，捻度达到15～17捻/10厘米，接头长度不长于2厘米，搓头长度不长于5厘米，捻条均匀，不允许有大肚、粗节、细节。

d. 洗线、染色：染色后颜色要符合标准。表面、截面色相要均匀一致，染色无色花，用《纺织品 色牢度试验 评定变色用灰色样卡》GB/T 250评定，色差要求在3.5级以上。染色后绞纱平行顺直，不得有油渍、草杂等。

B. 地毯织做

上经要求经头排列均匀，总经头数量根据生产工艺要求确定，经线不压不叠，松紧度合适，织做时道数要排列均匀，纬板要平行一致，不准出现露经、露纬；要严格掌握厚度，上下绒头必须要长短整齐，毯背不应出现空环凸泡；花形纹样要符合图案设计要求；倒头要合理，无花刺、无错位、无错花；撩边要粗细均匀，无荷叶边；半成品要清洁，无油污、脏污、色污。

C. 后整理

a. 平毯：符合成品要求，厚薄适宜，不能过薄或过厚，毯面无沟岗、刀印、刀痕、刀花，毯面平整清洁，无啃活、撕活。

b. 剪花：剪口的深度、宽度与道数的多少、颜色的深浅相符，剪口齐光、清晰、均匀、流畅，完美体现图案设计的风格。

c. 洗毯：毯面平顺光洁，无荷叶边，毛头松散丰满，手感爽滑，毛尖朝顺毛方向倒伏；无浮毛、戗毛、水印、折痕；无串色、渗色、印色；毯面光泽足，底穗和底子洁净、平整。

d. 后整理：毯形横平竖直、无垂底子、凹心，四角无白纬、长毛，无缝底子的针线打结痕迹。毯面不允许有长毛、白纬线，毯背无脏污、油污。环扣整齐。

（3）**项目的主要特征及价值**

①质量特色

A. 外观品质：材料优良、工艺精湛；图案丰富多彩、条纹清晰、民族风格浓厚；洗后似锦缎、剪后如浮雕。

B. 技术指标：栽绒道数、经头密度允差≤5.0%，绒头长度允差±10%，毯形尺寸偏差≤2.0%，绒头纱纤维含量偏差≤4%，耐燃性（损毁长度）≤75毫米，耐光色牢度≤3～4级，耐干摩擦染色牢度≤3～4级，耐湿摩擦染色牢度≤3级。

C. 安全要求：产品安全指标必须达到国家对同类产品的相关规定。

D. 加牙藏毯还具有图案逼真、轮廓清晰、色彩鲜艳、反复踩压不变形等特点。更神奇的是，一块藏毯至少可以用数十年，而且使用年代越久，色泽越明亮。

E. 加牙藏毯编织技艺还蕴含着丰富的传统民间文化。它全部采用手工编织完成，织毯艺人将用橡壳、大黄叶根、槐米、板蓝根等天然植物染色的毛线环绕在绕线杆上，织完一行，就将毛线扣全部拉紧，再用刀具将杆上的绕纱割开。于是，在毯面上出现层层毛线的断面，这一制作工艺被称为手工连环结。

F. "凭空织造"。早期，织毯艺人没有图纸可依，完全按照师傅的口授心传、脑海中构思的图案进行编织，最后织出的图案竟与事先的设想完全一致。这种高超的"凭空织造"技艺不得不令人拍案叫绝（图3）。

加牙藏毯从材料的选择、纺纱、染色、编织等都用手工制作，因此其色泽艳丽而不褪色，质地坚硬而富有弹性，藏族先民们还在传统编织方法的基础上，发明了独特的连环扣，使藏毯产品具有独特的艺术价值。

②原料特色

加牙藏毯的原材料来自天然放养的藏系绵羊毛、山羊绒、牦牛绒和驼绒等，通过低温染纱、低温洗毯等工艺流程，成品具有色泽艳丽、弹性好和不脱色、不掉毛的优良品质。加之青海省是我国主要牧区之一，草原草质好、无污染，生长在这里的藏系绵羊毛色纯净、毛质好、绒毛厚、纤维长、弹性强、光泽度好、耐酸耐碱性能强。"西宁大白毛"是世界地毯界公认的手工地毯最好的原料。

③产品特色

加牙藏毯品种繁多，花色各异。有14个系列、70多个品种，且采用连环编结法，毯面较厚，约在15毫米以上，同时保留着传统藏毯边缘不缠线的特点。样式主要有以藏式吉祥图案为主的传统藏毯、仿古藏毯、包芯卡垫藏毯、丝毛合织藏毯、丝绒藏毯等。具有风格粗犷、大气、配色艳丽、雍容华贵等特点。

加牙藏毯不仅是藏民族非常实用的一种生活用品，同时也是精美的工艺品。它从天然原材料的选择到织造工艺的完成，都以天然绿色为理念，始终保持天然环保的品质，非常适应人们健康生活的需要，备受消费者喜爱。藏毯编织业是一个劳动密集型产业，需要大量的人力参与其中，从事选料、洗毛、编织、染色等工艺流程。正是基于这种商业价值和实用价值，藏毯编织技艺才得以流传几千年。

图3．加牙藏毯

青海省曾是华夏文明、西亚文明、中亚文明的交汇点，各种文化精华通过绵延了1500多年的丝绸之路，在这里交融汇合，并形成了源远流长的民族文化。研究加牙藏毯编织所用的原料、技艺、染色等环节和沿用至今的手工技艺，也是了解我国藏民族的历史、文化、习俗以及民族关系的一个重要渠道。

藏毯技艺的传承区域正处于藏传佛教的发祥地，因此，这一民间手工艺与佛教文化结下了不解之缘。加牙藏毯具有极高的艺术价值、历史文化价值、实用价值和商业价值。

（4）**项目传承谱系及存续状况**

据记载，加牙村藏毯早期艺人杨正贤、杨正泰等四兄弟于清康熙年间从南京诸子巷来到青海后居于西宁、湟中等地。杨正泰在今加牙村安家落户，织做藏毯，至今传承八代。杨永良、杨永柱、杨永刚是第7代孙。

杨家从杨正泰至其孙杨喜章开始以制作毛席、褐衫、马褥毯为生。杨喜章有孙子4人：

杨如桂、杨如泮、杨如桐、杨如桢。杨永良、杨永柱、杨永刚的祖父杨如泮是当地有名的织毯匠，他的5个儿子都学习织毯。其中杨永良的父亲杨怀春、伯父杨新春技艺十分精湛，曾在青海军阀马步芳“八大工厂”之一的地毯厂担任技师，同时在加牙村设有藏毯厂，为寺院制作经堂立柱大型龙纹包毯、卡垫和牧区用的马褥毯、鞍鞯毯、大型炕毯等。

2006年6月，加牙藏族织毯技艺被列入国家级非物质文化遗产名录，杨永良为加牙藏族织毯技艺国家级传承人。近年来，他多次参加全国、省市非物质文化遗产博览会、工艺美术展览，声誉远播省内外。

但是随着地理环境的变化，致使藏系绵羊、牦牛、山羊的生存环境恶化、数量减少、毛绒产量下降、毛色出现杂质等，严重影响着藏毯原材料的供应。

同时，由于这种手工编织技艺费时费力，很多年轻人都不愿意学习。加牙村从事藏毯编织的以女性居多，男人大多在农闲时间外出打工，由于男女手上力量的差异，使藏毯的质量受到一定影响。而且藏毯技艺属于家族式传承，技工之间没有系统的教材，这也在很大程度上导致一些技艺的失传。当下，保护这门手工技艺已是当务之急。

2．塔尔寺酥油花

（1）项目所在区域及历史渊源

塔尔寺坐落在青海省西宁市西南25公里处的湟中县鲁沙尔镇。塔尔寺四面环山，藏文古籍形容其“天如八幅轮，地如八瓣莲”。属高原凉温半干旱气候，年均气温2.9℃。

塔尔寺管委会作为塔尔寺酥油花的保护单位。塔尔寺具有较悠久的制作酥油花的历史。公元641年文成公主进藏，带去一尊释迦牟尼12岁等身像并将其供奉于拉萨的大昭寺，吐蕃人民用酥油做成花卉供奉于佛前，以示崇敬之心。传说，宗喀巴大师曾梦见荆棘变为明灯，杂草化为鲜花，明灯鲜花之间千千万万颗珍珠闪闪发光，无比辉煌壮观。弟子们想实现大师所梦，无奈冬日的藏区草木干枯，于是，僧众用酥油雕塑再现梦境，于十五日夜供奉于佛前。1409年，宗喀巴大师首次在拉萨大昭寺发起祈愿大法会时，组织制作了大型立体人物群像的酥油花，供奉于佛前。后各藏传佛教寺院相继制作酥油花，酥油花被视为礼佛珍品，献酥油花遂成为正月祈愿大法会的重要内容（图4、图5）。在发展过程中，酥油花的塑造方式、花色品种、内容题材和工艺技巧都不断发生着变化。随后，酥油花传入宗喀巴大师的诞生地塔尔寺，在此相沿，闻名国内外。

明万历年开始，塔尔寺就有了成规模的酥油花灯会，到清代逐步走向鼎盛，成为远近闻名的盛会。年复一年，到农历正月十五日，盛大的酥油花灯会就会在塔尔寺举行，这是塔尔寺的惯例，已延续几百年。诗人基生兰曾作《多丽·塔尔寺酥油灯》一词道："月当空，耳边箫鼓叮咚。彩棚间安排灯架，年年花样不同。放光明，庄严灿烂，有人物，阁楼玲珑。怪怪奇奇，形形色色，番僧巧妙夺天工……"《西宁府续志·志余》中更翔实地记载："西宁府属各寺院，每岁元宵节，皆燃酥油花灯节，其中灯最多而花样最奇者，莫若塔尔寺酥油灯。其花样年年改变，所不变者，惟左右较大之佛像耳。每于一定地点搭彩棚两处，上悬玻璃灯数十对，旁列花架数层，所有庙宇、宫殿、花卉、人物，皆以酥油制成。五光十色，惟妙惟肖。架前燃铜灯百千万盏，光辉相映，笙箫和鸣。远近观者，人山人海。"

图4．塔尔寺酥油花（局部）

图5. 塔尔寺酥油花（局部）

湟中地区是青海河湟文化的主要区域，唐宋以来就有闹元宵、观花灯的习俗。塔尔寺酥油花，自塔尔寺寺院形成之始就有酥油花展，顺应了当地藏、汉、蒙等民众的习俗。20世纪90年代曾先后在深圳、北京、山西等地展出。2016年，“青海塔尔寺藏艺三绝展示周”在法国巴黎、德国柏林、蒙古乌兰巴托等地举行，让世界共享青藏高原艺僧创造的卓绝文化艺术品。

（2）项目基本内容

塔尔寺酥油花2006年被列入第一批国家级非物质文化遗产名录。酥油花是一种用酥油（黄油）塑形象物的特殊技艺，为“青海塔尔寺艺术三绝”（酥油花、壁画、堆绣）之一。每年春节前几个月，酥油花艺人便将纯净的白酥油，揉以各色石质矿物染料，塑造成各种佛像、人物、花卉、树木、飞禽、走兽，有的还组成宗教和神话故事等。酥油花用洁白细腻的酥油为原料，调入各种矿物质颜料制成，造型精妙，丽彩柔嫩，花色品种层出不穷，给人一种吉祥喜庆的视觉效果。

（3）项目主要特征及重要价值

酥油花所表现的内容极为丰富，题材多样，主要以神佛祖师、文臣武将、飞禽走兽、花鸟鱼虫、山林树木、花卉盆景、楼台亭阁等组成各种故事情节（图6）。以宗教题材为主，如《释迦牟尼本生故事》《释迦牟尼十二行传》《莲花生本传故事》《宗喀巴本传故事》等，

图6. 塔尔寺酥油花（局部）

凡佛之造像必守“三十二相”要求。兼及藏戏、神话传说和历史人物。藏戏内容方面，如《智美更登》《卓娃桑姆》《诺桑王子》等；神话传说方面，如《唐僧西天取经的故事》；历史人物方面，如《文成公主进藏》；也有反映现实生活的题材，如《开山修路》《农业丰收》《开国大典》等；还有大量的动物、植物、风景和花卉盆景，如《艳梅迎春》《牡丹向阳》《傲寒秋菊》《常青古松》等。

酥油花展是塔尔寺的一项重要宗教活动，酥油花也是一种雕塑艺术，完成一套作品需要六道工序，即扎骨架、制胎、敷塑、描金束形、上盘、开光。

一架酥油花，动辄人物走兽百计、亭台楼阁数十、大至一两米的菩萨金刚，小至十数毫米的花鸟鱼虫，个个形神兼备、细致入微。整幅画面，浮雕与立体雕相结合，人物与景物相结合，静与动相结合。精巧的构思，把地跨几万里、时逾数十载的故事情节，纵横交错地安排在同一幅画面中，构成一个典型场景，打破了时空界限，分而不断、繁而不乱、浑然一体，犹如一部浩繁复杂、色彩缤纷的立体历史长卷。

酥油花分两个地方固定展示，在塔尔寺大经堂的上下两处分别设立大型花架，届时两朵“鲜花”同时绽放。按传统的做法，待酥油花展示完毕，在天亮之前全部撤离，现场不留痕迹，酥油花也同时被毁，给人以昙花一现、神秘莫测的感觉。不过，现在塔尔寺设有专门的殿堂长年展出酥油花，供人们观赏。看过酥油花的人都知道，酥油花展示时，有十多人的小型僧人乐队伴奏，乐器有笛子、笙、管子三大件，音乐幽雅婉转，如仙界妙音，正如有关文献中所描述的“月当空，耳边箫鼓叮咚。”这美妙的“花架音乐”烘托了神秘气氛，增强了展示效果。

酥油花每次一个主题，内容年年换新，不重复，所以几百年来，其反映的题材包罗万象，丰富多彩。酥油花虽名曰“花”，但其题材多样，内容丰富，主要以神佛祖师、文臣武将、飞禽走兽、花鸟鱼虫、山林树木、花卉盆景、楼台亭阁等组成各种故事情节，繁简得心应手，大布局的散点透视，局部的焦点透视，又巧妙地利用三度空间的立体感，形成完整的立体画面。由于不受时空限制，酥油花彩塑尤其擅长以大场面来表现复杂情节，继承佛教壁画中“异时同地”的处理方法，在有限空间里可将几十个故事情节在同一个画面中以连环画的形式纵横交错、穿插进行，繁而不乱、浑然一体，如大型酥油花《释迦牟尼生平故事》。20世纪80年代制作的大型酥油花名作《文成公主》，以近300个人物与古长安、日月山、江河源、拉萨等地理背景构成，配以奇花异草，汉藏民族和睦友好的历史场面得以再现，非常壮观。

酥油花虽然诞生于宗教，在很大程度上也属宗教活动，但它以精美的艺术手段作为表现方式，寓宗教之意，亦寓人间百态之意。酥油花是雕塑艺术，是用人们通常食用的酥油这种特殊材料塑造形象的艺术，是艺僧们用灵巧的手指刻画形象的艺术。酥油花自诞生以来，已有四五百年的历史，它用写实的手法忠实地记载了藏传佛教历史的发展和祖师大德们的精神风貌。例如公元641年（贞观十五年），唐以宗室女文成公主与吐蕃赞普松赞干布联姻的《文成公主进藏》；1652年（顺治九年），五世达赖应顺治帝邀请至北京的《五世达赖进京》；1780年（乾隆四十五年），班禅六世罗桑华丹意西赴热河为乾隆帝祝寿，帝赠玉册玉印，并建须弥福寿之庙的《六世班禅进京》等题材，都搬上了酥油花的舞台。

中华人民共和国成立以后，许多新的内容出现在酥油花展上，如《开山修路》《农业丰收》《草原风光》等，1957年的灯节上，展示了《开国大典》的雄伟场面，花絮中在庄严的天安门城楼上，塑造了毛主席和各族人民在一起的形象，表达了藏族人民和塔尔寺僧众对共产党无比热爱之情。《开国大典》的酥油花与著名油画家董希文的油画《开国大典》相呼应。酥油花用形象逼真、栩栩如生的手法反映了大量历史事件，记载了众多英雄人物，同时用宗教的角度和眼光来观察历史，关注社会，是有价值的历史研究资料。

（4）项目传承谱系及存续状况

师徒传承。塔尔寺酥油花的制作有一套完整的机构和科学程序。为使酥油花在竞争中发展，寺里设两个专门制作酥油花的机构（上、下花院），酥油花制作技艺主要靠口手相传，师徒相传，酥油花艺僧是很专业的。在寺院里，艺僧的主要功课、职责就是学习技艺、创作作品。师傅辅导他们，让他们学习藏传佛教工巧明中的《造像度量经》，还有《比例学》《色彩学》《轴画法》《智者绘画史》《物图与比例》等。平时，艺僧画图案，掌握藏族风格的各种边饰和藏传佛教八宝图，习练基本功。冬天传授塑酥油花雕塑制作技艺，并让学生们学习酥油花的题材、构图、制作分工等内容。酥油花艺术继承藏传佛教艺术“精”“繁”“巧”的特点，其设计、制作自古是师徒口手相传，一般在封闭的环境里精心制作。

3．湟中堆绣

（1）项目所在区域及历史渊源

湟中堆绣所在地区是青海省西宁市湟中县。湟中堆绣的制作主要分布在塔尔寺周边及鲁沙尔、田家寨、多巴等乡镇。

堆绣起源于唐代，到明代有了进一步发展。据《中国美术》记载，它最初是由刺绣艺术发展而来。据说乾隆的母亲亲自带领宫女用这种工艺做了很多花鸟、人物作品。色彩艳丽、层次分明、神态逼真、生动活泼，北京故宫博物院至今还收藏着很多丝绫堆绣珍品。自明朝嘉靖年间塔尔寺建成，湟中堆绣便由此产生，经寺院艺僧代代研究制作，堆绣成为“塔尔寺艺术三绝”之一。

（2）项目基本内容

湟中堆绣属丝绫堆绣。内容大都以佛经故事为题材，多以人物为主，不同于壁画、酥油花的是一般不表现大场面，着重人物造型神态，讲究各色绸缎的配置。其代表作有《十六尊者（罗汉）显神通》《十六尊者像》《八仙过海》等。每年农历四月十五和六月初七，在塔尔寺“观经会”上展出的4幅巨型堆绣佛像，俗称“晒大佛”。佛像宽20米，高30米，分别为释迦牟尼佛像、狮子吼佛像、宝贝佛像和金刚萨垂佛像（每次展出一幅），每幅都是堆绣珍品，能遮盖一座小山坡，远在数里外的人都能望见。展出时只见佛光闪耀、仙气缭绕、场面宏大，实属罕见奇观。湟中堆绣除佛经题材外，还制作花鸟、人物、风景等大众观赏作品（图7、图8）。

堆绣作为“塔尔寺艺术三绝”之一，是藏传佛教圣地的艺术瑰宝，融当地民族文化与民间艺术于一炉，是青藏高原的艺术珍品。

湟中堆绣是塔尔寺堆绣基础上发展起来的，2008年6月，湟中堆绣被列入国家级非物质文化遗产名录。徐全熙为这一项目的国家级代表性传承人，乔应菊、严作鸿、罗藏克宗为省级代表性传承人。

（3）项目主要特征及重要价值

主要特征

湟中堆绣有平面堆绣与立体堆绣之分。平面堆绣也叫“平堆”，它是把剪好的绸缎块按要绣的物体，平贴拼合在刺绣的布料上，然后稍加渲染，产生立体效果。画面平展匀净、色彩艳丽、装饰性强。立体堆绣也叫“棱堆”，将刺绣与浮雕完美结合在一体，在所堆的布绸图案中间垫物（羊毛或棉花）呈凸状，使刺绣的图案造型有强烈的立体视觉效果，具有较好的观赏价值。

重要价值

①有较高的艺术价值。堆绣工艺工细精湛，制作方法独特，每一幅作品都是十分精美的工艺品。

②具有很好的观赏价值。堆绣作品除可在寺院装饰外，还被社会广大群众青睐。以“花鸟”“人物”为内容的堆绣成为现代人喜爱的居家装饰品。

③有广泛的社会价值。堆绣作品逐渐从寺院走向普通人的生活，受到越来越多的民众的欢迎，也成为塔尔寺特有的旅游纪念品。

图7．湟中堆绣（大威德金刚） 徐全熙 作

图8．湟中堆绣（唐蕃古道） 乔应菊 作

图9．湟中堆绣（十八罗汉局部） 徐全熙 作

（4）项目传承谱系及存续状况

塔尔寺建成后，便有艺人在寺院制作堆绣作品，代代相传、流传至今。寺内有记载的堆绣艺人血日尼玛，藏族，1910年出生于湟中多巴，7岁入塔尔寺为僧。1956年正月“观经”摆花架时，他担任花架“掌尺”。上花架灯棚供奉的堆绣《班禅坐垫十八佛像》和《卓玛聂欠二十一化身》由他制作，他是塔尔寺画院中享有盛名的画师。还有扎西尼玛，1933年出生于民和，自幼入寺随血日尼玛学艺。他制作的堆绣作品人物造型优美、栩栩如生。自20世纪70年代以来，塔尔寺堆绣逐渐传出寺外，制作艺人主要有徐全熙（图9）、乔应菊、严作鸿等人。同时，他们又分别带出学徒若干名，进一步发扬和传承湟中堆绣技艺。

4. 湟中千户营高台

（1）项目所在区域及历史渊源

高台的历史非常悠久，其雏形可追溯到两千多年前，先是人们对原始图腾、神灵的崇拜，发展到元末明初，高台形成一定的格局。就是把装扮成各路神灵或崇拜偶像的化身绑束在木杆或铁杆上，再固定在平台上，由人抬着在街巷里巡游，成为人们观瞻的艺术形式。展演时，锣鼓声声中，小演员们装扮的帝王将相、才子佳人、贩夫走卒等人物襟带飘舞、锣鼓阵阵、展演出一幅幅古往今来的千古传奇。

高台又称高抬、抬搁、铁芯子、飘色等，是以高空绑扎小孩装扮人物造型，以经典小说、传统戏剧、神话故事等为主要内容，以沿街巡游为主要形式，融戏剧、故事、装饰、绘画、剪纸、数学、舞蹈、音乐、物理学为一体的综合性高空造型艺术，被誉为“空中戏剧”“空中舞蹈”。其中，以青海省湟中县拦隆口镇的千户营高台闻名遐迩。2008年6月，千户营高台被列入中国第二批国家级非物质文化遗产名录。

千户营高台绑扎技艺流传至今，已有600多年的历史。据村里老人回忆，千户营村民的祖先于明代洪武年间从南京迁移而来，随着迁移的民众，也带来了一台“魁星”高台和制作高台的手艺。

当初，千户营高台只有5台，中华人民共和国成立后增加到9台。千户营高台每年农历正月十三如期展出，曾多次在省城西宁展演，赢得广大观众的称赞。

（2）项目基本内容

2006年，千户营高台在广东番禺举办的全国第八届中国民间文艺“山花奖”参赛活动中，同时取得了“中国民间文艺山花奖”和“中国首届民间飘色（抬搁）艺术展演入围奖”两个奖项（图10）。

神话传说是千户营高台绑扎素材的重要来源之一，最有名的是《魁星点元》。民间故事内容通俗易懂，为人们喜闻乐道。千户营人把民间故事题材搬上高台，用高台的形式展演出来的，还有《刘海戏蟾》《妈祖》等。而戏剧文学、戏曲对千户营高台剧目的形象和内容影响最直接、最广泛，千户营高台内容多取材于戏曲艺术，学习和借鉴戏曲的装扮和化妆手段，把原本在舞台上表演的故事搬上高台，使这种“动”的说唱艺术变为“静”的展演艺术，以“高、悬、奇、妙”来吸引观众，让人叹为观止（图11）。

一台新的高台的研发创作，大致包括主题构思设计、材料工具准备、道具制作、演员挑选、脸谱服装、绑扎、装饰7个阶段。其中绑扎是最为重要的环节。千户营高台由原来的“神事”发展到后来的以观赏娱乐为主要形式的文化活动，其绑扎秘诀和技巧也由以前的独家传承、秘而不宣到现在的公开，甚至举办高台绑扎技艺传承培训班，变化很大。

图10．2006年湟中千户营高台参加广东番禺民间艺术节

图11．湟中千户营高台出场仪式（王天皎 摄）

2007年，在青海省西宁市文化艺术节活动中，千户营高台《杨家将》深得广大观众的好评。2010年，在上海世博会上千户营高台《高原白雪舟》《民族大团结》得到专家们的高度评价。

千户营高台是人物空中造型艺术。高台底部是木制台板，台板中央是一根高3米左右的铁杆。铁杆上面有踏板，踏板上是5～9岁的儿童演员。这些小演员站在踏板上，扮演成各种人物，另有手执各种器具，周围多装饰色彩艳丽的纸花。高台由4个壮年人抬起行走，两人手执"木拐"，分别位于左右两边扶持着架子上的演员。现在在台板上安装4个轮子，可抬可推，方便自由。

（3）项目主要特征及重要价值

几百年来，千户营高台以精湛的技艺和独特的民间艺术特色而闻名河湟地区，也是河湟地区最著名的高台演出。20世纪30～40年代，千户营高台就在西宁地区民间社火比赛中艺压群芳、独占鳌头，到现在还流传着许多佳话（图12）。

千户营高台数百年来形成了鲜明的民间艺术特色

①儿童扮演的人物造型在河湟地区实为罕见，引人瞩目。小演员们神态各异，表演技艺逗人喜爱，特别是小演员们化的妆，从服装到脸谱都表现出独特的形态。

②高台艺术也充分展示了民间刺绣、堆绣、剪纸、木雕等艺术的光彩。还从戏装到纸花无不显示着各类民间艺术的智慧，如人物手中的道具木刀、木剑等均出自当地艺人之手。

③千户营高台由于历史悠久，不仅在当地具有很大影响，还展示出深厚的文化底蕴，

图12．千户营高台（局部）

许多群众把高台艺术造型当成“图腾”来崇拜。每年当“魁星”高台出场，大家都会上前披红挂彩，希望“魁星”点出“状元”。同时，村民们还通过高台艺术造型，来表达自己的爱憎与喜怒哀乐。

④千户营高台已成为当地的“文化品牌”，当地群众无不感到自豪和骄傲，即使经济再困难，他们也有将“千户营高台”技艺传承到底的决心和勇气。

重要价值

①社会价值：千户营高台每年的展演是当地极为隆重的文化活动，当地群众也利用这种文化形式开展商贸交易，达到“高台搭台，经济唱戏”的效果，提升了村庄的知名度。

②文化价值：千户营高台不仅丰富了当地群众的文化生活，也营造了当地民众喜爱艺术的浓郁文化氛围。

③艺术价值：在民间艺术中，高台是一朵多彩的艺术奇葩。千户营高台通过一代代传承，有独特的技艺，有鲜明的风格，且融美术、音乐、文学于一体，在当地民间艺术中产生了广泛的影响。

（4）项目传承谱系及存续状况

据千户营高台传承人和村里老人的回顾，湟中县拦隆口镇千户营高台在数百年的发展中，曾传承十三代，而前三代因为历史久远，已无从考证。

第四代：李如海，胡启立，张玉庆，陈儒秀。

第五代：范德元，李丙连，李如意，陈尚恩。

第六代：张永德，陈尚恭，李全财，张水基。

第七代：陈启虎，马永华，李发仰，张有杰。

第八代：胡德忠，胡理金，李涵林，张丙珍。

第九代：马宗基，马士辉，李润林。

第十代：马贵元，龚守义，李生英，胡理忠，李生芳。

第十一代：唐发祥，李发安，马富元，马存英，雷发旺，胡理财。

第十二代：马永康，胡生玉，马存忠，张伟邦，张丙云，张丙荣。

第十三代：李富先，范明周，文国录、贾生山，丁修业，马倍，李富忠，马廷元。

马富元、李发安、范明周都是千户营高台的老艺人。这些健在的老艺人在外部造型、演员化妆等方面技高一筹，制作出的假山惟妙惟肖，各种雕塑造型生动形象、十分逼真。

李富先、贾生山是年轻一代的高台艺人。新一代艺人又在探索如何将高科技运用到高台艺术中去。

2008年，千户营高台被列入国家级非物质文化遗产名录。李富先为该项目国家级代表性传承人，范明周、文国录（已故）为该项目省级代表性传承人。

5．湟中银铜器制作及鎏金技艺

（1）项目所在区域及历史渊源

湟中银铜器制作及鎏金工艺所在地为青海省西宁市湟中县。据记载，清道光二十四年（1844年），甘肃临夏的艺人王珍迁居鲁沙尔，以铸铜器为业，教子王守礼等5人学艺。清光绪二十年（1894年）至民国初年，王氏家族中以王守礼手艺最为人称道。清光绪年间，在鲁沙尔有咸、李、何3家从事银铜器加工，经营初具规模。中华人民共和国成立初期，1956年，湟中县成立手工业生产联合社，全县银铜器、五金等手工业生产合作社达14个。1966年4月，又有11户16人组成五金生产合作社，加工银铜器。1973年吸收9名老银匠入社，成立银器生产车间。1979年改革产品结构，开拓民族用品市场。1981年更名为湟中民族用品厂，主要生产民族用品铜器、银器、铁皮制品。《湟中县志》“手工业篇”也曾有“湟中银铜器古已有之”的记载。长期以来，湟中银铜器制作及鎏金技艺世代相传，形成了具有地方特色的民族民间手工技艺，在省内外有一定声誉。

依托藏传佛教圣地塔尔寺，湟中银铜器制作及鎏金技艺除了在塔尔寺东拉路（新街）形成加工银铜器一条街外，在鲁沙尔镇昂藏、阴坡、阳坡、南门村和西堡镇西花园村等乡镇也有较多的银铜器加工及鎏金工艺作坊，产品一部分供给当地的销售商销售，一部分销往甘肃省、内蒙古自治区、深圳市、四川省等国内各地以及尼泊尔等海外市场。

（2）项目的基本内容

湟中银铜器制作及鎏金技艺可分为银器和铜器两种加工工艺（图13、图14）。银器加工工艺素以形薄、光亮、轻柔、质纯等特点著称，以工艺精美见长，深受各族群众喜爱。由于受佛教文化影响，艺人们常用“八吉祥徽”（宝伞、金鱼、宝瓶、胜利幢、法轮、吉祥结、右旋海螺、妙莲）和曼陀罗、妙翅鸟、龙、凤、雄狮、怪兽、祥云、宝焰

图13．湟中银铜器制作与錾金技艺（铜器）

等作为装饰图案。银器品种繁多，有银茶壶、银茶盖、银茶托、银木碗等日用器皿；有辫饰、耳环、项链、手镯等各种佩饰；还有寺院的供器、小转经轮、净水壶、供水壶等法器和唢呐、镶翅法螺等乐器，银器产品做工精巧，具有很高的审美价值。湟中县现有加工银器的作坊数十家，其代表艺人有何生寿、何满、何云等。作品大多销往青海省牧区以及四川、甘肃、云南等省。

铜器加工工艺精湛，图案复杂，造型逼真，表现手法突出（图15）。铜器有佛像、灯、净水碗等寺院和宗教用品；也有火壶、火盆、香炉、香筒、蜡台、灯、手炉等用品。主要制作流程为：下料→焊接→砸→灌胶→构图→抛光。生产方式也是以家庭手工作坊为主，子承父业，代代相传。代表艺人有圈发福、李占邦等，产品远销省内外。

图14．湟中银铜器制作与鎏金工艺（煨桑炉）

图15．湟中银铜器制作与鎏金技艺（银灯）

湟中银铜器制作的一般流程：

①熔化银水：将银块、碎银放入坩埚，用木炭烧到一定温度，银子化成银水。

②浇铸毛坯：将银水倒入铸铁的油槽（即模具）中，制成银毛坯。

③出叶出条拉丝：根据需要把银毛坯加热用铁锤在铁砧上打制成薄片，叫“出叶”。把银毛坯搓成圆柱，叫“出条”。把银条用专用工具拉成丝，叫“拉丝”。

④塑像：银铜器要制作成什么样的器形，都是手工一点点敲打出来的，银铜器表面的光滑度全靠匠人一锤一锤地敲、击、划、刻、打磨出来。按照银器的形状需要，再把相关部件焊接起来。

⑤錾花：银器錾花，是在一块完全没有图案的银胚上，用锤子轻敲錾子，很多精美的图案就神奇地敲打出来了。这些精美的图案都不需要打样，就可凭借匠人高超的记忆敲錾出来。

⑥打磨抛光：把成形的容器放在铜制的小砧子上，用小榔头轻轻敲打，再用钢锉打去毛边，使银器表面光滑发亮。

鎏金是一种金属加工工艺，亦称“涂金”“镀金”“流金”，是把金和水银合成的金汞剂，涂在银、铜器表层，加热使水银蒸发，将金牢固地附着在银、铜器表面。工艺流程为：煞金→抹金→开金→压光。银铜器鎏金技术一般是祖传、家传技艺，带有一定的保密性。

①煞金：将黄金锻成金箔，剪成碎片，放入坩埚内加热至400℃左右，然后倒入汞，搅动使金完全溶解于汞中，然后倒入冷水中冷却，遂成为银白色泥膏状的金汞合剂，俗称“金泥”。

②抹金：用磨炭打磨掉铜饰器件表面铜锈后，用“涂金棍”（铜制，一端打扁用酸梅汤涂抹后浸入汞内，反复插入，使其沾上汞，晾干即成）沾金泥与盐、矾的混合液，并均匀地抹在器物表面，边抹边推压（推压也称“拴”，三分抹七分拴），以保证金属组织致密，与

器物粘贴牢固。

③开金：用适当的温度经炭火温烤，使水银蒸发，黄金则固着于铜器表面，其色亦由白色转为金黄色。

④压光：用毛刷沾酸梅水刷洗，并用玛瑙或玉石制成的“压子”沿着器物表面进行磨压，使镀金层致密，与被铸器结合牢固，直到表面出现发亮的鎏金层。

湟中银铜器加工具有藏文化的特色。选料方面也有讲究，一般银、铜的纯度要达到95%以上。图案讲究精细、立体感强、造型逼真。

（3）项目的主要特征及重要价值

①主要特征

A. 具有广泛的实用性。湟中银铜器制作及鎏金技艺产品（图16），主要有银（铜）茶壶、茶盖、茶托、木碗、火锅、酒具、筷子、挖耳、牙签、酒壶、酒盅、酒碟、盆、碗、灯、勺、香炉、火壶、火盆、蜡台、手炉等日用器皿等，是藏族、汉族、回族等民族日常

图16. 湟中银铜器制作及鎏金技艺（特大湟中暖锅：重达1.2吨，口径201.9厘米，高280厘米）

不可或缺的生活用品。

B. 具有精美的装饰性。银器品种繁多，精美绝伦，如藏袍上的银碗以及首饰银镯、银簪子、银耳环、银戒指等各种佩饰，造型逼真，工艺精湛。

C. 具有浓郁的宗教性。如寺院的供器、小转经轮、净水壶、供水壶等法器，唢呐、镶翅法螺等乐器，还有佛像、净水碗、银塔、金顶、佛灯、屋饰、门饰、香筒、灯等，具有浓郁的宗教特性。

②重要价值

A. 经济价值：湟中银铜器及鎏金技艺成为当地银铜器艺人增收致富的一项重要渠道，现在全县从事银铜器加工的农民有2000多人，产品销往甘肃省、四川省、内蒙古自治区、深圳市以及尼泊尔、印度等国内外市场，年收入约700多万元。

B. 文化价值：湟中银铜器及鎏金工艺作为当地"八瓣莲花"民间艺术的重要组成部分，为当地深厚的文化底蕴增添了浓墨重彩的一笔。

C. 艺术价值：各种银铜器及鎏金制品，图案新颖活泼，做工精细、巧妙，具有很高的审美价值和收藏价值。

（4）项目传承谱系及存续状况

随着市场经济的不断深入，许多年轻艺人对银铜器加工失去信心，放弃了手艺。加之老艺人相继去世，使湟中银铜器制作及鎏金技艺从业人员急剧减少。其生产方式一般以家庭手工作坊为主，子承父业、代代相传，原则上不传外姓，再加上工艺复杂、技术难度高、学徒到娴熟匠人培养时间长、产品制作难、投资大、见效慢的事实，对传承和弘扬银铜器加工技艺不利，急需采取有力措施加以保护和传承。

为了更好地保护和传承湟中银铜器加工技艺，湟中县政府部门着力打造"八瓣莲花"民间艺术品牌，成立银铜器民间协会，并投入专项资金设立展室，划拨地块搭建平台进行统一创作、展示和销售，还不定期举办各类培训班，收集整理文史资料并进行录音、录像，千方百计采取措施加以保护。

2011年5月，湟中银铜器制作及鎏金技艺被列入第三批国家级非物质文化遗产名录。2012年12月，何满入选第四批国家级非物质文化遗产湟中银铜器制作及鎏金技艺项目代表性传承人，李成为该项目省级代表性传承人。

湟中银铜器制作及鎏金技艺部分艺人简介：

张永春，湟中县鲁沙尔镇人，鲁沙尔有名的"张铜匠"。早年师从塔尔寺僧侣学习银铜器加工技艺，经师傅口传身教，技艺日渐长进，后收何贵新、何福新、何有新为徒。

何贵新，湟中县鲁沙尔镇水滩村人，早年师从张永春。早在中华人民共和国成立前，何贵新就和儿子何生寿、何生玺、何生真另立门户，以此谋生。

何生寿，湟中县鲁沙尔镇水滩村人，早年受父辈的熏陶和培养，加上勤奋好学，技艺日臻成熟，在同行中口碑颇佳。20世纪80年代初，何生寿和儿子何满有幸在塔尔寺寺管会的主持下，参与了“宗喀巴大师”灵塔的维修工程。2006年，何生寿荣获青海省一级工艺美术师称号。

何满，湟中县鲁沙尔镇水滩村人，现任湟中县银铜器协会会长。从16岁开始跟随父亲何生寿学艺，先后到内蒙古自治区、北京市等地进行考察、交流，又多次受邀参加青海省工艺美术展览。2010年，他被评为“青海省一级民间工艺师”；2014年，荣获“第三届中华非物质文化遗产传承人薪传奖”；同年，被有关部门授予“青海省民间工艺大师”；2017年，他被文化部非物质文化遗产司评为“中国非物质文化遗产传承人群研培计划咨询专家”。同时，他所创作的《八瓣莲花尊》《纯银一体壶》《纯银香炉》《吉祥八宝龙纹银包木碗》等多件工艺品被中国国家博物馆、中国工艺美术馆收藏。他还参加中国当代工艺美术作品双年展、北京国际文化产业博览会（文博会）、中国深圳国际文化产业博览交易会、意大利米兰世界博览会、日本东京艺术大学“薪技艺”展、西班牙马德里文化交流展等国内外文化交流展会达100多次。

6．塔尔寺花架音乐

（1）项目所在区域及历史渊源

在塔尔寺每年举行酥油花展时，同时会伴奏的一种十分和谐的花架音乐。塔尔寺花架音乐顺应了当地藏、汉、蒙古族民众的习俗，曾多次随塔尔寺高僧在北京、内蒙古自治区、五台山、拉卜楞寺等地演奏。塔尔寺花架音乐7名乐僧作为青海团成员曾在北京参加了第二届全国民间音乐舞蹈汇演，毛泽东主席、周恩来总理、刘少奇副主席等党和国家领导人观看了演出，并合影留念。20世纪90年代又先后到深圳、北京、山西等地交流，2016年赴法国巴黎、德国柏林、蒙古等地演出，让世界共享青藏高原艺僧创作的璀璨的文化艺术。

塔尔寺花架音乐，2011年被列入第三批国家级非物质文化遗产名录。

（2）**项目基本内容**

塔尔寺花架音乐乐队的建制与寺院仪仗乐队截然不同，在乐器建制上基本与传统宫廷乐队的建制雷同，有笛子、管子、唢呐、笙等吹奏乐器，还有鼓、钹、镲、云锣、当响（藏语，形如鐠儿）等打击乐器，最早还有中阮等弹拨乐器。主奏乐器是竹笛，乐队人员如需要增加，一般也是增加竹笛，管子和笙的演奏人员较少（图17、图18）。云锣原为七云锣，后增加九云

图17．塔尔寺花架音乐乐队演奏练习

图18．教授花架音乐

锣。寺院每年于农历正月、四月、六月、九月举行4次祈愿大法会，在这些大法会上，进行固定的宗教仪式仪轨，其中，“晒佛”“羌姆”“转金佛”等仪轨进行时，都伴有音乐演奏。“花架”乐队主要服务于酥油花的制作和展供，在十五日晚展供酥油花时，花架音乐的演奏达到高潮。

（3）项目主要特征及重要价值

技艺特色和风格特征

①“花架”音乐多为五声和六声B徵调式，具有鲜明的大调色彩，表现了宗教的庄严肃穆。而有些乐曲的调式交替清角音和变宫音的出现，使音乐含蓄内在、典雅玄妙、富于变化，增强了旋律的流动感和神秘色彩。

②“花架”音乐的旋律以上下平稳级进为主，曲调平缓，显得庄严沉静，有古代雅乐的色彩。

③所有乐曲均以齐奏为主，节奏平稳、速度缓慢，一般不加装饰音，在吹奏长音或乐句末的长音时常用下滑音演奏。

④“花架”音乐演奏形式独一无二,一般为打击乐和吹奏乐轮流交替演奏，二者不合奏，而云锣又随旋律演奏。

⑤“花架”音乐把宗教的神秘性和宗教仪轨程式化相结合，使其既有宗教音乐的神圣感，又有传统民族音乐的典雅感。

项目社会功能及遗产价值

①塔尔寺地处藏、汉、蒙古、土、回族等多民族文化交汇地区，“花架”音乐是多民族音乐文化融合的结晶，具有其他宗教音乐和民族音乐不可替代的重要历史文化价值。

②“花架”音乐在藏传佛教文化界影响重大，乐队建制、演奏形式、演奏环境十分独特，具有音乐学、民族学、民俗学、历史学等方面的学术研究价值。

③“花架”音乐历史悠久、传承复杂，形成自己独特的曲牌模式，具有展示藏传佛教文化创造力的典型性和代表性。

④“花架”音乐和乐队是青海省藏传佛教唯一的乐队，而且采用内部竞争机制，它的存在是任何宗教音乐和寺院乐队无法替代的。

（4）项目传承谱系及存续状况

师徒传承：1958年—1979年，“花架”音乐中断演出，乐僧多改行。1980年花架乐队恢复演奏，主要乐僧有：香曲、阿旺尖措、洛藏勒谢、更登尖措、宽达郎、佐巴尖措、却增、洛藏扎西、胡洛、洛藏、贤巴丹增、索南坚参、罗藏官却、罗藏更尕等。

（二）省级非物质文化遗产项目（16项）

1．湟中农民画

（1）项目所在区域及历史渊源

湟中农民画，主要指青海省湟中地区农民创作的画。湟中民间绘画发展历史悠久，早在明清时期就有众多民间艺人活跃于河湟谷地。经漫长的探索和发展，湟中农民画成形于20世纪70年代，形成以汉族、藏族文化为主而独具艺术风格的现代民间绘画形式。

据记载，清末时期，青海省湟中塔尔寺周边活跃着一批民间艺人，他们常被寺院请去雕梁画栋、泥塑彩绘、修复壁画、修葺寺院，还在周边的山岩上镂刻岩画等。当时的民间建筑对漆画的应用十分广泛，大户人家经常将艺人请到家里，漆画箱柜、寿材。民间艺人们以拜师学艺的形式，将民间绘画手艺一代一代传承下来。至20世纪70年代初，在湟中小南川地区兴起一股民间绘画热潮。1973年冬天，湟中县文化馆的旦正老师来到湟中县土门关乡青峰村，在他的辛勤奔波和积极组织下，办起了湟中县第一个农民美术夜校，并主动担任美术辅导，这是有史以来湟中民间绘画艺人首次组织的较大规模的民间教学活动，为湟中民间绘画的普及和发展奠定了基础。于是，“青峰村农民画”在湟中及周边产生了积极的影响。随着社会的发展和人们物质生活水平的不断提高，人们的精神生活也在不断丰富，湟中农民画创作队伍不断壮大。

（2）项目基本内容

湟中农民画的作者绝大多数是湟中县乡村的农民，他们绘制的画作反映的内容绝大多数也是发生在身边的新生活、新变化、新面貌（图19）。画作风格奇特、手法夸张，这种创作的绘画形式在全县乡村有一定的群众基础。他们以自己的方式记录生活、分享感受、憧憬未来。

湟中民间绘画主要分为：湟中农民画、建筑壁画、民间漆画3种。湟中农民画是其中最主要的一个画种，它继承了民间壁画、漆画的基本画法，同时吸收了唐卡、皮影、刺

图19．湟中农民画《火跃人欢》 晋生旺 作

绣、剪纸等民间艺术的营养，具有独特的艺术魅力。其内容主要表现山村、田野以及农民自己的生活和劳动场景，大多具有鲜明的地域特点和浓郁的民族色彩。

（3）项目主要特征及重要价值

湟中农民画在继承传统民族民间艺术的基础上，广泛地从民间刺绣、剪纸、民族服饰、民俗建筑中汲取营养，有选择地借鉴不同民族民间艺术形式的造型、构图、设色、线描及特殊的表现技法，取舍创新、独具特色、自成新貌。它以极高的艺术性、观赏性和装饰性逐步走向市场，成为广大群众收藏、厅堂装饰、馈赠友人的文化礼品。

湟中农民画融合民族文化、地方文化和民间绘画艺术为一体，以鲜明的地域色彩和强烈的民族特点为创作背景，取材广泛、内容丰富，突出表现高原风光及风土人情（图20、图21）。作品大多取材于农家田园生活，表现形式具有传统的民间特色，风格浑厚质朴、自然清新。同时，湟中农民画还吸取了汉、藏等多民族民间艺术的精髓，相互交融糅合，创作手法多样、色彩艳丽、构图大胆奇巧，稚拙而又精美，具有独特的时代感和民族特色。

湟中农民画的构思和表现手法不受专业画的局限。内容朴实、想象丰富，不求比例、形似，不讲究光影、透视。从客观事物的完整印象出发，进行大胆的夸张变形，随意创

图20．湟中农民画《场院曲》 孟鳌奎 作

图21．湟中农民画《粉荞花》 党明汉 作

作。构图饱满、描绘工细、设色均净、线条流畅，在空白处多以精美的图案加以点缀，洋溢着浓郁的民族风情。

1983年3月，中国美术馆举办了《青海湟中民族民间绘画艺术展》，开创了中华人民共和国成立以来青海省民间艺术登上国家级艺术殿堂的历史。同时，由湟中农民创作的大量作品在全国民间绘画展中参展并获奖，许多作品被介绍到国外并被国外的美术馆收藏。甚至有些农民画家被国外的文化机构邀请，出国参加文化交流活动。湟中农民画从自发形成、传播、发展至今天，已有40多年的历史，形成了上百人的创作队伍，先后创作了3000余件作品。部分作品以藏族“唐卡”的装饰风格见长，也有以刺绣、剪纸的夸张变形见长，还有以漆画的色彩艳丽见长。

1979年，湟中农民画《欢跃的山林》第一次入选全国农民画展；1983年，4幅作品入选全国农民画展，其中3幅荣获二等奖；1986年，精选作品70幅，在西宁市举办了“青海省第一届湟中农民画展”，受到观摩者好评，被湟中县人民政府评为“湟中（当年）十大成就之一”。1987年，应甘肃省的邀请，湟中农民画第一次在省外展出，深受省外社会各界人士的好评。

1988年3月，由当时文化部、中国美术馆、青海省文化厅、湟中县人民政府共同主办的“青海湟中民族民间绘画艺术展览”在北京中国美术馆隆重展出。开幕式上，湟中县被授予“中国现代民间绘画画乡”的荣誉称号。同年，7幅作品参加“全国农民书法绘画大赛”，其中1幅作品获三等奖，3幅作品由中国对外展览公司选中赴挪威、瑞典、阿根廷、乌拉圭展出；在深圳举办的“全国民间工艺品博览会”上，湟中农民画部分作品获得“全国优秀民间工艺产品奖”。

1990年，由文化部举办的“中国现代民间绘画画乡邀请赛”在吉林开幕，湟中选送的5幅作品有3幅获奖，其中《千古兴舞》取得比赛桂冠。湟中农民画27幅作品分别由中国美术馆、中国民间美术博物馆、中国艺术研究院收藏。中、英两种文版的彩色画册《湟中民间绘画艺术集》将农民画家的作品载入史册。

2001年9月，5幅湟中农民画作品首次参加山东省日照市举办的山东省农民书画艺术作品展暨全国农民画邀请展，4幅作品入展，1幅作品获二等奖。11月，6幅湟中农民画作品参加浙江省嘉兴市秀洲区举办的“首届中国农民画艺术节”，1幅作品获优秀奖，1幅作品获铜奖，2幅作品入展。

从2002年起，湟中农民画多次参加全国农民画展、中国现代民间绘画精品展、中国西部文化产业博览会、中国农民书画大赛等比赛和展览，取得了骄人的成绩（图22）。

湟中农民画创作队伍逐渐发展壮大，现有农民画作者100余人，骨干作者30余人，先后创作农民画作品3000余幅。其中，200多幅作品参加全国大展；80多幅作品获得大奖，30多幅作品被中国美术馆等单位收藏，50多幅作品在《世界知识》《人民日报》海外版、国内版，

图22. 湟中农民画《花满人间》 华生兰 作

《中国文化报》《美术》等、报刊杂志上刊登发表。

2006年11月，湟中农民画被列入省级非物质文化遗产名录。旦正、孟鳌奎、党明汉等被授予省级非物质文化遗产湟中农民画代表性传承人。

2．河湟皮影制作技艺

（1）项目所在区域及历史渊源

这里的河湟皮影制作技艺主要指湟中皮影的制作技艺，重点分布在湟中县小南川、云谷川和西川等区域，即土门关乡红岭皮影，李家山镇的大路村、勺麻营村皮影，多巴镇的幸福庄村、国寺营村皮影，汉东乡的上扎扎村皮影，大才乡的甘家村、立欠村、孙家尧村皮影等（图23）。

皮影戏又称灯影戏，是流行于民间的一种曲艺表演形式。相传，汉武帝的宠妃李夫人死后，汉武帝对她日夜思念，茶饭不思。一天，他下令法师将李夫人的魂灵招来，不然就是砍头之罪。法师急中生智，想出一条妙计，把李夫人的画像烙印在一张处理过的羊皮上，涂上颜色，用灯光一照，影子清晰地映在一层布帘上，仿佛真人一般。汉武帝见了竟信以为真、转忧为喜。后来，这种形式经艺人们精心加工，便产生了皮影。

湟中皮影艺术的历史也很久远，据老艺人祁永启先生口述，在“祁土司”时期（祁土司分东祁土司和西祁土司，东祁土司是明清时期湟水流域势力最大的4家土司之一，明代时被赐姓为祁姓。西祁土司，明代的土族土司，与东祁土司相对而称），湟中地区就有皮影戏，湟中皮影的制作工艺

图23．河湟皮影

也有近200年的历史。

河湟皮影源远流长，在经历了长期的发展过程后，已在河湟大地培育出了滋生其成长的土壤，并逐渐成为河湟地区群众一项重要的娱乐活动。它和当地庙会、集市贸易、赛马会、“花儿”演唱会、耍社火等时令节日、高原民俗风情紧密相连，形成具有浑厚、强烈、古朴、粗犷的乡土艺术。皮影戏的演出，不仅为节日、庙会增添了喜庆色彩，而且群众也习惯以“唱皮影”祭祀神明，以祈求丰年、灭灾降福来表达自己的美好愿望。

（2）项目基本内容

皮影戏又名“灯影戏”“皮影子”，是中国民间融合戏剧、文学、音乐、美术为一体的一种古老而奇特的戏曲艺术。一块白布当舞台，尺把长的小人在幕后被演员操作得得心应手，当灯光穿过皮影，白布另一侧便显现出色彩明艳、栩栩如生的人物、花鸟、楼宇等各种动态人物和静态事物，人物动作娴熟、花鸟形象逼真，素有“银灯映照千员将，一箱容下百万兵”的美称。

河湟皮影戏演出剧目以《五子魁》《红罗传》《康熙征北》《女状元》等传统剧目为主，也有《十唱感谢共产党》《卖牛记》《尕布龙》等新编现代戏，还有男女分腔演唱的《二堂舍子》等。

皮影戏从其形式可分为三种：一是“大传戏”，以历史剧为主，根据《杨家将》《三国演义》《封神演义》《西游记》等历史故事改编；二是“单本戏”，青海群众叫“窝窝戏”，多是民间故事和神话传说，如《花园会》《法门寺》《忠孝图》等；三是“折子戏”，以优美的雕刻造型和青海影戏的地方唱腔“影子腔”相结合，用乡土方言道白。

张永全、王义元承袭的河湟皮影制作技艺，具有很好的民间传承性，用驴皮、牛皮制作人物、山、水、花鸟、宫殿等。加工原料和添色十分讲究，尤其用天然矿物质颜料和胶的融合，色泽更加鲜艳（图24）。

皮影的制作要选用坚固耐用、柔韧性好的材料，可以用驴皮、马皮、牛皮等，其中驴皮应用最为广泛，刻画出的影人形态逼真、薄厚均匀、色彩鲜亮，各种精美的皮影艺术造型标志着皮影制作技术的日臻成熟。

皮影制作看似简单，其实对制作工艺水平要求十分严格。皮影的制作流程大致分为6个步骤：

①原料：将皮子和石膏融合在一起，放入水中浸泡1个月左右拿出来，经过水洗处理，用剐刀将毛仔细剐净，再用铲刀将皮子削平。

②落样：皮影制作艺人首先要把储存在脑海里的人物形象逼真地描画在纸上，经反复修改，再细心誊印在平整的皮子上，技艺纯熟的艺人可直接在处理好的皮张上落稿。用铅笔勾勒出所需角色的线条轮廓，图稿大多以戏曲角色中的生、旦、净、末、丑、神话传

图24．河湟皮影

说、故事以及山水等为题材。

③雕刻：在皮子上描画好样稿，艺人便用雕刻刀具一一雕刻出形象各异、活灵活现的人物样片。皮影的雕刻手法有侧刀刻、立刀凿、平刀削等。

④敷彩：造型雕刻完成后，在表面根据需要涂上各种颜色。添色程序有：和色、添色、融墨、上火砖、压光等。

⑤熨烫：多数皮影影人由于雕刻、涂色等工序，变得不太平整，需要用熨斗仔细熨烫平整。为使皮影影人的色彩明艳，鲜亮如新，有的还需在造型着色后刷上一层清油。

⑥定联：用线将影人各部位连接成形，工艺类皮影用精美的镜框装裱起来，操纵类皮影则用线将铁丝固定在影人的活动部位，在铁丝末端插上操纵用的箭杆。

（3）项目主要特征及重要价值

皮影戏的灵魂莫过于皮影人活灵活现的精细做工了。皮影人不只是用于皮影戏的演出，还是一种工艺品。从表面上看皮影造型简洁，颜色鲜艳独特，而且还因为它是中国特有的艺术作品，因此它既有艺术欣赏价值又有收藏价值，很多国内外艺术家、收藏家、博物馆都喜欢收藏中国的皮影。皮影戏的表演独特而颇具美感，极具文化价值，其中蕴藏的民族精神是中国人智慧的结晶。

湟中皮影集民间美术、音乐、戏曲为一体，全县现有皮影戏班子10余个，一年四季到县内外演出。为了让传统技艺重新焕发活力，呈现更加精彩的皮影戏作品，张永全、王义元等皮影戏传承人，打破皮影戏传统表演的方式和内容，自编当地现实故事，并在唱腔上充分运用地方方言的风趣和幽默，用浓厚的乡土气息和朗朗上口的唱词表演发生在身边的人和事，受到当地群众的热烈欢迎，皮影戏的艺术表演力和感染力大大增强（图25）。

（4）项目传承谱系及存续状况

据传，土门关乡红岭皮影第一代雕刻艺人可追溯到清末年间，有一位艺名叫“罗狗熊”的艺人在西宁、湟中等地卖艺（雕刻皮影）。从他开始，至今已有6代传人。张永全、王义元是第5代皮影艺人。

已故的著名雕刻师有马福、段长安、魏珍、甘世霖、张生华等，他们为后世留下了许多影像珍品。1981年，青海省文化馆皮影艺人刘文泰带领红岭十几名皮影艺人去北京观摩学习皮影艺术，进一步传承并发展了红岭皮影的雕刻技艺。

现今著名的雕刻艺人有祁永昭、刘有财、井国成、罗生祥、张永全等。张生华老人还培训出许多年轻演员和乐队骨干，如王发海（已故）、张永升（已故）、王昌龙、王昌德、韩洪德、张永全，其中还有张淑花、李生香、韩洪玉等女演员。

图25．皮影艺术进校园（王天皎 摄）

2003年，他们制作的皮影《元帅大将军》首次参展，并在青海省民族文化旅游节民间工艺美术品展览中获三等奖。2010年—2020年，他们新创作的作品《皮影皇上》《王灵官》《十唱感谢共产党》《大美青海农家欢》《张果老骑驴看青海》《好省长尕布龙》《黑虎坐台》《白毛女》《走钢丝》《人不要脸鬼难缠》《众志成城抗疫情》等在中国国际文化产业博览会、青海民族民间工艺美术展、青海广播电视台春节联欢晚会等各大舞台取得多项大奖，深受群众好评。

湟中河湟皮影制作技艺于2007年5月被列入省级非物质文化遗产名录。张永全、王义元被授予省级非物质文化遗产河湟皮影制作技艺代表性传承人。

3．青海大有山民间传统武术

（1）项目所在区域及历史渊源

青海大有山民间传统武术项目所在区域在青海省西宁市湟中县海子沟乡大有山村（图26），距西宁市7公里。大有山村地处浅山，气候宜人、空气清爽、人杰地灵。

大有山村农民尚武的习俗缘自村里的著名武术家赵成章。赵成章16岁那年，聪慧好学的他依父亲之命，拜人称“董货郎”的董程为师学习武术。由于董程师承少林寺武术，武艺高深，因躲避乱世而隐居西宁市西杏园村，以挑

图26．大有山民间传统武术表演

担卖货为生。聪明的赵成章深得师傅喜爱，20岁时，赵成章已经从师傅那里学得拳、脚、刀、枪、剑、棍等武艺的真传，尤其是达摩棍法更是被他练到炉火纯青的地步。

1935年，青海军阀马步芳邀请甘肃、宁夏、青海3省武术名家在西宁打擂比武。在比武中，赵成章技压群雄、脱颖而出，被马步芳看中，当即便封他为炮兵团教官兼副团长。后又被马步芳任命为西宁国术（武术）馆副馆长、八十二军武术总教练，成了马步芳、马继援父子的保镖，马继援部下纷纷拜他学艺。

但是，生性刚烈、侠义心肠的赵成章看不惯马步芳的许多做法，尤其是残害红军西路军的行径，偷偷解救被马步芳囚禁的红军，后被马步芳知道后治了他的罪。从此，赵成章对马步芳心灰意冷，无心继续替他卖命，便经常借故外出，拜访武术名师，结交武林高手。1944年，赵成章解甲归田，与大儿子赵广麟在村中收徒传艺，大有山村从此兴起了全民学武之风。在“文化大革命”期间，村里人习武被禁止，但人们喜爱武术的热情却一直未减。不让公开练，就在家偷偷练习，所以直到现在，赵成章的长孙赵甫、次孙赵德以及赵成章的关门弟子赵洪玉等许多人都保持着习武的习惯，而且经常和省内外许多著名拳师进行切磋和交流。大有山村被称为“青海武术村”，许多村民多次参加全省乃至全国的武术比赛并获奖。大有山武术继承并保留了传统武术之精华，尤以棍和鞭杆著称。

2009年9月，青海大有山民间传统武术被列入省级非物质文化遗产名录，赵洪彪为省级非物质文化遗产代表性传承人。

（2）项目基本内容

由于我国古代武术爱好者广泛存在于社会各阶层，为了提高武艺，都在结合自己的知识和智慧，在武术中融会了哲、佛、道、医、儒、文、艺、德、美等中国文化的各种成分和要素，在武术的内部结构和外部形态上进行“形”和“意”的交融，使中华武术变得绚丽多彩、充实完善，它那丰富的内涵和千变万化的招式足以陶冶人的情操（图27、图28）。

据大有山民间传统武术省级传承人赵洪彪口述拳谱，大有山民间传统武术有八虎单拳、青龙条子、九环锤、龙虎条子、八门展、高家十三枪、周家母子、陶周母子、梅花靠子等数十种拳术，习武的人都能熟知近百首习武要诀。

中华民族历来就有爱国爱人民、真诚友谊、敬老爱幼、尊师重道、言行一致、谦虚好学、勤俭朴实、有志气有恒心、临大难而不惧、自强不息、英勇无畏的优秀道德。大有山民间传统武术也是历来尚武重德，要求“欲练武，先修德”。同时，武术的强身保健不但是通过外练筋骨皮，使筋骨强健，而且是结合心意、运化内气、导引经络，使内脏机能增强、体质得到改善。

2019年，青海省体育局给大有山民间传统武术挂牌，大有山村成为青海省第一个“武术之乡”。

图27．大有山民间传统武术展演

图28．大有山民间传统武术展演（王天皎 摄）

（3）项目主要特征及重要价值

①多元性

A. 拳种构成的多样化。民间传统武术本身就没有固定的学习过程和时段，也没有固定的指导老师，所以，民间传统武术研习的成员所学到的拳种就呈现出它的多样化。赵洪彪，是大有山有名的老拳师，赵洪彪14岁就拜在村里赵广麟门下习武。10年时间里，勤奋好学的他从师傅那里学到了白虎单鞭、小洪拳和进山棍等有名的拳术。24岁那年，赵洪彪又拜在阿滩村杨生蔚门下习武。一年后，八虎单拳、青龙条子、九环锤也被他练习得滚瓜烂熟。他的名声也逐渐在乡里传开了。后拜赵成章为师学习武术，赵洪彪武术达到炉火纯青的境界，成为赵成章的得意门生。

B. 拳理拳法的复杂化。就单一拳种本身而言，一个成熟的拳种应为源流有序、拳理明晰、风格独特和训练体系相对完整的技击性运动，即它不仅需要具有一定的套路、器械，还需要有一定的拳理，在风格、劲力、练功方法等诸方面别具一格。另外，任何拳种的形成都不是一蹴而就的，它受多种因素的影响，仅某一拳种某一套路而言，其发展动因涉及人的生理需要、心理需要以及武术本身的社会功能等多方面。

C. 人力资源的多元化。大有山民间传统武术的成员虽然主要出自大有山村，但由于习武人员的不同喜好和交友特点，研习这项武术的队伍不一定就固定在从本村村民中发展壮大。随着这项运动的不断拓展，邻村的甚至周边数十里以外的武术爱好者也会慕名前来学习和讨教武术之道。由古至今，青海省各地也曾涌现出大批的武术名家。这说明大有山民间武术的人力资源，无论从时间维度、空间维度上，还是从所代表的拳种门派上，均体现出一定的多元化特征。

②兼容性

大有山村村民尚武数十年，其间，大有山民间武术不断汲取营养进行自我更新，并呈现出明显的兼容性特征。

A. 横向切合兼容。武绍祖先生在《中国武术史》开篇序言中提到："武术是我们中华民族的国宝、国粹，与文、史、哲 、理、医诸学科有着相互渗透的关系"，"同中医、气功等都是人体科学的一个不同侧面，是一种高层次的文化现象。"大有山民间武术亦然，其拳种理论渗透着文、史、哲、理 、医等文化精髓。

B. 纵向交流融合。大有山民间武术与全国各拳派相互融合、取长补短、改革创新，形成了独具一格的局面。2015年6月12日，"大有山民间传统武术"作为青海省省级非物质文化遗产，为防止其失传，其继承者赵洪彪先生编著《青海大有山民间传统武术》一书并出版发行。该书集中体现了赵洪彪多年来对民间传统武术的潜心研习成果，反映了湟中县非物质文化遗产保护工作取得的成绩，进一步彰显了青海大有山民间武术发展的蓬勃景象。

③辐射性

大有山民间传统武术在兼容并收的基础上不断汲取营养，同时，又将自己成熟的拳理拳法不断地向四周扩散，对周边乃至省内外均产生深远影响。

（4）项目传承谱系及存续状况

在大有山村，有不少老拳师，他们大都得到过赵成章的亲传。村子里赵成科家的老家谱上，记载了他们的祖先是随军来此。也就是说，大有山的一些村民是将士的后裔，大有山武术的历史，还可以往前追溯数百年。

4．湟中民间彩绘泥塑

（1）项目所在区域及历史渊源

湟中民间彩绘泥塑艺术与壁画艺术相伴而行，两者有着密不可分的联系，距今已有一百多年的历史。它以泥土为原料，以手工捏制成形。或素或彩，以寺院、庙宇塑像人物为主。一般为大型雕塑，通常有素面和彩塑之分。

因泥塑取材较为容易，黏性较强的红土皆可，因此在各大寺院的雕塑中泥塑更为普遍和流行。但因其不易保存，故早期作品所存较少。在现存作品中，绝大多数作品都经过上彩和敷金，因此彩塑在泥塑作品中占有重要的地位（图29）。

湟中彩绘泥塑因对艺人的美术知识、技法要求较高，故比壁画艺人较少，主要代表艺人有晋生旺（已故）、李宝洲、徐全熙、韩静浦、巴马昂秀、杨汝龙、赵占财、李发云等。他们的作品在青海省各地及内蒙古自治区等多个地区的大寺院、庙宇都有留存。典型的代表作品主要分布在贵德玉皇阁、湟源城隍庙、北极山、西宁北山寺、三其村庙、湟中扎麻隆凤凰山殿、徐家寨庙等地。

2009年9月，湟中民间彩绘泥塑被列入省级非物质文化遗产名录。赵占财、杨汝龙为该项目市级代表性传承人。

（2）项目基本内容

湟中民间彩绘泥塑艺术是一种古老的民间艺术。在众多的文化传承中，湟中泥塑因其风格在继承汉藏佛教造像艺术的基础上，不断融入本土的传统信仰和民族审美观，形成独特的艺术风格。

彩绘泥塑以泥土为原料，以手工捏制成形。或素或彩，以人物、动物为主。泥塑的骨架通常用木材、皮革、草等材料制成，其风格与同一时期金属造像的风格基本一致。其制

图29．湟中民间彩绘泥塑

作方法属于捏塑，是先将黏性土碾成粉末，用水稀释，加入麻、头发、毛类等纤维，再将胶泥反复砸熟后即可根据所需造型捏制。湟中彩绘泥塑作品工艺精细、人物造型逼真、灵动细腻、色彩艳丽，大多以大型的佛像雕塑为主。在制作技术上，处处体现着奇特的民间技艺。

在制作过程中，首先把采来的泥土去杂质，放置在专用的备料处。经过处理，泥土干湿适中。为防止阳光直射泥土水分过快蒸发，在泥土最上层放置草帘。这些经过处理的泥土过去用木槌、木棒敲砸进行人工捣炼，现在一般采用捣泥机加工。

在制作过程中，地基中间竖立的圆木是骨架的一部分。地基制作完成以后便要在这根圆木上搭制骨架了。常用的材料除了圆木外还有木板、麦秆、细麻绳、铁丝、钢筋等。泥塑的骨架像人的骨骼一样，起着支撑和连接的作用，它是泥塑的基础条件。在制作好的骨架上首先要上好一层草泥，然后在以细麻绳缠绕拉网的方式和红胶泥一起上一层泥，搭骨架需要注意的是骨架要牢固，以保证泥塑的稳定，上泥后不倾斜、不倒塌。堆泥后要使其既不掉泥、又不露架，同时要体现雕塑的大体形状。

泥塑作品完成以后要等其干燥，大型的泥塑完全干透需很长的一段时间。在其干燥过程中因水分大量蒸发，作品会出现裂缝，这时艺人需要将裂缝加以修补。把适量的泥用手直接填置于裂缝处，然后用鞋底形工具，将置于裂缝的泥压平，修补后的表面应以作品原来的表面相符。有些作品裂缝较小，不宜贴泥，要用工具在裂缝处划开比原来大的口子，然后再把泥填进去即可。此时我们可看到佛像作品比例协调、四肢匀称、高鼻宽肩、刚毅肃穆，这时佛像塑形完成。完成整体塑形后就可以在塑像上进行彩绘了。

上彩又被称之为“着色”，在民间，素有“三分塑，七分彩”之说（图30、图31）。泥塑彩绘一般用水粉颜料，设色艳丽、沉着、明快、高雅，有统一的色调，具有浓郁的民族色彩审美意趣。统染是泥塑上彩时的主要画法，根据作品色彩的处理需要，往往统一渲染，强调整体的色彩关系。对眼睛、眉毛等局部的线条勾画讲求用笔力量要均匀，线随腕动，每勾一条线都应有起笔、行笔、收笔3个动作。

湟中彩绘泥塑形体美观、形象逼真，特别是佛像，形象生动地反映着每尊佛像的特征和威仪，色彩鲜艳、稳重大方，和其他泥塑相比，湟中彩绘泥塑更注重色彩的搭配，色彩鲜艳而不失庄重、威严，能够做到体与神的统一。艺术观赏与信仰供奉相结合，湟中彩绘泥塑一旦塑成佛像无论是庙宇上的大佛像，还是家中的小佛像，都是可以让人们观赏与供奉的。

（3）项目主要特征及重要价值

湟中泥塑与湟中各民族是分不开的，它承载着民族的创造力和灵感，湟中彩绘泥塑不但显示出鲜明的区域特色和独到的艺术风格，并以其丰富的表现形式，体现了各民族灿烂的文化。

图30．湟中民间彩绘泥塑

图31. 湟中民间彩绘泥塑

①历史研究价值：彩绘泥塑工艺流传至今始终反映着相应时代人们的生产、生活习俗。对湟中彩绘泥塑的研究，更有助于了解历史、认识历史。湟中彩绘泥塑作品构造精巧、结构美观、色彩鲜艳，是备受欢迎的手工艺品。

②信奉价值：泥塑佛像是人们眼中“神”的化身，主要用于庙宇、家庭神位，是人们寄托希望、祈求平安、祈求幸福的，它是神圣的，在人们心中有无可替代的价值。

③艺术价值：湟中彩绘泥塑作品皆为艺人精心创作，运用雕、塑、捏等手法，经过反复修改、磨光、彩绘等多道工序制成，人物形象生动、逼真、具有很强的艺术性。

④保存价值：彩绘泥塑作品皆用上等优质土并加有防裂物质塑制而成，且用天然矿物质颜料着色、经久不褪。

⑤文化价值：自明代以来，泥塑作品成为研究佛教文化艺术、民族学、民俗学的珍贵资料。

（4）项目传承谱系及存续状况

湟中泥塑彩绘因题材大都与宗教有关，长期以来一直盛行于寺院、庙宇，只局限于宗教范围而很少出现在其他区域或方面，不被广大群众所享用和欣赏。现有艺人皆为中老年者，年轻学习者极少，技艺传承难度较大。

对湟中泥塑彩绘技艺采取必要保护措施：

①保护泥塑艺人，使泥塑艺术后继有人。要多渠道让泥塑制作艺人得到实惠，使他们有足够的信心，培养出一批技艺精湛的艺术新秀。

②保护泥塑作品，对艺人制作的泥塑精品加以保护，发掘、整理、记录艺人所特有的艺术风格、制作技艺。

③引导艺人研发具有当地文化色彩、民族特色的泥塑工艺制品，丰富文旅产品。

5．湟中壁画

（1）项目所在区域及历史渊源

湟中壁画最早可追溯到明代天顺年间（1457年—1464年）。

壁画，可以说是最原始的绘画形式（图32）。壁画从首创到现在，一直是建筑装饰和室内装饰的一种。我国已发现的最早的壁画是汉代作品。壁画的内容有神话传说、历史故事以及体现日常生活的场景壁画。汉代壁画是汉代美术创作活动中的一个极为重要的组成部分，以大型建筑物壁画和墓室壁画为主，反映了汉代统治阶级发起孝道，盛行厚葬的历史。到魏晋时期，壁画多体现神话与尘俗日子。佛教传入以后，宗教壁画迅速普及，除墓室壁画外，还出现很多宣扬佛教内容的壁画。

湟中壁画的传承主要是宗教壁画，多数珍藏在省内外各大寺院和庙宇等宗教场所。还有很多体现现实生活场景的宣传画，如当下体现农村新貌的形式多样的村庄墙壁宣传画等。

（2）项目基本内容

湟中壁画是古老的传统工艺。多用两种方式绘制：一种

图32．湟中壁画《雪顿节》（局部，原图24×2.2米） 李宝洲 作

是直接绘制在经过处理的墙面上，也就是刷地壁画；另一种是绘制在大块布料上，绘制时先按墙面的尺寸做好木框绷架，把经过浸泡、磨压、刷胶处理的表面用柔软平滑不露布孔的画布绷好，然后用工笔重彩进行绘制，再将绘制好的布面镶嵌到墙面，属于装贴壁画。其手法完全同于唐卡，只是把面积放大了。因壁画与宗教有密不可分的联系，湟中壁画绘制在塔尔寺和其他寺院、庙宇的殿堂、瞻廊、回廊墙壁上。壁画题材广泛、内容丰富，从佛教寺院菩萨、佛经仪规、经变故事到传统民俗风情、民族历史，无所不有（图33）。

壁画的设计绘制，依据《造像度量经》等绘画典籍规定的度量比例完成。一般都充分运用造型对比，使抽象的形体与具象的形体相结合，还运用夸张、变形的艺术手法塑造形象。多用纯矿物质颜料，着色牢固，经久不变色。线描勾勒用笔流畅自然，以工整细腻为主，画面富于装饰性，既讲究宗教题材的规范要求，又讲究同佛教环境协调统一的艺术效果。

塔尔寺壁画属藏传佛教画系，其画风与汉画不同，具有浓郁的印藏风味。其内容大都为人物、风景，使人物活跃于花草树木、蓝天大地、高山河流、亭台楼阁之中。画面构思

图33．湟中壁画《文成公主入藏图》（局部，原图26×2.2米） 李宝洲 作

巧妙、布置井然、千姿百态、栩栩如生。民间庙宇、寺院壁画有佛教、道教壁画之分。佛教壁画主要内容有如来佛、观音菩萨等；道教壁画主要是火神庙、关帝庙、娘娘庙的关公、娘娘等辟邪降福的各大神像。

（3）**项目主要特征及重要价值**

主要特征

①造型特色。有神灵形象（佛、菩萨等）和俗人形象（俗人和故事中的人物）之分。造型上，俗人形象富于生活气息，也有更鲜明的时代特点。而神灵形象变化较少，想象和夸张成分较多。

②巧妙变形。继承了传统绘画的变形手法，巧妙地塑造了各种各样的人物、动物和植物形象。

③题材广泛。有佛像画、经变画、民族传统神话画、装饰图案画、故事画（佛传、本生、因缘、佛教史迹）。

④表现力强。线条和色彩具有高度的概括力和表现力，能够以简练的笔墨，塑造出个性鲜明和内心复杂的人物形象。

重要价值

①艺术价值：壁画都为工笔重彩，描绘精细，线条流畅自然，色彩渲染匀净、艳丽，画面富于装饰性，又讲究协调统一的艺术效果，绚丽多彩、金碧辉煌，很好地衬托了殿内佛像和佛堂建筑。

②保存价值：壁画采用天然石质矿物颜料，并配有金粉等珍贵物品，色泽鲜艳，经久不变。

③文化价值：自明代以来，壁画成为研究佛教文化艺术、民族学、民俗学的珍贵资料。

（4）项目传承谱系及存续状况

据记载，当地知名壁画家杨朝（笔名海风，1788年—1869年）。

他的第一代徒弟：杨茂林（其子）（1817年—1896年）；张生奎，又名张五儿（1828年—1909年），又称他为“多子笔圣”；姚永全（1849年—1916年）。

第二代徒弟：马云廷，又名姚奇（1890年—1962年）。

第三代徒弟：安全寿（1920年—1948年，28岁时因患皮肤病英年早逝）；李毓真（1928年—2004年），笔名古稀，是马云廷最宠爱的弟子之一。

第四代徒弟：徐全熙，现为湟中壁画协会主席。

第五代徒弟：赵占寿，随从兄长赵占财从事民间庙宇、寺院壁画创作。

晋生旺（已故）、韩静浦、赵占财、李宝洲、杨汝龙、李发云等艺人皆为湟中县有名的壁画艺人。其壁画作品遍布省内外，尤其在西宁市北山寺、南山寺、三其村庙、湟源北极山寺、贵德玉皇阁、湟中扎麻隆凤凰山、徐家寨庙尔山龙福观等藏有大量湟中壁画作品。

湟中壁画因所画题材大都与宗教有关，长期以来一直盛行于寺院、庙宇，而很少出现在其他庭院或艺术品制作当中。艺人也多为中老年，青少年学习的人较少，传承工作开展的难度较大。而且他们的作品都在各大寺庙的墙壁上，不便交流和传播。

2009年9月，湟中壁画被列入省级非物质文化遗产名录，李宝洲、印巴尖措为省级非物质文化遗产代表性传承人。

6．南佛山“花儿会”

（1）项目所在区域及历史渊源

南佛山也称南朔山、西元山，海拔3265米，屹立在湟中县城西南8公里处。盘踞在金纳峡中，所在地为湟中县鲁沙尔镇。

南佛山“花儿会”（图34）可分为南北两个区域。南部区域分布在总寨、土门关、田家寨等乡镇；北部区域分布在多巴、李家山、拦隆口、西堡、汉东、共和等乡镇。南佛山很久以前就成为道家圣地，自明代开始，道教从外地传入青海，最先传入南佛山，至今已有600多年的历史，这也与南佛山独特的地形有关。据资料记载，南佛山“花儿会”的活动形式早在明代就已出现。在南佛山的宗教活动中，既有道教成分，也有佛教成分，还有当地民间风俗成分。相传，农历正月初九为玉皇大帝的诞辰日，农历正月十九为道教全真教真人丘处机的诞辰日，也称“燕九节”；农历三月初三为“蟠桃会”，“王母娘娘”的诞辰日；农历三月十五是道人张天师的诞辰日。农历正月初九和三月初三规模比较宏大，要举行隆重的斋蘸（即道场）仪式，形成最初的南佛山庙会。伴随着庙会的出现，就有了民间自发举办“花儿”演唱的活动，“花儿会”在中华人民共和国成立后迅速兴起。南佛山作为自然景观和道教圣地，其庙会吸引了更多的香客和游人。

南佛山“花儿会”一般在农历“四月八”“六月六”“九月九”等传统节日举行。

图34．南佛山“花儿会”

图35. 南佛山“花儿会”传承人　马全

（2）项目基本内容

“花儿”，俗称“少年”，是山歌体系的一类，一般在高山、原野、田间、河边进行野外劳动时演唱，其音律高亢、嘹亮、亲切、自由，既能抒发人民群众的真实情感，也能让人们交流思想感情（图35）。

南佛山“花儿会”是河湟地区民间文艺的重要组成部分，有着悠久的历史，它采用幽默诙谐的河湟方言，或讽刺，或抒情，或叙述，或夹叙夹议、妙语连珠、妙趣横生，通过一代代的传承，它具有独特的演艺，也有明显的演唱风格。南佛山每年农历“六月六”的“花儿会”已成为当地约定俗成的文化活动形式。政府积极组织参与指导，使传统“花儿会”的功能和作用发生着质的变化。“花儿会”已成为各民族群众进行经济、文化交流的桥梁和对外宣传的一个窗口。

“花儿”的曲调以“令”相称，并以地名、衬词、花名、音乐特征、劳动名称、称呼、恋情、相貌、动植物等相区别，譬如：其中以地名相称的“令”有“东峡令”“西宁令”“保安令”等；以衬词相称的“令”有“尕呀呀令”“依呀依令”等；以花名相称的“令”有“白牡丹令”“黄花姐令”“山丹花令”等；以音乐特点相称的有“绕三绕令”等；以称呼相称的“令”有“尕阿哥令”“三尕妹令”“尕阿姐令”等；以恋情相称的“令”有“好花儿令”“连手”等；以相貌特征相称的“令”有“杨柳姐令”“大眼睛令”“水红花令”等；以动植物相称的“令”有“麻青稞令”“喜鹊令”“尕马令”等。

（3）项目主要特征及重要价值

南佛山“花儿会”是河湟地区民间文艺中的重要组成部分，具有广泛的群众性和民间传承性。

①社会价值："花儿会"是湟中极为活跃和独特的文化活动形式，当地群众经常利用农闲季节和农历传统节日、农贸集市进行演唱，开展商业贸易，收到了很好的效果。

②文化价值："花儿会"在湟中地区可以说是一个极有层次的"文化品牌"，是不可多得的一项文化活动，也为当地增添了较为浓郁的文化氛围。由于"花儿"相传的年代久远，影响广泛，所以"花儿"已成为湟中民间文艺的一面旗帜。

③艺术价值：南佛山"花儿会"通过一代代的传承，它有着独特的演艺形式，具有明显的演唱风格。它的组织形式可以隆重壮观，也可以随便自然，在茶园等地方就可演唱。

（4）项目传承谱系及存续状况

南佛山"花儿会"是青海省乃至西北地区"花儿会"中的一枝奇葩。近些年，南佛山"花儿会"文化还与大源万亩油菜花串联起来，不仅加强了对南佛山"花儿会"艺术的传承和保护，唱响湟中"花儿"的艺术品牌，还进一步推动了湟中文化和旅游的融合发展，对打造湟中特色文化旅游名片，提升南佛山油菜花海及"花儿会"的知名度，产生积极的推动作用。

南佛山"花儿会"部分传承人：

华松兰，1962年生，湟中县田家寨镇索尔加上营村人，1976年开始演唱花儿，1990年10月，在全国农民歌手大奖赛中获得二等奖；1995年7月，参加西北五省（区）"沙湖杯"歌手大赛获二等奖；1996年参加全省首届花儿大赛获"花儿皇后"桂冠。

雷有顺，1964年生，湟中县鲁沙尔镇人，1986年在青海省"欢乐今宵杯花儿大赛"中获得一等奖，有"南佛山下金唢呐"的誉称。2003年8月，在第四届中国西部"河州杯"民歌（花儿）歌手邀请赛中获金奖。

向国秀，1962年生，青海省西宁市大通县岗冲乡兰冲村人，1987年开始演唱"花儿"，2000年，在"青海省江河源艺术节"上获得二等奖。

白秀媛（已故），1930年生，湟中县西堡镇人。1953年在"第一届全国民间音乐舞蹈会演"中获奖，1957年在"第二届全国民间音乐舞蹈会演"中再次获奖，曾长期活跃在民间"花儿"的演唱活动中。

2009年，南佛山"花儿会"被列入省级非物质文化遗产名录，华松兰、雷有顺为省级非物质文化遗产代表性传承人。

但随着市场经济的不断发展，许多农民外出打工，老艺人相继退出，年轻人又对当地民歌不够重视，所以"花儿"在广大人民群众中的演唱情绪已经呈现出大幅度下降的趋势，从事"花儿"行业的艺人也大大减少，加之演唱"花儿"的人员文化素质普遍较低，他们对"花儿"的创作和研究力度十分有限，所以，"花儿"艺术的生存和发展举步维艰，已经处在濒临失传的边缘。

7．湟中陈家滩传统木雕

（1）项目所在区域及历史渊源

湟中陈家滩传统木雕历史源远流长，可以追溯到明代著名佛教圣地塔尔寺的始建中，其寺内木雕作品及木雕建筑诸多出自陈家滩木雕艺人之手，特别是明代天启二年以后建造的建筑群如：大金瓦殿、班禅寿殿、文殊菩萨殿等，大量融合了汉式建筑的技艺特点，建筑风格趋于青海本土特色。

塔尔寺建成后到清末民初，陈家滩村的木雕匠人史应全和他的弟子康继福、郭万青、包成林、张生珠等除继续在塔尔寺从事木雕艺术的创作活动外，同时也在河湟地区从事民居木雕艺术的创作活动（图36）。

改革开放以来，陈家滩村的木匠把祖传的木雕技艺继续发扬光大。期间，最主要的木雕艺人是史廷辉。史廷辉（1935年—2005年），河湟地区群众称其为“史木匠”，是陈家滩木雕的代表人物。史廷辉长期从事古建筑设计、建造及雕刻艺术品创作技艺，在省内外享有极高的声誉。塔尔寺新建的坛城、山门、藏经楼以及后期的古建筑，如大金瓦殿、大经堂、护法神殿、祈年殿和密宗学院等建筑群的维修工程均由史廷辉主持或参与完成修建（图37）。塔尔寺特意授予他“德艺双馨”功德匾额。在史廷辉的影响下，陈家滩木雕艺人层出不穷，侄子史生福在继承父辈传统技艺的基础上于2003年在陈家滩村成立了“廷辉雕刻工艺有限公司”。

2009年9月，陈家滩民间传统木雕被列入省级非物质文化遗产名录，王海寿、史家福为省级非物质文化遗产代表性传承人。

（2）项目基本内容

湟中陈家滩民间传统木雕按用途可划分为：建筑木雕、家具木雕、宗教木雕和工艺品木雕。建筑木雕技艺主要分布在以木质材料为主的民居建筑和宗教建筑的梁、檐、门、窗、楼阁挡板中；家具木雕主要有汉式炕柜、雕花木床和藏式的龙床、罗汉床、茶几、炕桌、沙发、藏柜等；

图36．呼和浩特市金川开发区牌楼，跨度长达50米

宗教木雕主要有佛像、佛龛、法座、经桌、经筒等；工艺品木雕分为具有观赏性的木雕陈设工艺品和实用性的木雕工艺品。

按雕刻工艺划分为：线雕、浮雕、镂雕、斜雕和圆雕等。线雕通常以刀刃雕压花纹，讲究刀法，具有很强的表现力。对于花纹刻画和形象勾勒有着重要作用；浮雕是在平面板材上雕刻出凹凸起伏图案的一种技法，根据需要分为浅浮雕和高浮雕，常见于家具及器物上；镂雕是在浮雕的基础上将背景部分镂空，有单面雕和双面雕之分，常用于古典建筑上的装饰、装修；斜雕是用45° 左右斜角的刀口，在作品的关节角落和镂空狭缝处剔角修光，刻出的效果比三角刀更生动自然；圆雕又称立体雕，特征是完全立体的，可从多角度欣赏，常用于佛像的雕刻。

陈家滩木雕装饰纹样充分汲取了民间文化的艺术符号和元素，其纹样包罗万象，图案活灵活现、栩栩如生。纹样可概括为：祥禽瑞兽、花草、人物故事、器物、锦纹和字符等。将民族文化和地方特色有机结合，按创作主题可分为：祈福纳吉类、伦理教化类和驱邪禳灾类。祈福纳吉是木雕装饰中运用最广泛的题材，民间将其概括为福、禄、寿、喜、财等，其主要内容包括延年增寿、招财纳福、功名利禄等；伦理教化是木雕装饰中最具精神教化意义的题材，多以历史典故、生活生产场景、书法楹联等内容形式，借以褒扬孝悌、忠信、仁义，昭示人伦之轨。其内容较为经典，事物刻画较为精细，常用于古建筑的内外檐装修。

陈家滩传统木雕艺人们在长期的艺术实践中，除继承传统造型特征外，在图案纹样装饰以及着色等方面吸收了青海高原民族民间美术的表现手法和装饰特色，逐步形成了浑厚、强烈、质朴、粗犷的艺术风格及体现了青海省高原乡土风采。

（3）项目主要特征及重要价值

湟中民间木雕在藏文化基础上吸收了青藏高原地区其他民族文化和民间美术的表现手法和装饰特色，逐步形成了具有浓厚高原乡土风格的艺术特色，其思想内涵、道德精神、审美取向在特殊的自然生态和文化环境中经世代积累，形成了和谐意识下的多元生活思想。

①地域性

湟中木雕在传承中国传统木雕文化精髓的同时，以符合青藏高原自身的生存法则为基准而独成一体，这主要表现在具有复合多元特征的青藏文化，以其独特的文化内涵享誉周边省份。在青海地区，无论是神殿佛堂、僧俗民宅都能找到湟中木雕的踪迹。湟中木雕文化已经适应了当地地域环境，并得以传承和发展。

②民族性

湟中鲁沙尔地区以汉族为主，藏、回、土等多民族共居。其文化表现为农耕、游牧和商业文化相互融合、交相呼应。同时，深受宗教文化的影响，使得湟中民间传统木雕艺术的风格特点显现出鲜明的民族性，作品在表现木雕艺人对生活的体会、感受、审美情趣和

图37，塔尔寺藏经楼

想象力的同时，散发着浓烈的乡土气息，饱含着浓郁的民族风格和情感。民族文化的融合和需求，使得传统农耕文化和佛教文化联系更加密切，传统木雕技艺向佛教文化衍生的同时，人们对佛教文化的崇尚和需求，使得佛教文化的题材和风格向世俗化、时代化转变，引发文化的共振和共鸣。这不仅推进了传统技艺的发展，而且也促进了创新，形成湟中民间木雕独特的民族特色。

③民俗性

湟中民间木雕有它的构成形态和与之相适应的传承载体，既继承了中国传统的民间艺术的精华，又表现河湟工匠艺人的独到见解。吉庆有余、祈福纳吉、驱邪禳灾是民众世代关注的主题。因此，这类木雕在民众中比较普及，比如以松、鹤、桃等表示长寿，以牡丹、元宝表示富贵，以石榴表示多子，以羊隐喻孝，以菊、竹、梅、兰表示气节等。

重要价值

①实用价值

湟中木雕的产生是以实用为先的，主要体现在木式建筑装潢以及木雕工艺品等方面，它要依附建筑和生活用具而存在，发挥着最大的实用功能，增添建筑物气势、风格、与当地文化的协调性。其次，装饰在屋梁、椽檐的镂空雕有减轻建筑物重量的作用，符合力学的安全性和耐久性，布置于门窗的镂雕有通风防潮和采光的功能，最大限度地满足生活中的实用性。

②审美价值

湟中木雕是河湟地区民族传统文化的基本表现之一，积淀了人们浓厚的审美情趣、理想和向往，与人们进行着心灵的对话，情感的交流，通过艺术化的具象和抽象加工，利用欣赏和联想，使人产生美的感受和体验。体现在以模仿自然物而随形赋意的意匠美，以造型多样、风格独特的形式美，以显现材料特质的材料美，以传统手法沿袭的程式美，以传统技法功底的技巧美和以包含精神寓意的文化美。

③信息传递价值

湟中木雕作为物化的文化载体，具有语言文字所不具有的优势，在满足实用功能的基础上，它以视觉文化阐释着民众的民俗习惯、思维方式。其创造精神和充盈的艺术想象，无时无刻不传递着高原人民朴素淳厚、真诚实在的生活气息，将蕴涵着深沉的文化积淀、情感积蓄以及人们的信仰和精神追求寄予其中，观赏者可欣赏人性和物性之美，体验神圣、崇高的美感，将寄予其间的意向和文化内涵一代一代传递下去。

（4）项目传承谱系及存续状况

第一代：史应全。

第二代：康继福、郭万青、包成林、张生珠等。

第三代：史廷辉。

第四代：史生福、王海寿、王海林等。

第五代：史永盛、张炳文。

湟中民间木雕艺人作为民间艺术的创造者和传承者，木雕技艺以师徒传承或家族密传的方式继承了下来，其艺术精神渗透在整个传承过程中，承载着民众的文化思想和行为，以他们自己的方式反映着民众的民俗文化生活和对美好生活的追求。因此，其传承方式有一套完整严谨的师徒传承方式与工艺体系。

但随着商品经济大潮的冲击，一些老匠人相继去世，现有艺人多为中老年，青少年学习者寥寥无几，技艺传承工作难以开展，更主要的原因是木雕技艺是手工活，学习时间长、做工精细、经济效益低下、木雕技艺将面临失传的危险。在文化走上市场经济的今天，木雕制品很难走向市场，木雕技艺传承遇到较大困难。

8．湟中县却西德哇村古老游戏

（1）项目所在区域及历史渊源

青海省湟中县却西德哇自然村，由却西德哇核心村（新庄）、嘎曲多（噶庄）、东卡（后街）、措隆、萨隆（萱麻湾）、押必、庄科脑、尖达8个行政村组成。

却西德哇村东距著名的藏传佛教圣地塔尔寺16公里，东北距西宁市33公里，坐落在阿米嘉顶神山脚下。

却西德哇所在地在“塔尔寺六族”地区，传统上一直是安多地区的文化中心之一，属于青藏高原农业区向牧区的过渡地带，曾保留了许多农牧兼具的传统民俗。特别是在传统体育游戏上，却西德哇地区的村民在农闲季节熟练地掌握了70余种藏族传统体育游戏的玩法。

却西德哇传统体育游戏是青藏高原体育游戏文化的一个缩影。如乌多（抛尔石）是欧亚大陆在新石器时代就普遍流行的一种武器。据记载，还有如冈朵（脚石）和几种“久”（藏棋）的历史也可追溯到1000多年前。江塔（高杆秋千）等也可追溯到10～11世纪（《宋史・外国传》：“角厮啰人，居板屋，富姓以毡为幕，多并木为秋千戏”）。

2006年，湟中县却西德哇村古老游戏被列为省级非物质文化遗产名录，郭祖成为省级非物质文化遗产代表性传承人。

（2）**项目基本内容**

却西德哇村古老游戏主要包括以下几种：冈朵、井井康、丢嘎儿、冈里（打毛蛋）、热则（打羊窝）、朵决、朗秀（拉巴牛，图38）、久（棋）、江塔（高杆秋千）、乌多（抛尔石）、阿米惹阿（撕羊羔）、淳斗（斗羊）、老马抢四角、驮垛子、骑马、藏舞、踢毽子、蹲沟蹲、拔桩、蹬棍儿等。许多游戏项目已经失传，如“夏辍”（刁帽子），一种马上运动，由于现在缺少马匹，恢复难度较大。

①冈朵：冈朵是一种极具特色的体育游戏，它集健身、娱乐、合作于一体。曾在青藏高原至尼泊尔、印度和巴基斯坦的藏裔中广泛流传（图39）。

冈朵所用器械选择大小适中的扁形石头（能够放在脚面上或便于夹在两脚中间）数块，再选一块能够立起来的石板，然后圈定游戏区域就可以玩了。游戏可以2人至10多人同时进行（以选定的立起来石板的数量决定几人同时进行），立起来的石板是被击打的目标，此游戏共有10个基本步骤，目的是要击中目标，石块击中石块时发出响声，击中者就可以进入下一个步骤，最终取得胜利。

②井井康：是模拟草原上两个不期而遇的牧羊人，他们有节奏地互相击打牧羊棍。井井康不仅斗智，口中还要唱着歌词（图40）。

③丢嘎尔：一个人在泉水上游丢燕麦炒面疙瘩，另一人在下游伏身水边直接用嘴从水中捞取炒面疙瘩，这是牧民们在野外劳作吃午餐时，边吃边斗的一种游戏。

图38．却西德哇古老游戏——“朗秀”：俗称“拉巴牛”

图39．却西德哇古老游戏——冈朵

图40．却西德哇古老游戏——井井康

④冈里（打毛蛋）：用羊毛缠绕成拳头大小的小球，球心可加鸡毛，以增加弹性。两人以上以规定动作进行比赛，动作从简到难，用腿、360° 转身等方法拍打小球，完成规定动作者为胜。六七个小球可以几十人一起玩。

⑤热则（打羊窝）：是一种用干羊粪蛋在坑窝里击打的游戏，游戏者不仅要准确地掌握击打的方向、角度以及力度，还要猜测坑窝里和散落在周围羊粪蛋数目的奇偶。"热则"这个看似简单，但有较为复杂的游戏规则，是一种考验人对数字的敏感性和数学运算的游戏。

⑥朵决：以碾压谷物的碌碡为游戏用具，一般分3个重量级。将碌碡拿起、扛到肩上为胜。

⑦朗秀（拉巴牛）：是妇女们喜欢的娱乐项目，两名妇女各执绳索一头，互相背向使力，被拉过界定线的一边为胜。

⑧久（棋类）：藏族传统棋类游戏，已整理出"嘉波国尼""嘉波果域"等5种。在地上划出棋盘，以树枝、石子或羊粪蛋充当棋子，就可以进行游戏了。同源于西方的扑克牌，玩法和游戏规则灵活多变，同时更具优势的是，它的道具可以就地取材，而不必随身携带。

⑨江塔（高杆秋千）：荡秋千。

⑩乌多（抛尔石）：比赛谁抛得远和准，谁赢。

（3）项目主要特征及重要价值

主要特征

①社会性：却西德哇传统体育游戏广泛存在于各个村落，游戏难度较小，而且充满乐趣，每个村民都可以玩。

②生活性：游戏的产生缘于平时农牧生活和生产活动，贴近现实，是对现实生产、生

活的一种真实反映。

③简易性：游戏所需要的器物甚少，少则一件，多则四五件，基本可以就地取材，简单易行。

重要价值

①学术价值：却西德哇传统体育游戏是青藏高原重要的非物质文化遗产之一。传统游戏是一个民族对于过去生活历史片断的记忆，深深地打上了民族文化的深刻烙印，其内涵已经超出娱乐健身的简单意义，是重要的民族文化遗产。

②实用价值：可以肯定的是，这些健康的游戏除了强身健体的功能外，还有利于提高人们的“情商”，在游戏中建立的协作情谊，延续到游戏之外，这会对人们的日常言行和生活产生良好的影响。也对增进人与人之间的感情、邻里之间的和睦相处有着积极意义。尤其如“冈朵”等项目引进大学体育教学课堂后，收到了良好的社会反映，也可以看出其在当代社会的潜在价值。

③民族教育意义：却西德哇传统体育项目的实施可以促进村民的团结，建立和巩固村民对民族文化的自豪感，促进族群认同，在构建现代和谐社会中具有十分重要的作用。

（4）项目传承谱系及存续状况

却西德哇传统体育游戏从20世纪50～60年代开始逐渐淡出人们的生活。尤其是随着电视、网络等现代娱乐媒体的普及，对传统体育游戏的冲击力更大。现在，30岁以下的村民中几乎没有人会玩这些游戏了，许多人甚至未听说过。多数老年人也因几十年未玩这些游戏，只有些残缺不全的记忆。所以，却西德哇传统体育游戏面临十分严峻的濒危状况。

9．湟中加牙“四月八”庙会

（1）项目所在区域及历史渊源

加牙“四月八（即每年农历四月初八）”庙会在今青海省湟中县上新庄镇加牙村，靠近省城西宁和城南新区。加牙村汉、藏合居，其中汉族占90%，藏族占10%。

参加庙会的主要群众分布在上新庄镇加牙、新城、黑城等村，还有总寨、鲁沙尔等乡镇的部分群众。

据老人们回忆，加牙庙会起源于明代后期，已有四百多年的历史。加牙“四月八”庙会，是加牙村及周边村庄的民众为了祈求五谷丰登、风调雨顺、平安健康、国泰民安而举行的一种祭祀活动。每年农历四月初六至初八，周边十多个村庄的近万名群众来这里参加庙会。活动在加牙村村庙及周边举行，主要内容有经师念经祈福（图41）、取水、打曲连、民众敬香拜佛，还有赛马、武术、唱“花儿”、物资交流、摆小吃摊点等。

2013年12月，加牙“四月八”庙会被列入省级非物质文化遗产名录。李生俊为该项目市级代表性传承人。

（2）项目基本内容

庙会从农历四月初六到初八。初六，经师诵经祈福。初七挂黄龙，黄龙是用纸剪贴成约有两三米长的纸龙，悬挂在寺庙当中早已立好的四五米高的木杆上，旁边还要挂上弓箭、曲连（曲连是用面粉做成的直径约七八十厘米的大面饼，中间有一个十多厘米的空心，做好后烙熟。为了不让面饼脱落，做曲连时，把面团要用席芨、麻线捆绑结实，然后用3根绳子平吊起来，等到初八佛事活动结束时再“打曲连”）。

初八，经师继续诵经祈福。这天最热闹的就是“打曲连”，“打曲连”是把挂好的“曲连”馍馍用棒子敲碎让它掉下来，由众人抢着捡拾食用，谁拾得则预示吉祥。

加牙“四月八”庙会除了祭神，还举办优美动听的“花儿”会、丰富多彩的物资交流会，有时有赛马、村民拔河、武术表演和美味可口的摊点小吃等。

（3）项目传承谱系及存续状况

李生俊、杨世春、刘成云。

还有韵家爷、杨永威、张夺魁、杨启春、杨永禄、汪生连、安永财、刘宝珠、杨永彦、陈生连、李生芳、韩明月等。

图41. 加牙“四月八”庙会经师祈福

10．鲁沙尔高跷

（1）项目所在区域及历史渊源

鲁沙尔高跷所在地在青海省西宁市湟中县鲁沙尔镇（图42）。全镇人口2.6万人，以汉族为主，还有回、藏、土等少数民族，地域约36.4平方公里，以农业生产为主。鲁沙尔高跷艺术主要分布在鲁沙尔镇的和平、河滩、团结、东山、西山、塔尔湾、清泉一、清泉二、南门9个村。

鲁沙尔高跷的起源，同全国其他地方的高跷一样，有着悠久的历史。据当地有关文献记载，鲁沙尔高跷艺术在明代洪武年间，由南京朱玑巷迁到青海湟中的汉族民众带

图42．鲁沙尔高跷演出

人。清末及民国初期，鲁沙尔村民王宗伟、张尕六等人从事小规模的高跷演出活动，后由村民霍得鲜、秦国安等人将鲁沙尔的高跷传承发展。中华人民共和国成立后，特别是改革开放以来，在高跷艺人秦志良、霍得禄、王作荣、李长贵等人的辛勤努力下，鲁沙尔高跷犹如雨后春笋、年年翻新、岁岁繁荣，以其跷身高、演员多、表演生动、变化丰富、节奏鲜明、韵律高亢闻名省内外，成为当地社火文化的一项重要内容，在河湟地区广为人知，也是当地老百姓祈求风调雨顺、国泰民安的一种传统的民俗。

2018年1月，鲁沙尔高跷被列入省级非物质文化遗产名录，张生贵为该项目市级代表性传承人。

（2）项目基本内容

鲁沙尔高跷每年农历正月十二、十四、十五、十六在鲁沙尔镇街头、周边村庄演出。最多一天要演出七八场，演出行程达10多公里。鲁沙尔高跷队的跷身最高的在3.5米以上，加上演员身高可达5.2米左右，最低的只有0.5米，一般以2.5米左右的跷子为主。演出人数一般在100人左右。演员角色众多，领头的是比较固定的“老牛角”和“王妈”，还有装扮的历史人物和戏曲人物，也有叫不上名的花旦或丑角。演员的服装随着时代的发展有了新的变化。以前演员头扎彩色头巾，腰勒一块被面做裙子，脸上搽胭脂、白粉就出场了。现在演员身着鲜艳夺目的戏装，装扮起来不比大型剧团里的演员逊色。鲁沙尔高跷由于跷身较高，且演出路线复杂，一般都由年轻小伙装扮。也有8、9岁的孩子。演员身份绝大多数是鲁沙尔镇的村民、高跷表演爱好者。

鲁沙尔高跷队每年从腊月开始演练，除了装束和踩跷外，主要是练习两排队伍的穿插、扭姿和演唱（图43）。其穿插非常灵活，变化十分丰富。演唱的内容主要有传统的《放风筝》《织手巾》《十道黑》《绣荷包》《搬船调》《兰玉莲》等民间小调，也有现代的流行曲目，出演和行走始终有唢呐和锣鼓声伴奏。

自1982年以来，鲁沙尔高跷每年被湟中县委、县政府及有关部门评为塔尔寺灯节演出优秀文艺节目。2008年11月，鲁沙尔镇被文化部授予“中国民间文化艺术之乡”。

（3）项目主要特征及重要价值

鲁沙尔高跷在继承传统民间舞蹈和曲艺演唱的同时，着重在跷身的撑高、悬妙和舞姿的优美上下功夫，并充分吸收青藏高原民族民间舞蹈的表现形式和服饰特色，逐步形成了浑厚、强烈、质朴、豪放、粗犷的艺术风格，具有青藏高原博大高远的艺术情怀。

主要特征

①具有鲜明的地域特点和浓厚的民俗风情风味。

②演出队伍庞大、服饰靓丽、跷身高悬、阵容恢宏。

图43．鲁沙尔高跷演出

③具有祈愿国泰民安、风调雨顺、社会和谐、全面发展的文化象征。

重要价值

①文化艺术价值：鲁沙尔高跷因为其高度，所以在一些大型群众文艺活动中“鹤立鸡群”，因最先被观者看到而受瞩目。加之高跷艺术历史悠久、流传广泛、演唱表演难度大，是其他舞蹈形式难以比拟的，具有较高的艺术价值。

②民俗研究价值：高跷是一种特殊的空中舞蹈形式，它不仅在表演形式上有其独特之处，还广泛容纳了民间曲艺、民间传说、传统戏剧、民乐演奏等艺术形式。

③社会传承价值：高跷艺术是当地群众为了丰富文化生活、活跃文化氛围、促进经济发展而传承下来的一种独特的艺术形式，尤其是在传统的春节期间，利用农闲季节传播文化，开展物资交流和商业贸易活动，具有很好的社会传承价值。

（4）项目传承谱系及存续状况

王宗伟（已故）：清末人士，鲁沙尔地区最早从事高跷表演的人，为鲁沙尔高跷的发展奠定了基础。

霍得鲜（已故）：鲁沙尔镇人，生于1935年，是鲁沙尔高跷较早的传承人之一。

秦国安（已故）：霍得鲜的继承人，为鲁沙尔高跷的传承做出了较大贡献。

秦志良（已故）：秦国安继承人，20世纪70年代鲁沙尔社火队的负责人。

霍得禄：1955年生，对鲁沙尔高跷的发展、改革创新做出了贡献。

李启林：1961年生，从事高跷演出20多年，多次担任鲁沙尔火神会会长。

张生贵，1959年生，从事高跷演练和演出20多年，主要负责高跷的演出工作，为市级非物质文化遗产鲁沙尔高跷代表性传承人。

11．慕家酩馏酒酿造技艺

（1）项目所在区域及历史渊源

慕家酩馏酒酿造技艺分布在青海省西宁市湟中县拦隆口地区。该地区经济作物的分布和种植以小麦、青稞为主。遵循因地制宜、因陋就简、就地取材的原则，慕家酩馏酒酿造技艺主要原料就是青稞，故慕家酩馏在本地区广泛流传。

销售分布区域：慕家酩馏酒的销售辐射青海省各个地区。省外销售也已覆盖到上海、江苏、浙江、山东、北京、河北、山西、内蒙古、陕西、甘肃等省市自治区。

慕家酩馏历史悠久、文化灿烂（图44）。慕家酩馏酿造始于晋武帝太康三年，由鲜卑慕容部酿造，已有1700多年

图44．慕容古寨“二月二”出新酒、祭酒神、游古塞仪式

的酿酒历史。目前，慕容古寨有先祖代代相传的酿酒秘方和酿酒传统工艺。慕家酩馏酿造被评为青海省首批历史悠久的老字号和青海省著名商标。

2018年1月，慕家酩馏酿造艺被列入省级非物质文化遗产项目，慕兰被授予省级非物质文化遗产代表性传承人。

（2）**项目基本内容**

慕家酩馏酒酿造技艺是以家庭为传承方式、口传心授，没有文献记载。酿造全程纯属传统手工技艺、不走捷径、不勾兑酒精。酒曲配方秘制独特，由60多味中草药精益制曲，酒曲对酩馏酒的风味和醇香起到了决定性的作用，正应了“曲为酒之骨”的说法。

慕家酩馏酒酿造流程：将选好的优质青稞浸湿碾去外皮、簸净杂质、入锅煮熟，直到青稞裂口开缝后，沥出风凉，配以中草药秘制而成的酒曲，调和均匀，装入瓷坛或缸中密封，进行发酵。一般将温度控制在24摄氏度左右最为适宜。然后将发酵好的青稞原料与草药装锅，加水煮沸，后经蒸流管进入冷却缸进行冷却，冷却的酒液经导流管装坛，即可饮用。

慕家酩馏酒的水源来自老宅内的古井。井水微甜爽口无异味、降解物少、硬度适中、酸碱合适，含有多种对人体有益的成分（图45）。

利用该技艺酿制的酩馏酒具有很好的养身保健功能。内饮口味纯正，酒香甜绵柔软，口感因酿制人而有异同，略有差别。兼有顺气、和血、调经的功效。地方中医引药上行，与寒性药物同服，可缓解其寒性。

图45．慕容古寨出新酒、祭酒神仪式

（3）**项目主要特征及重要价值**

项目特征

①品质特征：慕家酩馏传统手工酿造技艺，是中华民族智慧的结晶，具有广泛的群众性和民间传承性，承载着河湟地区传统酩馏酒酿造技艺的文化精髓。慕家酩馏的酿造虽然规模较小、产量有限、周期较长，一般每百斤优质青稞才能酿出30斤左右的酩馏酒，但目前只有金仓岭慕家一家民间作坊进行小规模的酿制，所以，慕家酩馏传统手工酿造技艺有其更独特的品质优势。

②工匠特征："工匠精神"是一种职业精神，它是职业道德、职业能力、职业品质的体现，是从业者的一种职业价值取向和行为表现，包括敬业、精益、专注、创新等。慕家酩馏传统手工酿造技艺是传承"工匠精神"的最佳载体，是劳动人民在长期的社会实践中用勤劳的双手创造和积累的宝贵成就，是丰富的精神财富和"工匠精神"的集中体现。

③传承特征：慕家酩馏传统手工酿造技艺的主要传承方式是靠口传心授、师带徒、父传子的传承方式（图46）。长期遵循传内不传外，传男不传女的观念。可随着社会体制的不断更新，这种传承模式早已被冲破，譬如慕家酩馏酿造技艺项目的代表性传承人就有女性。近些年慕家酩馏还吸收了不少具有很大潜力的知识青年，以期这项传统工艺后继有人。

重要价值

①历史价值：仔细品味项目神秘奇特的酿制器具和古色古香的各种酒具，就能充分体会和感受到华夏民族民间文化发展的历程有多丰富多彩，为进一步了解特定历史时期的社会生产力和生产关系，对掌握社会民众在现实生活中的不同习俗和思想禁忌具有一定的借鉴价值。

②文学价值：鲜卑慕容氏定居青海的历史渊源和其酿造技艺，储存了大量的文化艺术

图46. 慕家酩馏酿造技艺

创作原型和现实素材。

③艺术价值：慕家酩馏酿造技艺的传承艺术，出自民间、服务于民众，带有深厚的物质和精神的双重性，植根社会最基层，构筑了基础雄厚的大众文化底蕴。

④科学价值：慕家酩馏酒性味辛温，具有祛风散瘀、通血脉、散湿气之功效，用于通调气血、舒筋活络、引药上行、与寒性药物同服，可缓解其寒性，地方中医还用此酒作药引，或者加热后热敷关节，减轻疼痛。

⑤文化价值：鲜卑慕容氏定居青海，是中国历史上重要的一次民族迁徙、民族融合和文化交融，成为青海多元文化的重要组成部分，从中可以窥探一个历史阶段的变迁和发展。

（4）项目传承谱系及存续状况

传承谱系：

第一代：慕一统（明代）。

第二代：慕永宁（明代）。

第三代：慕延英（清代）。

第四代：慕有学（清代）。

第五代：慕启思（清代）。

第六代：慕德春（清代）。

第七代：慕增光（清代）。

第八代：慕世基（民国）。

第九代：慕兰（当代），慕荣（当代）。

第十代：慕生明（当代）。

慕兰出身酿酒世家，是慕家酩馏酿造技艺的第九代传人。祖父慕增光、父亲慕世基均系当地著名酩馏酒酿造师傅。她自幼学习父亲酿酒技艺，高中毕业时已能酿出自家的酩馏酒（图47）。

慕兰在曲药配方、用药数量、温度掌控、发酵时限、酿造时令等方面反复研究与实践，在先辈酿酒经验的基础上不断改进和创新，完善了慕家酩馏酒发酵术的系统技能，不断把慕家酩馏酒祖传技艺换代升级，让慕家酩馏酒香飘四海。

慕兰秉承“传承是对传统技艺最大的尊重”，“传”是传承人的己任，她摈弃民间以往“传内不传外，传男不传女”的传承方式，还定期自发举办传习活动及酿制观摩，通过“传”让该地区更多的人掌握慕家酩馏酿造技艺。在“承”的方面，她为了把这项技艺留住，积极收徒，让这项民间瑰宝永世流芳。慕兰已带徒12人，不但教徒学习本领，而且已将“承”视为己任，通过提高自身素质，期望众徒早日承接大业。目前已有4人可独立完成酿制技艺。

图47．慕家酩馏酒酿造技艺省级代表性传承人慕兰

2019年10月，中国民间文艺家协会决定将青海省湟中县慕容古寨命名为“中国酩馏文化之乡”，并挂牌“中国慕容鲜卑历史文化研究中心”。

12．西纳川铸钟技艺

（1）项目所在区域及历史渊源

西纳川铸钟技艺主要指西纳川盈缘法器加工厂铸钟技艺，项目所在地在青海省湟中县多巴镇合尔营村（图48）。

多巴镇南距湟中县城25公里，东距省会西宁25公里，是通往青南地区和西藏的咽喉要塞。合尔营村坐落在多巴镇北部，全村250户农户，1050人，以农业生产为主。

中国古代的钟，按使用范围可分为乐钟、朝钟、寺庙钟

图48．西纳川铸钟技艺

和钟楼钟4类。钟在古代不仅是乐器，还是象征地位和权力的礼器。王公贵族在朝聘、祭祀等各种仪典、宴飨与日常燕乐中，广泛使用钟乐。

西纳川铸钟属寺庙钟类。西纳川铸钟技艺，盛行于明清时代，著名佛教圣地塔尔寺始建之际，寺内所布大小铸钟、香炉大多出自西纳川李氏先祖之手，寺内铸钟至今保存完好，诸钟铭文清晰可辨。原铸钟艺人李氏府邸在西宁石坡街西炉院，清光绪年间，李氏先辈李生林带领李氏后人迁至西纳川合尔营村，在耕作之余主要从事民间铸造工艺，尤以铸钟等法器见长。

（2）**项目基本内容**

西纳川铸钟适用一模一铸，每件法器具有独一无二的铸造特征。模具质量的好坏，直接决定着产品质量的优劣。盈缘法器铸造的堆芯阶段采用横七竖八的打线方式，为了方便外模分块堆砌，在衬砂层外面起稿。稿样的底图写在宣纸上，用专用工具反刻在衬砂层上。起稿后，还要在稿样上刷上5～6次水铅粉，涂一次干磷铅粉，避免砂粒粘连。冶炼铁水的材料也要经过仔细挑选，把收来的废旧铁料敲出断面，凭借经验判断铁的成分，大致以灰口、白口区分，正式熔化浇铸时，根据不同法器的铸造要求添加辅料，按配方和比例逐一进行。

西纳川铸钟按用途可分为机械铸造、民用铸造、宗教铸造等；按工艺可分为有泥范模、刮砂模、木具模等；按流程可分为：模型、分割烘干、雕刻（阴刻字、阳刻字）、合模等，在现实生产和创作中通常多种技艺并用（图49）。

西纳川铸钟的传承纹饰可概括为祈福纳吉、驱邪避灾等2类。祈福纳吉是铸造铭文中最广泛的题材，民间将其概括为福、禄、寿、禧、财等。其实，铸钟的纹饰包罗万象，有祥禽瑞兽、奇花异草图案，也有人物历史、铭文和字符等。祥禽瑞兽样有龙、鱼、蝠；花草纹饰有莲花、牡丹、菊花、长寿茅草、八卦图案；所刻字符有国泰民安、风调雨顺、人畜

图49．西纳川铸钟技艺生产现场

安康等。

盈缘法器铸造厂于2011年成立，先后为塔尔寺、鲁沙尔刘琦庙、湟中扎麻隆凤凰山、大通会宁寺、海南省灵山寺等省内外的寺院和庙宇铸造多种型号的铁钟。

（3）项目主要特征及重要价值

主要特征

①盈缘法器铸造在继承传统铸造特征的同时，在造型、图案、文字以及着音等方面，广泛吸收青藏高原民间铸造的手法和造型特色，逐渐形成了深厚、古朴、音律悠扬的铸造风格和藏式铸钟的特色，具有鲜明的地域性和民族性（图50）。

②铸钟造型古朴大方、铭文清晰、声音洪亮，特别是每个钟耳敲击时发出的音质不同，也称“八音钟”，是省内外铸钟技艺中具有独特特质的一种技法。

③趋福趋吉的文化象征。

④铸钟技法多样，有泥范法铸造、蜡模铸造、模具铸造；有阴刻字、阳刻字。

重要价值

①史料价值

铸钟，除了雕铸一些图案，还有文字，或吉祥用语，或纪时记事。因此，铸钟不仅在文字发展史上，更重要的是在社会、政治、思想、文学、经济等各方面的研究上能够提供宝贵而丰富的史料。

②工艺价值

中国是钟的故乡，流传于世、难以尽数的铸钟作为中国文化的一个重要组成部分，反

图50．盈缘法器铸造厂铸造的铁钟

映了古老、优美、伟大的中华民族文化的一个侧面，对研究中国的断代史、礼乐制度、思想史、音乐史等有非常重要的价值。盈缘法器铸造荟萃了民间铸钟工艺技术之精华，代表了当地铸造、声学、乐律学、力学等高超技术水平，是研究我国传统科技的宝贵实物。

③民俗价值

随着社会体制的不断健全和民族宗教信仰的不断发展完善，民间渐渐丢失的一些优良的传统民俗风情重新焕发出多彩的光辉，广大民众追求幸福生活的愿望越来越强烈。于是，各种宗教场所都少不了类似铸钟的法器，传统的铸造技艺对各地民俗风情的发扬传承起到举足轻重的作用。

④社会价值

铸造业已成为当地村民发家致富的主要经济来源。

（4）项目传承谱系及存续状况

从清末到民国初期，李氏铸钟谱系。

第一代：李有年（已故）。

第二代：李逢春（已故）。

第三代：李生林（已故）。

第四代：李芳、李祯、李献（已故）。

第五代：李万荣、李万明（已故）。

第六代：李兴章（已故）、李成章（已故）、李进章。

第七代：李尚奎、李尚珍、李尚忠、李尚云、李尚雄。

第八代：李延军、李军贵、王国军。

据记载，清末民初，铸钟艺人李生林（1836年—1884年）与其子李芳、李祯、李献及孙子李万荣、李万明等为了生计，长期奔波在河湟两岸，从事铸钟、铁铧、火盆、钉锅等铁艺铸造手艺，河湟民众家喻户晓、声誉极高，亲切地称他们为“炉源匠”。后来，李万明的下一辈李成章、李兴章、李进章及李进章之子李尚珍、李尚忠、李尚云、李尚雄、李尚奎继承父辈技艺，从事铸造技艺生产和经营活动。

2018年1月，西纳川铸钟技艺被列入省级非物质文化遗产名录，李尚奎为该项目省级代表性传承人。

然而，随着市场经济的不断深入，西纳川铸钟技艺作为一项传统的民间口传心授的手工技艺，逐渐走向衰落，老艺人相继去世，年轻人嫌这行业学艺周期长、工艺要求严、机械化程度低、地位不高、挣钱少，又脏又累又单调，很少有学习的志向，许多工艺面临失传，铸钟技艺传承难度较大。

13．塔尔寺藏餐制作技艺

（1）项目所在区域及历史渊源

塔尔寺坐落在青海省西宁市湟中县鲁沙尔镇。塔尔寺四面环山，藏文古籍形容其“天如八幅轮，地如八瓣莲”。属高原凉温半干旱气候，年均气温2.9℃。

塔尔寺的藏餐制作技艺与藏民族饮食文化的发展息息相关（图51）。藏餐的发展变化形成特色经历了很长的时间，大体可以分为4个发展阶段：第一，从6世纪开始，吐蕃与中原内地、周边国家开展了广泛的经济文化交流，而随后的文成公主和尼泊尔的赤尊公主入藏、丝绸之路的开通都大大地丰富和提高了西藏烹调原料的内容和烹调技术的发

图51. 塔尔寺藏餐

展；第二，13世纪。这时，西藏基本结束了分裂割据的局面，除了与元朝中央在政治方面的关系更加密切之外，以藏传佛教为纽带，藏族与蒙古族的民间交往也日趋频繁，丰富了藏餐的内涵；第三，从18世纪开始，随着与清朝在政治、经济、文化等各方面的交流，内地饮食文化传到青藏高原，内地的各种瓜果、蔬菜、厨具器具，以及烹饪技术都流传到藏区，促进了藏餐烹饪技术的发展；第四，20世纪80年代以来，随着我国改革开放和旅游业的兴起，藏餐饮食文化也得到了空前的发展，在保持传统特色的前提下，新的原料不断增加，烹调技术不断成熟，出现了藏餐、中餐、西餐多种餐饮文化相互融合、优势互补的新格局。塔尔寺僧人的饮食生活也经过与汉族、蒙古族等民族的相互交往积累了丰富的饮食知识和历史沉积，逐渐形成自己独具特色的饮食文化。

（2）项目基本内容

塔尔寺藏餐制作技艺，2018年1月被列入省级非物质文化遗产项目，伊发金被授予该项目省级代表性传承人。青藏高原独特的自然环境和藏民族的游牧生活，孕育了独具风格的餐饮文化。

由于塔尔寺所处的地理环境和生活条件，塔尔寺藏餐制作在保留藏族餐饮习俗的基础上，融汇周边汉族、蒙古族、土族等民族餐饮特点，无论是从种类上，还是从营养价值上都受到世人瞩目。

由于藏民族宗教文化背景的影响，寺院僧众饮食的方方面面，诸如礼仪、习俗、禁忌等都带有藏民族的生活特点。塔尔寺饮食文化既独具宗教特色，又有浓郁的民族特色，僧众根据三净肉规定（三净肉指非我杀、非为我杀、非亲见杀之），膳食中包括肉食品、素食品。阿卡包子（图52）、头巴、哲色米饭、辛、糌粑、酥油、曲拉、锅盔馍馍、翻跟头、牛羊肉等，历来是寺院僧众的传统食品。

塔尔寺饮食文化既具宗教特色，又有浓郁的民族风情，塔尔寺僧人的饮食生活，因受藏族、蒙古族游牧生活方式的影响，阿卡包子、糌粑、酥油、曲拉、牛羊肉等历来是寺院僧众的传统食品。寺院僧众的生活离不开茶，因此把始建于1689年的大厨房称为大茶坊，尤以五口口径为2.65米、深1.3米大铜锅而闻名藏区。膳食以手抓羊肉、头巴（八宝米饭）、阿卡包子最为著名。

①芒嘉（斋茶饭——供养僧众的斋茶饭），一般有三道茶，第一道清茶，第二、三道奶茶，有时还有第四道“头巴”（米饭，八宝饭）。头巴分两种，一种是嘎头（甜米饭），一种是夏头（肉米饭）。

②藏宴席，一般分为走马席和正宴，在佛事、僧职换任、活佛庆生、接待贵宾（包括大喇嘛、达官贵人）时举办，僧宴一般分6道，依次为：酥油奶茶（糌粑）、哲色（蕨麻米饭）、什样锦（烩菜）、手抓羊肉、阿卡包子、酸奶，有时特加“夏巴列”（馅饼），还有粉汤、熬饭、大烩茶等。

③塔尔寺僧人多来自寺属六部族，即今青海湟中、平安两地农业区，受青海农民饮食文化的影响，也常做面条、面片、拉面等西北地方饮食。蒸馍（馒头、花卷、月饼）、油炸果、油饼、嘉娄玛等汉藏皆食用的饮食。

图52. 塔尔寺藏餐——阿卡包子

（3）**项目主要特征及重要价值**

技艺特色和风格特征

①藏宴席座次：基本按佛位高低和僧官职级大小有序排列（图53）。大法台、活佛、大小僧官分排依次盘膝而坐。前面布置小方桌和小条桌，桌上摆有茶果珍馐。根据参加宴会者地位的高低，分10样（干果）至3样（干果）不等。

②主要饮食：僧众平时主要以面食品、奶类、肉类、阿卡包子和糌粑为主，基本为一日三餐。主要饮料为奶茶，饭后多饮酸奶。塔尔寺主要是农区或半农半牧区饮食风味，有各种农作物，因此荤素搭配得当，工于火候，清鲜、淡爽。

③特色食品：哲色、头巴、辛、阿卡包子，大多在宴会、芒嘉时做，其特色是：材料都取之本土、选料严谨、制作精细，是餐中的精品。

④注重“绿色”和“保健”。藏餐的主要原料大都来自无污染的高原地区，是真正意义上的绿色食品。

社会功能及遗产价值

①藏传佛教的饮食文化不仅形式多样，历史悠久，而且意义非常深远，是佛教文化的重要组成部分。从塔尔寺藏餐制作技艺的发展中可以清晰地看到，地处汉藏文化交汇处的餐饮文化也以多元共存的文化现象呈现在我们面前，它是研究塔尔寺寺院文化发展变化的依据之一。

②餐饮是一个民族赖以生存的基本保障，也是民族群体思想情感的凝聚点，为民族学的研究提供了素材。

③藏餐是我们东方饮食文化的重要组成部分。研究藏传佛教寺院僧侣的饮食，可以充分挖掘蕴涵其中的深层文化意义。

图53．塔尔寺藏餐——宴席

④顺应时代趋势，适当对游客开放寺院饮食，在保证卫生安全的前提下，让游客品尝正宗的寺院风味饮食，使他们亲身体味僧人的生活，同时使游客方便安全用餐，也可以推进当地的饮食文化的发展。近年来塔尔寺推出的具有民族特色的绿色食品——“青稞饼”，极具营养价值，又是馈赠友人的佳品，原料为青稞炒面、芝麻、白糖、酥油等，广受省内外游客和客户的欢迎，在省内外食品博览会和旅游文化推介会上也深得好评。

（4）项目传承谱系及存续状况

传承方式：家族传承、师徒传承、学校教学传承等。

传承谱系：师徒传承，由于不记录、不留名等原因，很多大嘉麻的名字已无从考证。凭老人记忆整理如下：开放后著名的嘉玛有罗藏宗哲、更大吉（已故）、麻前（已故）、尕桑旦巴（已故）、洛桑旦巴（已故）、尕藏才仁、罗藏佐巴、尕桑旦增等。

濒危状况及导致濒危的直接缘由；

①在芒嘉（几乎每天早课时都有）和传统的僧职换任期间、活佛院活动、接待贵宾等重要佛寺活动中，塔尔寺藏餐依然以传统的芒嘉茶、走马席、宴席的方式存续在寺院。

②藏餐制作比较费时费力，尤其是藏餐宴席中必备的高档菜肴，熟练掌握制作技艺的嘉玛有的年事已高，无法制作，现在只有几个中年僧人掌握部分高档菜肴制作技艺，年轻僧人很少愿意学习传统技艺，因而导致后继无人的尴尬局面。

③由于现代快餐饮食文化的冲击，年轻僧人对寺院传统饮食了解过少，对寺院传统文化的内涵更是少之又少。

④寺院用了几百年的一些餐具，如舀茶的铜勺、盛茶的木桶等急需补充，但又很难找到会做这些炊具的匠人。虽然可以用现代餐具替代，但饮食风味将会大大改变。

14．塔尔寺传统建筑营造技艺

（1）项目所在区域及历史渊源

塔尔寺传统建筑营造技艺（图54、图55），2018年1月被列入第五批省级非物质文化遗产项目。藏传佛教是佛教在我国青康藏地区发展出的一个重要支系，藏传佛教建立寺院，得到迅速的发展，并深入到西北地区和中原内地，现存的元代始建的藏传佛教寺庙，以萨迦寺和夏鲁寺为代

图54．塔尔寺传统建筑营造技艺（1）

图55．塔尔寺传统建筑营造技艺（2）

表，夏鲁寺的主殿建筑形成了一个中央有天井、四周有建筑、主殿前用围廊环绕的庭院布局，并奠定了明清时期藏传佛教格鲁派“扎仓”（经学院）建筑的基础，明清时期藏传佛教寺院在元代的基础上进一步发展，位于青藏高原北部的青海省乐都县的瞿昙寺和湟中的塔尔寺，这两座藏传佛教寺院代表了青海佛寺的两种形制，塔尔寺又是应用汉族传统手法最多的具有藏传佛教建筑风格和青海地方特色相互融合的一座寺院。塔尔寺从1379年建塔，明嘉靖三十九年（1560年）由大禅师仁钦宗哲嘉措建寺开始，经过400多年不断地重修、扩建，规模逐渐扩大，成为格鲁派六大寺院之一。塔尔寺四大扎仓中的显宗学院创建于1603年，密宗学院创建于1646年，医明学院创建于1757年，时轮学院创建于1817年，现今塔尔寺大经堂即是显宗学院的学堂也是全寺措钦大殿。

（2）**项目基本内容**

塔尔寺的建筑形制和布局主要以西藏拉萨的“三大寺”和日喀则的扎什伦布寺为蓝本，应该指出的是，在格鲁派六大寺院中，塔尔寺又是应用汉族传统手法最多的具有藏传佛教建筑风格和青海地方特色的一座寺院。以藏式为主，藏汉合璧的营造技艺是塔尔寺建筑之艺术特色。塔尔寺建筑群鳞次栉比、红墙碧瓦、金顶熠辉、佛塔林立、经堂恢宏，构成一幅色彩斑斓的建筑画卷，是青藏高原上一道靓丽的风景。塔尔寺建筑群，点缀江山、庄严国土、美名远扬。塔尔寺建筑艺术是藏传佛教文化的重要载体，是藏传佛教文明的标志。塔尔寺建筑营造技艺历来倍受党和政府以及宗教界、建筑学术界、文物保护界专家学者的高度重视，1990年—2017年国家拨款2.4亿元抢修加固了以大金瓦殿为主的 23座古建筑，在实施中塔尔寺建筑营造技艺得到传承和弘扬。

塔尔寺活佛僧众传承藏传佛教扎仓式（经院式）平顶建筑和宫殿式建筑技艺，结合本地的建筑特色，形成了藏汉合璧、宏伟壮观、别具一格的古建群。塔尔寺从1560年建寺开始，经过400多年不断地重修、扩建，规模逐渐扩大，既有汉族建筑风格的佛寺，也有藏式建筑风格，塔尔寺建筑群中最突出的是大金瓦殿，塔尔寺的兴建与扩建都是围绕大金瓦殿进行的，主要建筑佛寺和扎仓均布置在莲花山坳西侧，坐西朝东或坐北朝南，顺沟谷方向而建，按照地形依次排列。由寺前的四门塔、菩提塔、善逝八塔，转折向南，沿内环礼拜道。在礼拜道平坦的地带上建有护法殿、祈寿殿和太平塔、酥油花馆。西侧建有米纳院赛多院、印经院、大吉哇等。这些建筑时代较晚都是随地形灵活安排进来的。在大吉哇南侧的较为宽阔的地带上建有大金瓦殿、弥勒佛殿、释迦佛殿至尊上师宗喀巴大师依怙殿、大经堂、辨经院、文殊菩萨殿和三世达赖喇嘛殿，由此形成形式多样、风格各异、高低错落、富于变化的塔尔寺建筑群中心。这些都说明塔尔寺在建设布局时相对分散灵活、不注重中轴线的对称关系、以高处的主体建筑控制全部建筑群的布局形式是一种非常成功的建筑艺术的处理方式。

（3）项目主要特征及重要价值

技艺特色和风格特征

塔尔寺中心区的建筑内，既有汉族建筑风格的佛寺，也有藏式建筑风格的扎仓、经堂，形式多样，风格各异、高低错落、富于变化。塔尔寺的建筑分为佛殿（神殿）、佛塔（本康）、扎仓经堂、活佛府邸、僧舍4种类型，其建筑形式有基本汉式、基本藏式和藏汉结合的3种式样。佛殿为汉式梁架结构，扎仓为平顶藏式结构，藏式彩绘。塔尔寺建筑不仅造型新颖、独特，而且富有创造性，尤其是细部装修达到了高超的境界，取得了藏汉艺术的统一（图56）。

1986年，中国建筑工业出版社出版的陈梅鹤编著《塔尔寺建筑》，1996年中国文物研究所（现中国文化遗产研究院）蒋怀英主编、国家文物出版社出版的《青海塔尔寺修缮工程报告》，书中用大量篇幅介绍塔尔寺传统建筑技艺。1997年五洲传播出版社出版《塔尔寺——西藏系列画册（黄教六大寺系列画册）》。2004年《中国西藏》杂志刊载《雕梁画栋塔尔寺》。2009年中国文化遗产研究院编著《青海塔尔寺文物保护总体方案》，主要内容是塔尔寺古建筑和传统技艺的保护。2010年文物出版社出版《古建筑保护论文集》中详细刊载了塔尔寺建筑艺术。近年来中央电视台、青海电视台拍摄的有关大美青海、塔尔寺的专题片中也多次介绍了塔尔寺的建筑艺术。

社会功能及遗产价值

塔尔寺建筑结构独特，形式活泼，是集建筑、绘画、雕刻、装饰等艺术为一体的珍贵的藏传佛教艺术结晶。塔尔寺建筑以恢宏壮丽的气势和藏汉结合的独特建筑艺术风格在我国建筑史上占据着重要位置。塔尔寺古建筑是全国重点文物保护单位——塔尔寺的主体，其建筑艺术是我国珍贵的文化遗产。塔尔寺的每一座建筑上都凝结着各族劳动人民的心

图56．塔尔寺传统建筑营造技艺

血，充分展示了藏、汉民族民众的聪明才智和创造技艺，是藏汉等各民族团结协作、进行文化技艺交流、共创中华文明的主要历史见证。塔尔寺建筑艺术具有重要的人文价值、历史价值、艺术价值和民俗性价值，是研究藏传佛教文化的主要载体。

（4）项目传承谱系及存续状况

师徒传承，自1379年建塔开始，塔尔寺活佛高僧中涌现出了很多建筑装饰方面的杰出人才，传承藏族扎仓式（经院式）平顶建筑和宫殿式建筑技艺。藏文古籍《塔尔寺志》详细记载了主要殿堂的修建过程和设计、建造工匠的名称。其中鎏金技艺最为独特，也是塔尔寺建筑技艺之一绝。1910年，由赛多活佛主持重修大经堂。1992年—1996年，由阿嘉活佛、西纳活佛、杨嘉活佛主持修缮吉祥行宫、大经堂、小金瓦殿等10余座古建筑。2000年，由西纳活佛主持完成大金瓦殿金顶鎏金工程。2002年，设计重建了藏经楼。塔尔寺鎏金技艺的传承人有80多岁的罗藏旦排、阿格日活佛的老管家香曲等，还有格桑龙珠（70岁）等10余人。木工、木雕技艺主要有湟中县鲁沙尔镇陈家滩村的史廷辉先生（已故）、史生福等木工技师50余名，泥瓦工有刘洪明等技师50余名，彩绘有罗藏尼玛等30余名。

濒危状况及导致濒危的直接缘由：历经640多年的风雨沧桑，塔尔寺因遭受地质等自然灾害的严重破坏和人为影响，加之自身老化，许多建筑地基下沉、墙裂柱斜木构件腐朽，其残破情况十分严重。加之塔尔寺建筑、鎏金、砖雕、木雕、绘画等技艺濒临失传，后继乏人，亟待保护和传承。

15．塔尔寺羌姆

（1）项目所在区域及历史渊源

塔尔寺羌姆，2018年1月被列入第五批省级非物质文化遗产项目。塔尔寺的羌姆在漫长的传承过程中，由于有明显的舞谱乐谱文字记载，在舞蹈律动、服饰风格、音乐伴奏等方面形成了有别于其他寺院的鲜明特征。舞姿庄重、稳健、典雅、场次分明、造型优美，角色性格突出，舞谱乐谱记载完整，音乐舞蹈配合默契。

塔尔寺羌姆是青海藏族传统舞蹈艺术的重要组成部分，它不但是宗教文化独特的艺术形式，更是大法会程式的重要仪轨，在寺院里以师傅带徒弟的固定方式传承至今，因此，它是任何民族舞蹈都不可替代的寺院舞蹈艺术（图57）。

历史沿革：据史书记载，塔尔寺自1612年显宗经院成立之时，就有宗教舞蹈供养。至尊宗喀巴大师创建格鲁派时对其他宗派的羌姆乐舞加以改造，剔除了一些民间舞蹈，选择了格鲁派主修的本宗金刚之中大威德和马头金刚为主要角色，僧人们俗称喇嘛本尊护法舞和妙吉祥文殊舞。根据宗教仪轨，由活佛们进行演示。但对舞蹈的形式、内容、场次及角色没有明确记载。塔尔寺设有专门学习、演示羌姆的法舞学院（藏语，乾巴扎仓）。清康熙五十七年（1718年）七世达赖喇嘛·格桑嘉措赐给法舞学院舞蹈面具34幅、舞衣30件，并派拉萨布达拉宫朗杰扎仓舞蹈师传授佛教音乐舞蹈。当年所用的藏式唢呐、胫骨法号等乐器现在依然保存在寺内。

从此以后，塔尔寺《曲嘉法王》和《旦正法王》两大传统羌姆舞蹈的内容、形式、角色、舞蹈步伐、音乐节奏都用文字记录于一块金黄色的布幔上，珍藏在乾巴扎仓内。与初期从布达拉宫引进的舞蹈相比，塔尔寺两大羌姆舞蹈已经发生了巨大的文化变异。一代代乾巴扎仓的僧官们带领一批批新的舞者，严格按舞谱、乐谱，尽心学习、精湛演示。

图57. 塔尔寺羌姆表演练习

（2）**项目基本内容**

塔尔寺有内容迥异的两大羌姆，分别称为《曲嘉法王》（大威德金刚）和《旦正法王》（马头金刚或称马首明王）羌姆舞蹈（图58）。“曲嘉”为文殊菩萨化身之一，“旦正”也称坚桑，为观音菩萨化身之一。《旦正法王》羌姆在全国格鲁派寺院中绝无仅有。这两大羌姆均由5场组成，寺院每年举行的正月“神变祈愿大法会”“四月祈愿大法会”（藏语称“德钦松宗”意为“三庆总汇”）“六月祈愿大法会”（藏语称“曲科兑钦”意为“转法轮节”）和“九月祈愿大法会”（藏语称“拉吾布兑钦”意为“降凡节”）上演示6次。其中正月法会演示《曲嘉法王》羌姆，九月法会演示《旦正法王》羌姆。四月和六月法会2个羌姆都要演示。音乐伴奏以单柄鼓为主要基调，东钦、螺号、藏式唢呐、胫骨法号都有演奏，营造出肃穆、神秘的宗教音像效果，角色出场威严隆重，重点突出，气氛肃穆。羌姆舞蹈每个角色的面具、服饰、道具、舞蹈动作都被赋予深刻的文化内涵。

图58．塔尔寺羌姆表演

（3）**项目主要特征及重要价值**

藏传佛教羌姆具有傩舞的特点，每个角色都有代表自己身份的面具，曲嘉法王和旦正法王各有3个面具，其他有面具60多具、法衣60多套、各式藏靴60多双，手持道具（法器）有镇魔杵、咒杵、三棱长剑、短剑、“灵嘎”木盒、地毯等100多件。还有大法号、藏式唢呐、胫骨法号、单柄鼓、大钹、螺号等为主要伴奏乐器。

技艺特色和风格特征

①有明显的场次。两大羌姆各由5场组成，其中第5场内容多表演时间长，舞蹈动作复杂，技巧性高。

②角色扮相规范。最明显的区别是“托干”与“多楚”（尸陀林）的装扮，有些寺院将这二者混淆。

③服饰性格化。主角曲嘉的法衣以蓝色锦缎制作，旦正的法衣用红色锦缎制作。

④面具制作独特。塔尔寺羌姆面具制作时先选用一块大小合适的干土坯，把棉布剪成小三角，一层层粘贴在上面，等干燥后，把土块敲碎清除，这样的面具不太沉重。

⑤舞蹈动作稳健，技巧高超。如曲嘉和旦正的独舞，跨腿旋转时扮演者控制自如，步履坚定，旋转到位；跳跃稳定，涮腰、搓步、掂步、跨步、摒步等组合型技巧引用熟练，手位、手印贯穿在乾姆中，与民间舞蹈有明显的区别。整体乾姆显示出一种沉稳、刚毅、庄重、威武的韵味。

⑥塔尔寺两大羌姆都有文字记述的舞谱和乐谱，在一定程度上保证了这种艺术形式传承的规范性和清净性。

社会功能及遗产价值

塔尔寺《曲嘉法王》和《旦正法王》羌姆历史悠久、传承复杂、舞蹈学习难度大，具有原生态活化石一样的文化价值，是了解、研究藏族文化艺术及群体民族的道德观、价值观和思维趋向的重要资源。具有历史学、民族学、民俗学、舞蹈学、宗教等多门学科的学术研究价值。羌姆舞蹈具有一般民族舞蹈无法达到和替代的审美价值、艺术价值、传承价值和研究价值。《旦正法王》羌姆舞蹈是全国所有格鲁派寺院中，唯一完整存活在塔尔寺的舞蹈，具有任何舞蹈艺术都无法替代的文化地位和艺术价值（图59）。羌姆乐舞用形象的舞蹈语言告诫人们与人为善，团结互助，才能过上和平安定、富裕健康的生活。这种理念正是和谐社会追求的基本理念。羌姆乐舞是一般信教民众了解深奥难懂的佛学知识的教材和捷径，具有规范人们行为准则的精神价值，更具有构建少数民族地区和谐社会的示范性现实价值。

（4）**项目传承谱系及存续状况**

塔尔寺羌姆舞蹈已有600多年的历史，主要以师徒传承，很多传承人的名字已无从考

图59．塔尔寺羌姆表演——旦正法王（马头金刚）

证。1915年至今有记载的有丹佩、智达罗伟、旦贝琼佩、罗藏加羊、尕藏谢热、洛桑昂秀、尖参藏吾、罗藏若子力、宗哲等。

濒危状况及导致濒危的缘由：

①塔尔寺羌姆乐舞在600多年的发展中曾中断21年，虽然有舞谱和乐谱得以保存，但没有场面调度、动作要领等关键性的记载，它的传承还是以师傅带徒弟的方式完成。1980年恢复舞蹈时，全靠老艺人们的记忆，相互补充慢慢地恢复起来的。随着一些技艺高超的艺僧相继离世，这种师徒相传的艺术，在传承中存在动作被简化、方位调度不准确、道具使用不规范，人员逐年减少等问题，使它的传承和弘扬面临濒危状态。

②塔尔寺地处省会城市，现代文化艺术生活和周边繁华的市场经济对年轻僧人的诱惑、干扰太多，使得他们对羌姆的学习积极性不高，舞蹈基本功难以提高，表演只能停留在应付大法会仪轨的水平上。

③乾巴扎仓（法舞学院）平时只有两个乾宦和几个僧人，由于担任重要角色的僧人的佛学造诣要高、自身修养要高、对舞蹈技巧的要求更严，还有身体健硕等条件，目前能承担重要角色的僧人寥寥无几，使羌姆舞蹈艺术的发展处于停顿状态，现亟需采取有力的保护措施，使这一独特的舞蹈艺术得以发展和传承。

16．塔尔寺雕版印刷

（1）项目所在区域及历史渊源

塔尔寺雕版印刷技艺，2018年1月被列入第五批省级非物质文化遗产名录。

历史沿革：佛教传入青藏高原以后，对藏族的政治、经济、文化、医学、刻版印刷等各个领域产生影响，也给高原带来了藏文化文明。自7世纪中叶，土米桑布扎创造藏文开始，藏区相继出现了许多印经院，印经院的产生，为藏族文献的积累创造了良好的外部条件。一千多年来印经院不断发展壮大，印制的藏文文献浩如烟海，为研究藏族文化提供了丰富而珍贵的资料。

塔尔寺建寺初期，雕版印刷比较简陋，只能印制一些简单的经文（图60）。成立了印经院以后，刻版印刷得到飞速发展。塔尔寺印经院始建于清道光七年（1827年），距今已有190多年历史。它的创建者和奠基人是塔尔寺第五世嘉措，他于清乾隆五十一年（1786年）出生在青海湖附近的吉隆地方，清嘉庆十八年（1813年）在拉萨3大寺院传大昭期间通过佛学辩难，考取学位。清道光七年（1827年），寺内筹集资金，开始大规模印制经文，将宗喀巴、贾曹杰、克珠杰师徒3尊的全集43函刻印成长条经版，共计印版17463块，并印刷成经文，印经院大规模的刻印自此开始。

以后又陆续刻印了《阿嘉活佛全集》《赛多活佛全集》、

图60．塔尔寺雕版印刷制作工序：雕刻经文

五世达赖喇嘛著的《俱舍论》、四世班禅罗藏却吉嘉参的《般若一品至八品》《金光明经》《莲花遗教》《贤劫经》《戒律本论》《四部医典》等各种经文及活佛文集、寺院志、哲学、医学、天文历算、音乐、文学、诗歌、教科书、修法仪轨等大量著作。据《塔尔寺长条版目录》记载，有153种，印版20531块；《短条版目录》记载，有305种，印版4842块；杂散文版140种，印版2956块，以上总共有印版45792块，印刷发行的经文就更不计其数。印经院成为藏文化的保存中心和集散中心，在繁荣和发展藏文化中起到了举足轻重的作用。

寺院自成立印经院以来，刻版印刷从未间断，历代刻制的印版储满了印版库房，成为塔尔寺刻版印刷的历史见证。

（2）项目基本内容

塔尔寺雕版印刷反映的主要内容是经书、佛像和宗教图案，其中经书是重头戏，内容非常丰富，有活佛和高僧大德的专著、文集、传记；有宗教戒律论说、修法仪轨；有藏文大藏经；有天文历算、医学药学；有文学、诗歌、音乐、藏文文法等囊括了各个领域的著述。佛像和宗教图案主要是制作经幡、风马。几百年来，塔尔寺印经院印制了浩如烟海的经文，成为藏文化的宝库。

塔尔寺印经院是集刻版、印刷、出版为一体的机构，印经院内设有刻版房、印刷间、洗版房、裁装间、印版储存房、藏经房等内部机构。各机构的僧人按照印经院的规定和要求以及自己承担的工作程序，按部就班地完成每天的工作量。印经院所用的刻版木料为质地坚硬而细腻的桦木，刻版和印刷的程序有选料制版、打磨料板、书写经文、粘贴经文、涂抹清油、雕刻经文、刻制边框、水洗经版、印制经文、校对经文、整修经文、包装发行等，工序严谨而完备，所印经文质量上乘，在青海省乃至整个藏区都有很大的影响。

（3）项目主要特征及重要价值

技艺特色和风格特征

①浓郁的宗教色彩。塔尔寺雕版印刷技艺诞生于寺院，主要由寺院僧人制作，其内容全部反映佛经，供奉在经堂、佛殿，或由僧人念诵，直接为宗教服务，所以具有浓郁的宗教色彩。

②传统的制作工艺。刻版印刷诞生几百年来，直坚持应用原生态的原料，保留古老的制作手法，严格遵循制作工序，使作品的传统风格和质量至今保持不变。

③藏文化的传播中心。印经院集刻版、印刷、发行为一体，使大量经文、文献、图像不仅传播到寺内各个地方，而且传播到整个藏区，发挥到了文化传播的作用。

社会功能及遗产价值

通过印经院的印版和制品，可以观测到藏传佛教的基本观念、基本理论、仪轨和制度、宗教的心理结构，也能反映出宗教的历史进程、传播方式、社会功能，探求宗教演变的历史心态和内在逻辑，对预测宗教发展的未来走向有很高的价值。

①历史价值。几百年来，塔尔寺刻制了大量印版，印制了浩如烟海的经文图像，这些都成为珍贵的文献资料，不仅是塔尔寺历史的记载和见证，也是藏文化的记载和见证，具有很高的历史价值。

②文化价值。塔尔寺刻版印刷技艺始终保持着传统的木刻印刷方法，在历史上它加快了宗教和藏文化的传播，促进了民族文化的广泛交流，加快了人类文明的进程，是传播领域最伟大的发明之一。时至电脑排版技术和数字化印刷快速发展的今日，它所展现出的精妙绝伦的手工技艺，都具有重大意义和存在价值，是活着的文化遗产，不仅具有藏文化的典型特征，也给世界文化艺术增添了亮丽的光彩，有很高的文化价值。

（4）项目传承谱系及存续状况

传承方式及传承谱系

师徒传承，传承人有罗桑协热、叶协生若、旦曲隆多、罗哲东主等。

濒危状况及导致濒危的直接缘由

塔尔寺离城市较近，受现代市场经济和多元文化影响较大，刻版印刷技艺比较清苦劳累，制作周期长，使许多艺僧耐不住寂寞，从而放弃刻版印刷的学习和制作。

现代印刷术的飞速发展，使传统雕版印刷受到冲击，从刻板到印刷都可以用电脑、机器制作完成，这是传统刻版印刷无法比拟的。

刻版印刷主要以师徒口传心授为传承方式，目前寺内老艺僧相继离世，面临着“人亡艺绝”的状况，虽然现在寺内还有7、8人从事刻版印刷，但师傅短缺，无法提高水平，有些技艺濒临失传，亟待保护。

（三）市级非物质文化遗产项目（12项）

1．上五庄钉马掌技艺

（1）项目所在区域及历史渊源

上五庄钉马掌技艺主要分布在青海省湟中县上五庄镇拉尔宁一村。全村485户人家，2187 人，回族村，以农业为主。距湟中县城55公里，距西宁60公里。属浅山地区，是农耕文化和游牧文化的交汇处。

马掌，最早在公元前1世纪左右由古罗马人发明，直到我国元代才在中原地区广泛使用。马蹄铁，在古罗马有个很休闲很浪漫的名字，叫作“马凉鞋”。

“马凉鞋”的样子很俏皮，虽然是铁制的，但重量相当轻，边缘轮廓是波状的，套在马蹄上，马儿走起来，神态十分优雅。老远听上去，“嗒嗒”的响声，很有节奏感。如果带着马儿经常出入有鹅卵石或者坎坷的山地，为了防止马滑倒，少数“马凉鞋”必须带有尖钉，这能让马蹄紧紧抓牢地面（图61）。随着社会的发展，马日渐被用于生产和军事当中，不给马儿造一双质量好的鞋子，自然是不行的。后来由于冶铁技术的充分发展，使得“马凉鞋”变得结实、耐用。

图61．上五庄钉马掌（1）

（2）**项目基本内容**

马的蹄子由两层构成，和地面接触的一层是大约2～3厘米厚的坚硬的角质，上面一层是活体角质。马蹄和地面接触，受地面的摩擦，积水的腐蚀，会很快脱落，马掌主要是为了延缓马蹄的磨损。“马蹄铁”的使用不仅保护了马蹄，还使马蹄更坚实地抓牢地面，对骑乘和驾车都很有利。“马蹄铁”的材料是低碳钢，就是老百姓所说的普通铁，在最早的时候，由铁匠手工打制而成。随着时代的进步与发展，马掌不仅仅单纯由牧区使用，还用于现代马术比赛，材质有铁和铝合金等。上五庄李氏马掌主要由国标钢筋经十火、120锤打制而成。马掌分3种：走马掌、牧马掌（包括骡、驴）和耕马掌。走马掌一般重达1600克，宽度4～5厘米；牧马掌（包括骡、驴）和耕马掌重量在250克左右，宽度2厘米。马掌还分为：七眼掌、六眼掌和四眼掌（图62）。

2019年，上五庄李氏马掌共生产2500副，销售到海西州德令哈、海南州黑马河、石乃亥等地，特别在祁连县和黑马河一带销售异常火爆，深受当地群众欢迎。

2016年1月，上五庄钉马掌技艺被列入市级非物质文化遗产项目。李生清被授予该项目市级代表性传承人。

（3）**项目主要特征及重要价值**

主要特征

①实用性。上五庄李氏马掌盛行的时代正是当地农业生产处在大量利用牲畜耕作的历史阶段。无论耕作、驾车、托运、骑乘等都离不开马、骡、驴等牲畜的劳作，长期的运输行走势必会造成牲畜蹄子磨损，给牲畜钉掌就成了当时非常必要的一项手工技艺和日常生意，故钉马掌有无法用其他技艺替代的实用性。

②普及性

20世纪80年代以前，我国农村的生产力水平不高，机械化程度十分低下，马、骡、驴

图62．上五庄钉马掌（2）

等牲畜是整个农业生产的主力军。农业用生产工具以及家庭日常用具多出自铁匠铺，铁匠铺遍布各村。同时，也涌现出一批手艺高超的农村“铁匠”。

重要价值

①历史价值。上五庄李氏马掌以其独有的质量优势和当地民众的赞誉口碑赢得了一个时代的认可。仔细揣摩李氏马掌的民间技艺，对了解和研究我国农耕时代的农耕文化有其特殊的意义。

②现实价值。上五庄李氏马掌由于淬火适时、质量上乘，在周边各村甚至省内各牧区都有很好的评价。经他们打制的马掌远销各牧区的马场，有的还要提前几个月订制。

（4）项目传承谱系及存续状况

第一代：李纳（1887年—1929年），成年后拜岳父（肖姓）为师，学习打铁技艺，21岁自立门户开了铁匠铺，主要打造马蹄铁（马掌）、马掌钉、镰刀、斧头、切刀等日用铁器。

第二代：李元德，中华人民共和国成立前，拜肖马有（已故）、丁俩目（已故）为师，出师后带李生清及自己的3个儿子为徒，研发李氏马掌，在周边商品交易中有一定的信誉，外号“耳朵儿铁匠”，1983年去世。后来钉马掌技艺由李生清传承。

时至今日，马掌因受市场经济和多元文化的影响，打造李氏马掌手工艺原因较为复杂，许多艺徒耐不住寂寞，从而放弃学艺。加之李氏马掌主要以师徒口传心授的传承方式，目前老艺人已相继离世，这门手艺面临“人亡艺绝”的境地，虽然现在还有10多人掌握着钉马掌技艺，但师傅力不从心，从而无法提高技艺水平，有些特殊技巧已经失传。更主要的是，随着现代化耕作方式的转变，农村已很少饲养骡子等牲畜，马掌失去市场，导致此门手艺绝迹。

2．会龙山雷祖庙会

（1）项目所在区域及历史渊源

会龙山雷祖庙位于青海省湟中县鲁沙尔镇徐家寨村会龙山，距离省会西宁18公里，距湟中县城8公里，全村674户人家，3230人，面积354.5平方公里。

徐家寨南有会龙山，因山势走向由北向南逐渐起伏降低，恰似一条巨龙，故名会龙山或回龙山。山上有雷祖庙，又俗称庙尔山。会龙山龙福观始建于明万历年间，有雷祖大殿、娘娘殿、财神殿、东西廊坊、山神庙、龙王庙，各殿塑有金身佛像，殿宇雄伟辉煌。后几经战火，毁坏严重。清光绪初年，民众同心协力，解囊资助，再次于旧址兴建，因财力有限，仅建起雷祖大殿3间、献殿3间，塑就金身，绘制三十六雷神。壁画和外院东西廊坊各3间、山门1间，山嘴石崖上修建牌坊1座，增添仙山美景。改革开放后，四方募化，民众再次捐资修葺，1984年开始扩建，并将村里下庙斗母宫、魁星楼、后山龙王庙一并搬迁至山上，依次排序，所有殿宇楼阁依山而建、坐南朝北、气势非凡。欣逢盛世、政通人和，宗教文化得以保护和发展。每年农历六月二十一至二十六，以纪念雷祖诞辰兴办庙会，俗称庙尔会。徐家寨因明代徐勇而建，由皇帝朱元璋敕封诰命而闻名。

（2）**项目基本内容**

徐家寨六月雷祖庙会在龙福观雷祖庙进行，以正一派道士所做祈福消灾的科仪为主要内容，而这些科仪大部分与民众的农业生产、生活紧密相关（图63）。一般正一派道士主要从事两种斋醮活动，一种是庙会中祈福禳灾的活动，另一种是在丧礼中诵经的斋醮活动。这些仪式由当地民众与正一派道士共同参与，仪式内容既有对传统道教斋醮科仪的吸收和借鉴，也有对青海地方民间信仰和民俗文化的继承。

徐家寨六月雷祖庙会主要由会龙山管委会和会首负责，每年的庙会活动都有严格的仪式。首先是选定组织庙会的会首，一般由本村的信众和德高望重之人组成。会首每年以6户

图63．会龙山雷祖庙会祈福法会

为一组，同管委会在庙会开始之前，向广大村民发出邀请，组成执事东家，负责庙会期间的各项事务，并制订公约进行约束。

徐家寨六月雷祖庙会每年会吸引远近众多民众前来参与，同时会举行一场规模宏大的物资交流活动，满足了民众家庭日常生活用品的采购，也提高了当地的经济发展水平。

2016年1月，会龙山雷祖庙会被列入西宁市非物质文化遗产名录，谈家良为该项目市级代表性传承人。

（3）项目传承谱系及存续状况

会龙山雷祖庙会相关负责人：

蒋太爷（已故），生于光绪年间。

老逯爷（已故），生于宣统年间。

吴国刚（已故），生于1913年。

李延寿（已故），生于1932年。

袁洪仁（已故），生于1934年。

毛祥麟，生于1936年。

王智，生于1953年。

谈明祖，生于1953年。

李国财，生于1951年。

李发嵘，生于1986年。

谈耀宗，生于1987年。

会龙山雷祖庙会由于老艺人相继去世，年轻人对当地民俗不够重视，会龙山雷祖大殿及许多建筑也因年久失修，整个庙会管理人员文化素质普遍较低，保护力度十分薄弱，会龙山传统民俗文化面临生存和发展的考验，许多有价值的传统文化已处于失传边缘。

3．下洛麻“出阎王”

（1）项目所在区域及历史渊源

下洛麻“出阎王”项目所在区域在青海省湟中县田家寨镇下洛麻村。

相传，清朝末年，有张、王二姓人家从山西谋生到下洛麻村，那时，当地文化活动特别兴盛，尤其是每年正月初一至初三要唱大戏，元宵节要耍社火，以祝愿来年五谷丰登、六畜兴旺、人寿年丰。张、王二姓的先辈就凭着记忆，根据山西的“出阎王”情景，编演了一出《张三醉游十八层地狱》的神话剧，并作为正月十五社火的一部分，在每年的正月十六社火结束后演出，深受当地老百姓的喜爱。又据村里老人讲，《出阎王》这个民俗演出活动最早源于乾隆五十二年（1787年），由张国淋、张国栋兄弟俩从山西带来。清光绪三十年（1904年）时有了文字记载。

2016年1月，田家寨下洛麻“出阎王”被列入西宁市非物质文化遗产名录，王延年为该项目市级代表性传承人。

（2）项目基本内容

“出阎王”，也称“耍阎王”。剧目大致内容是一位名叫张三的人一生疏财好友、弹唱为乐。“地狱阎王”知晓张三在世间弹唱极好的事后，调他到地府弹唱。当张三声情并茂地为“阎王”弹唱完后，“阎王”被张三的弹唱深为感动，当下提笔为张三增添阳寿，并陪张三游览了十八层地狱，后把他又送还阳世。

“出阎王”剧中人物较多，有张三、石大哥、柳二哥以及“阎王”“判官”“鬼头张洪”“牛头马面”“鬼头鬼脑”等（图64）。剧情所唱曲调一般为青海当地流行的眉户戏、皮影唱腔等。整个剧情以劝化人们做好人、干好事，不做欺男霸女、伤天害理的坏事情，若干了坏

图64．田家寨下洛麻出阎王

事，将来到了“地府”，就要受到惩罚。

“出阎王”演出活动，在正月十六中午，社火节目结束后便紧跟其后。整场演出中最主要的角色是“阎王”“判官”和张三，另外还有随从的“大小鬼魂”“牛头马面”等10余个。石大哥、柳二哥和张三哥以当地民间社火小调和眉户戏唱腔等演唱若干曲调，演唱内容丰富多彩、唱词幽默诙谐、意义深远、声音高亢嘹亮、婉转优美、悦耳动听。他们手持扇子一边喝酒、一边演唱，张三哥的演唱较多，他们是整个社火演唱中最为精彩的高潮部分，充分展示出他们的演唱水平。张三富有情感的演唱教育和劝说观众要行善干好，惩恶扬善。张三的演唱终于感动了“阎王”和众多“鬼神”，“阎王”因张三善良的品行和美妙的演唱，让张三重返“阳间”。

（3）项目传承谱系及存续状况

“出阎王”演出，原无剧本，是一辈一辈以心授口传为延续，流传至今。2006年，下洛麻村村民王延年（主演张三）、孙得元根据张学禄、张学金二位前辈的口述进行整理、编辑，始得《张三醉游十八层地狱》的小剧本。后本村退休教师王占魁再次进行修改整理，并予以妥善保存。

村民孙生明、孙生旺、张学禄、张学金、王宝山、张维太、张维海都先后扮演过“张三”角色，赢得观众的广泛赞誉。自1999年起，村民王延年一直扮演“张三”，已近17年，他的演唱技艺也得到当地群众的好评。

现在，村民王顺魁、张占平、马保顺（学生）为传艺学徒，每年都会随王延年进行“出阎王”演出，已基本掌握剧本知识及演唱技巧。

4．湟中古建彩绘

（1）项目所在区域及历史渊源

湟中古建彩绘项目所涉及区域较为广泛，几乎覆盖青海省内外各大寺院、道观、庙宇。

在古代建筑中，古建彩绘是其重要的组成部分。彩绘俗称丹青，而古建彩绘就是古代劳动人民在古建筑物上绘制的装饰画，不仅美观，而且有一定的防水性，增加建筑物寿命。

图65．湟中古建筑彩绘《瑶池祝寿图》 韩静浦 作

湟中古建彩绘历史悠久，人才辈出，彩绘艺人以其精湛的技艺和对传统文化的热爱为我国各地许多的古建名苑进行了彩绘装饰。人们在游览参观这些古建名苑时，欣赏的不仅仅是秀美的风光，同时也能欣赏到中国古建筑彩绘的传统技艺（图65）。

作为一种民间艺术，古建彩绘随着社会的发展而发展，经过秦、汉、魏、晋、南北朝、隋、唐、宋、元、明、清等朝代，由简单到复杂、由低级到高级。早在春秋时期，就有在木结构建筑上施红色涂料的记载。秦汉时期在宫殿的柱子上涂丹色，在斗栱、梁架、天花等处施以彩绘，其装饰图案多用龙、云纹，并且逐渐采用了锦纹。南北朝时期，由于受佛教艺术的影响，又产生了新的建筑装饰图案。宋代彩画多用叠晕画法，使颜色由浅到深或由深到浅，变化柔和没有生硬感，表现出淡雅的风格。元代又出现了旋子彩绘。到了明、清时期，彩绘发展到它的鼎盛时期，在继承传统的基础上，取材和制作方面又有了新的变化与发展，集历代彩绘之精华，新的作品不断涌现。

（2）项目基本内容

古建彩绘是中国独有、历史悠久、内容丰富多彩，名目繁多，一般分为3类：旋子彩绘、和玺彩绘和苏式彩绘。按画题不同，可以分为两大式：殿式彩绘和苏式彩绘。

①旋子彩绘

旋子彩绘经考查来自旋花变形图案。旋子彩绘在元代初步形成，对明清建筑起到了奠基作用。这种彩绘用途极广，运用于一般官衙、庙宇、牌楼和园林中。

清代在明代建筑旋子彩绘的基础上又做了进一步的改革、发展。为了适应时代发展的需要，加强了规制。

②和玺彩绘

和玺彩绘是彩绘等级中的最高级，用于宫殿、坛庙等大建筑物的主殿。梁枋上的各个部位是用特别的线条分开，主要线条全部沥粉贴金，金线一侧衬白粉和加晕。用青、绿、红3种底色衬托金色，看起来非常华贵。

和玺彩绘有金龙和玺、龙凤和玺及龙草和玺之分。

③苏式彩绘

苏式彩绘多用于园林和住宅四合院。苏式彩绘除了有生动活泼的图案外，“包袱”内还有人物、故事、山水等。

湟中古建彩绘的基本步骤可分3步：

①批灰打底

处理方法是先将基层表面清理干净，满刷一道用3倍松香水稀释的生桐油，使其渗入一定深度起加固水泥基层的作用，干燥后打磨扫净，然后用较细的油灰腻子满批一遍，不要太厚、但要密实，平面用薄钢片刮，曲面用橡胶板刮。

②绘图放样。基层处理完成后，即可测量尺寸绘制图样。

③设色涂刷。传统彩绘是程式化的图案，其设色有一定的规律。一般以明间为基点、上青下绿、青绿相间为原则。水平方向是：明间上青下绿，次间上绿下青，再次间又是上青下绿，以此类推。彩绘着色是一项关键的工序，不能有半点差错。

2013年4月，湟中古建彩绘被列入西宁市非物质文化遗产名录，韩静浦为市级非物质文化遗产湟中古建彩绘代表性传承人。

（3）项目主要特征及重要价值

湟中古建彩绘是古建筑的精华部分，使建筑物更加美观漂亮。最精华的就是和玺彩绘，就是我们常说的金龙和玺，这种彩绘在清代是一种最高等级的彩绘，大多画在宫殿建筑上或与皇家有关的建筑上。

苏式彩绘的风格是采用山水、人物、翎毛、花卉、走兽、鱼虫等，成为古建彩绘装饰的突出部分。由于南方气候潮湿、雨水居多，彩绘通常只用于内檐，外檐一般采用砖雕或木雕装饰，而北方则内外兼施。这种彩绘的特点是人物、鸟兽很多，每个动物都蕴含特殊的含义。一般用于园林中的小型建筑，如凉亭、戏台、游廊、亭榭以及四合院住宅、垂花门的额枋上。

旋子彩绘的特点是采用很对称的很有规律的圈圈，每个圈圈完全对称，用金量较小，

图66．湟中古建筑彩绘

图案较简略，为普通寺庙祠堂修建彩绘。旋子彩绘是用或圆润丰满或流利柔韧的各色线条扭转盘结而成，色彩斑斓、令人眼花缭乱、绮丽奇巧、眩目迷幻。

因为有了古建筑彩绘的原因，那些历经风雨的古建筑仍然金碧辉煌、豪华大气，而且还有保护建筑物不被雨水损害的作用（图66）。

（4）项目传承谱系及存续状况

第一代：王之禾。

第二代：晋生旺。

第三代：韩静浦、赵占财、李宝洲、杨汝龙、李发云。

第四代：毛玉庆、柳全德、张海鹏 、杨永彩、周永龙、韩晓栋。

5．湟中页沟村老社火

（1）项目所在区域及历史渊源

湟中页沟村老社火所在区域在青海省湟中县甘河滩镇页沟村。

页沟村的老社火包含着村民们很深的“寻根”情节。青

图67．页沟村老社火——滚灯

图68．页沟村老社火——老秧歌

海原住的民族本是古代以游牧民族羌人为主的少数民族，而汉族据史书记载，进入青海高原始于西汉，至明、清时代已成为青海的主要民族，其迁入形式有随军戍屯田留居、移民实边（指中国历史上由官方组织的一种人口迁移方式）迁徙和经商、工匠迁移定居等，页沟村的社火中就表现出了这段迁徙的历史（图67、图68）。比如“滚灯”：“滚灯”的原型实则是古代的“独轮车”，追忆的就是漫漫充军路的艰辛；而“骑马”诉说的又是征战沙场的历史；再比如“碗灯”，其原型是火把，夜晚迁徙的人们容易在黑暗中迷失方向，所以队伍中会有人点起火把高高举起，给众人指引方向，如今演变成了装饰古朴的“碗灯”，玩法也是花样繁多。页沟村的老社火虽有些忆苦情结，但他们表现更多的是喜乐，是愉悦，是对美好生活的祈愿。

2018年12月，页沟村老社火被列入市级非物质文化遗产名录，党永宗为项目市级非物质文化遗产代表性传承人。

（2）项目基本内容

湟中页沟村老社火继承传统社火通过崇拜社神、歌舞祭祀来祈求风调雨顺、五谷丰登、国泰民安、吉祥如意，表演内容十分丰富，历经数百年融合发展，形成了独具地域风韵的社火文化。

页沟村老社火由白社火和夜社火组成。白社火有高跷、狮子、扇子舞、藏舞、威风锣鼓等节目，夜社火则以灯火为主，有老秧歌、顶灯、滚灯、龙灯、牛、马、彩船等节目。随着时代的变化演员的道具也有了改变和进步，像滚灯、顶灯等道具里面的灯火，以前村民是用收来的羊油或猪油做灯盏，如今都换成了安全明亮又不易熄灭的LED灯。

页沟村老社火中的角色非常丰富，演员扮演的形象共有300多个，历史人物形象和民间故事中的人物形象兼而有之，如高跷表演《赵匡胤千里送京娘》有13个人物，赵匡胤和12个美女；马灯节目的演员扮演了两路兵马，其中有双方将帅、马夫、催夫等16个人物形象，老社火的演员多为30岁至60岁不等的当地村民。

页沟村老社火的特点是以唱为主，在每一个节目之前都要唱一段，唱词每一段都有一个典故，如搬船调、顶缸调等。20世纪80年代末，是老社火发生重大改革的时期。当时有许多村民如李成杰、党占荣、朱成生、朱云程、李圣角、李万林等人管理老社火演出，特别是李成杰，他将传统社火进行整理，对其中的一些节目进行了增删，在高跷演出中将《赵匡胤千里送京娘》和《五鼠闹东京》组合成26个跷子。

老社火的演出具有自发性，部分节目是不固定的。以前的老社火在白天和晚上演出时有重复的节目，为了更好地吸引观众，使老社火的演出更有秩序，从2015年起，经过页沟村党永宗的整理，把老社火分为白天和晚上两个阶段，各有特色，节目也不再重复。由于参与演员人数不足，也为安全性考虑，将高跷节目中《五鼠闹东京》的13个跷子去掉，仅保留《赵匡胤千里送京娘》的13个跷子；以前扮演牛的角色只有一个，有牛王菩萨压煞的意思，现在又增加了一个小牛角色，赋予节目新的意义，积极宣传好党的政策。牛代表牧业，牵牛人身着藏服代表牧民，新生的小牛寓意畜牧业发展前景广阔，牧民们过上了幸福的生活。

（3）项目主要特征及重要价值

主要特征

湟中页沟村老社火历史悠久，是承袭前辈演技逐渐发展形成的。页沟老社火表演借助各种道具，事先有场面变化编排，有引人入胜的高潮铺垫，有生动的说词唱词，有欢快热闹的吹打锣鼓音乐伴奏，表演自由流畅、形式千变万化。

老社火有：《渡十船》《放风筝》《十道黑》《庄家话》《十盏灯》等民间小调，还有“马灯”节目里所唱的《看酒》《送信》等。最有特点的要数“货郎”说词。舞蹈方面页沟老社火有顶灯、鸭子围蛋、黑驴打滚等形象幽默，令人捧腹的许多逗笑剧目（图69）。

重要价值

①社会文化功能：社火在展演过程中，人们除获得情感释放外，还实现了凝聚民众文化生活的社会文化功能。

②民族文化的多样性：由于河湟谷地是历史上多种民族生产生活的基地，因此留下了各民族的人文印记。河湟地区民间社火的多姿多彩是由各民族文化的多样性做铺垫的，如果没有多元民族文化的基础，就不会有各民族群众喜闻乐见的社火。具有鲜明的高原地域特点，青藏高原特殊的自然地理环境不但培育了高原民族豪放、粗犷、豁达的性格，也使这里的各民族文化渗透着高原的地域色彩。

③文化价值：青海社火小调对当地的民族生活、人口迁徙、风俗习惯、婚姻嫁娶、文化宗教等方面的反映是真实的、也是多层面的，有着语言、民俗、宗教、音乐、地理、历

图69．页沟村老社火——顶灯

史等文化价值。随着人们现代生活节奏的加快，社火这个延续了上千年的民间艺术形式同样面临着前所未有的挑战。

（4）项目传承谱系及存续状况

据当地老人讲，页沟村社火有300多年的历史，但没有文字记载。据党永宗的父亲回忆，150年前，党永宗的曾祖父党生祥是社火的行家，后传承给了党永宗的爷爷党发旺和他的父亲。父亲这一辈主要由党绩成、朱光辉、李仲孝、李仲发、李成岳、李成杰、朱国良等人继承。到20世纪末，李成杰、李仲华等人又对村里的社火大胆地进行改革创新。

页沟村老社火虽然得到广大民众的一致拥护和肯定，但因当地自然条件的制约，约一半村民虽户口在页沟村，可平时居住在县城或省城，村里经济拮据、资金来源不足，仅凭几个社火召集人的力量是远远不够的，年轻人也没有几人愿意把精力和资金奉献给村里社火。所以，要把页沟村的老社火继续传承下去并发扬光大，还是有一定的难度。

6．宗喀唐卡

（1）项目所在区域及历史渊源

宗喀唐卡的起源地湟中县是宗喀巴大师的诞生地，故名宗喀唐卡，其表现题材集中于青藏高原藏族的历史、政治、宗教文化和社会生活等领域。历经700余年的传承发展，宗喀唐卡确定了自己在唐卡艺术中鲜明的特点和地位。

（2）项目基本内容

由于藏族是全民信教的民族，唐卡又以宗教内容为主要表现形式，因此，唐卡制作流程十分讲究。宗喀唐卡由于其名字来源在藏族群众心目中的神圣性，绘制要求更是异常严苛。

宗喀唐卡是古老的传统工艺，多用两种绘制方式：一种是直接绘制在经过处理的墙面上，也就是刷地壁画；另一种是绘制在大块布料上，绘制时先按墙面的尺寸做好木框绷架，把经过浸泡、磨压、刷胶处理的表面柔软平滑不露布孔的画布绷好，然后用工笔重彩进行绘制，再将绘制好的布面镶嵌到墙面，属于装贴壁画。

宗喀唐卡以精确、细致著称，绘前仪式、裁量画布、构图起稿、染色装裱等一整套工艺程序必须按度量经上的仪轨及上师的要求进行。线条讲究细腻、柔和，勾画精确；人物形象讲究丰满、生动，形象各异；用色讲究准确，对比度强，但不能过于鲜艳；内容布局讲究错落有致，每一处点缀都需仔细思考，展现出作品庄严、大气的气势。由于宗喀唐卡制作程序的严谨性，一幅宗喀唐卡作品要耗费艺人少则一年、多则数年的精力。为此，历史上的宗喀唐卡存量极少，也极为珍贵（图70）。

2018年12月，宗喀唐卡被列入西宁市非物质文化遗产名录，曲吉昂秀为该项目市级代表性传承人。

（3）项目主要特征及重要价值

唐卡的艺术价值：绘制唐卡所用的颜料都是不透明的矿物质及植物颜料，再按比例加上一些动物胶及牛胆汁。这种原料的配方科学，加之青藏高原气候干燥，绘就的唐卡即使经过数百年，依然色泽鲜艳。

唐卡的内容价值：唐卡是一部表现藏民族社会生活史的风俗画，题材广泛，内容无所不包，尤以宗教题材为首。也有一些古老唐卡，记录了藏医藏学及人体科学、天文历算等方面的知识。唐卡还以史实为依据，着重表现历史上重大的政治事件和活动。

唐卡绘画严格按照度量经，色彩沉稳、大方古朴。采用纯天然矿物颜料和纯金箔绘画，有一套传统的矿物颜料及金箔的研制加工方法，线条流畅细腻，描金和勾线精益求精（图71、图72）。

（4）项目传承谱系及存续状况

据《塔尔寺志》记载，清顺治初年，“修建殿堂和绘画壁画等而做了广大的开光法事”。

图70．湟中宗喀唐卡

图71．湟中宗喀唐卡——绿度母

图72．湟中宗喀唐卡——释迦牟尼与十八罗汉

清康熙二十六年（1687年），“重新修建著称的三世达赖琐郎嘉措坐过的土台座上座房壁画等”。这一时期塔尔寺著名画师有拉若·饶江巴、罗桑称勒（1827年，印经院画师）、若巴桑波（1884年）、达察杰仲仁波伽·昂旺衮却尼玛、章嘉罗桑登比降称、思纳等，他们为塔尔寺绘制了大量壁画和唐卡，却西唐卡画派随之形成，距今有200多年的历史。

第一代：洛桑东云（龙大爷）。

第二代：扎西尼玛。

第三代：智华若子、华旦尖措。

第四代：加央。

第五代：印巴尖措。

第六代：曲吉昂秀、祁生财等。

7. 西宁回族花花制作技艺

（1）项目所在区域及历史渊源

西宁回族花花制作技艺分布区域为青海省西宁市。回族民间传说：面花艺术早在元代就已流行，在继承阿拉伯传统饮食工艺的基础上，又吸收了兄弟民族饮食工艺的一些手法，经过数代相传，形成了回族独特的面花造型和风味。现在回族花花艺术的品种达百余种，一品一形，百形百味，其制作工艺精湛，别具特色，味道鲜美，备受人们的赞誉，吸引了不少中外游客品尝和欣赏（图73）。

馓子，是回族过节待客、送礼的传统食品。有资料记载，早在明代，北京的回族就开始吃油炸馓子了。之后，回族聚居的甘肃、宁夏、云南、青海等省（区）都有吃馓子的习俗。

（2）项目基本内容

花花以小麦面为主要材料，通过丰富的想象，巧妙的构思，精心加工制作出既可食用又可观瞻的艺术品。花花的做工颇有讲究、制作精细、花样百出。

一般制作过程：准备齐全所用材料，面粉适量、白砂糖、牛奶、食用植物油、鸡蛋等。接着在锅里放入花椒，倒入凉水、烧开，把花椒捞出，用椒汤水把以上材料和在

图73. 西宁回族花花

一起，用筷子搅匀后。揉在一起，面不能太软，比做面条的面稍软，比烙馍的面稍硬即可。反反复复把面揉光滑，然后捂在盆子下面，醒一个小时左右。

接着擀成大面饼，折起来，切成小份，面饼擀得不宜太薄。然后取一张面饼对折，用刀切成条状，拿起一个两边捏死，上面的细条拿起来一条放左边，再拿第二条放右边，再第三条放中间，依次这个顺序放完所有的面条。做成自己喜欢的形状，再展开。可以做成“蝴蝶”“葡萄”“石榴”“菊花”等形状。

接下来准备油锅，油热了，放锅里小火慢炸，勤翻动，炸好捞出油锅，沥油，一盘子又香又酥又甜的花花就做好了。

花花是青海回族妇女们最拿手的面食，其外形美观，像极了美丽的花瓣，图案考究，样式纷繁，有石榴、莲花、菊花形状的，也有辣椒、茄子、蒜瓣、刀豆状的，它的主要原料是面粉、鸡蛋、蜂蜜、枣泥、红糖等，食材易得，技法有塑、挽、切等，此食品外形美观，入口香脆，也是回族朋友最常制作的美食之一。

回族馓子股细条匀，焦酥香脆，色泽艳丽，造型美观，做工颇讲究。一般要在面粉里放入适量的矾、碱、盐溶液，并加入由红糖、蜂蜜、花椒等原料熬成的水，再加进鸡蛋和香油和面，然后反复揉压，搓成粗条放在盆中醒一会儿。当油锅热时，左手四指并拢，缠上面条几团，轻轻抻长套在筷子上下锅。宁夏、甘肃、青海等地的回族做馓子时，把面搓成均匀的长绳状，对头折成两个来回成八股，用手将两头捏在一起，放入油锅内炸出。

回族麻花，制作也很精细，品种多样，有蜜麻花和脆麻花两种。脆麻花又可分为三股麻花、绳子头麻花、大麻花、果料麻花、芝麻麻花、芙蓉麻花等。这些麻花的原料成分略有不同，但搓法多样、色鲜味美。回族还有酥花茧、油酥脆花，以及各种花花、油圈等，入口脆酥，味道香甜。

2018年12月，西宁回族花花制作技艺被列入西宁市非物质文化遗产名录，韩玉梅被列为市级非物质文化遗产代表性传承人。

（3）项目主要特征及重要价值

项目特征

西宁回族面花艺术的品种大多造型源于自然界和社会生活中的各类花草、蝴蝶等形态，同时，还大量采用了阿拉伯的卷草形、云纹形等几何图案。通过擀、切、揉、捏、搓、夹、挤、压、点、染等多种手法制作出形状多样的造型，并用炸、蒸、烙、烤等烹饪技术，使形、色、香、味集聚一体。如炸货类里有油香、馓子、花花、油酥花茧、油酥脆花等。蒸货类里有千层饼、开花卷、金裹鱼、白牡丹、红花绿叶、雪花梅等。烤火类里有云纹岁糕、卷草形馄馍等。

主要价值

①食用价值：无论多么精美可爱的花花，它的第一作用就是用来日常食用的。

②艺术价值：花花的制作充分体现着制作花花主人的手工艺术和审美意识。一盘图案考究、样式纷繁、色泽艳丽、造型奇异的花花面食，就是一盘精美的工艺品。

③文化价值：面花艺术早在元代就已流行，明代北京的回族就开始吃油炸馓子了。回族花花制作包含着较高的文化价值。

④社会价值：馓子、花花，是回族过节待客、送礼的传统食品。亲友之间通过这种食品的相互赠送，增进了友谊，加深了感情。

（4）项目传承谱系及存续状况

中国面食的历史源远流长。长期以来，种植小麦、高粱、玉米等农作物，是黄河流域等地区农业生产的特点，在其影响下人们形成了以面食为主的饮食模式。中国的面食制作在不同时期呈现出不同的特点和作用，反映出中华民族的古代文明和饮食文化的成就，在中国饮食文化中占有极其重要的地位。内容丰富、品种多样、风味独特的面食制作技艺，是中国饮食文化的宝贵遗产，应加以保护和传承。

8．塔尔寺藏传佛教壁画

（1）项目所在区域及历史渊源

塔尔寺藏传佛教壁画，2013年4月被列入市级非物质文化遗产名录。

塔尔寺藏传佛教壁画绘制主要分布在寺内和周边的村镇。壁画均由寺内僧人绘制，主要装饰在寺内殿堂，也传播到省内外其他寺院。塔尔寺邻近的县城和周边乡村民间艺人也多学习绘制这种传统壁画艺术，使其在省内外广泛传播。

历史沿革：藏传佛教格鲁派创始人宗喀巴诞生于塔尔寺所在地，他7岁出家，16岁前往西藏深造。1378年，宗喀巴的母亲香萨阿切思儿盼归，寄书附白发一缕，以表思念之情，然大师学业未就，遂寄书附自画像以慰母念，求母在他出生断脐滴血长出旃檀树的地方修一宝塔，以示亲身回故里。次年，香萨阿切在众信徒的支持下，建成一座莲聚塔，后修一瓦屋覆盖塔身。塔尔寺建寺便由此开始，距今640多年。寺院壁画与寺院建筑一般都是同时诞生，给每一座殿堂绘制壁画是修建寺院不可或缺的组成部分，弥勒佛殿内外墙壁上就绘有明代壁画，这就是历史的见证。16世纪末，诞生于多麦地区的却西·洛桑西念在借鉴勉唐画派风格的基础上，创立了塔尔寺独有的画派，称作“却西画派”，该画派影响塔尔寺一代又一代画僧（图74）。塔尔寺经过元、明、清3代增修扩建，规模不断扩大，成为藏区最有影响的一座寺院，除其蔚为壮观的建筑外，该寺的酥油花、壁画、堆绣成为享誉中外的“艺术三绝”。寺院设立了果芒、杰尊增扎两个机构，专门学习“工巧明”中的《造像量度经》《比例学》《色彩学》《轴画法》《智者绘画法》《物图与比例》等，把“艺术三绝”推向了高峰。绚丽多彩的壁画依附在各个庙宇殿堂，记载着寺院的发展，记载着塔尔寺历史的脚步，成为塔尔寺珍贵的历史文献。

（2）**项目基本内容**

塔尔寺藏传佛教壁画内容十分丰富，主要有佛本故事、神话故事和历史人物故事，画师们把这些故事融入自然景色之中，衬以亭台楼阁、祥云碧水，伴之于花草树木、飞禽走兽，从而富有生活气息。

塔尔寺壁画有两种绘制形式：一是布面壁画，将图案在经过加工处理的白布上绘制好，然后根据所放置的墙面大小做木框镶嵌装在墙壁上，称这种画为间堂壁画。这种壁画易于拆卸保存安装，故塔尔寺的布面壁画最多，如在大金瓦殿有5幅，小金瓦殿有56幅，大经堂有55幅，密宗院有33幅，玉池贡玛、隆波护法殿21幅等。另一种是墙面壁画，就是在经过处理的洁白墙面上，打好底色，直接绘出各种题材的画面，然后涂上清漆，壁画即成。弥勒佛殿内外墙壁上绘有明代壁画，这是塔尔寺最早的壁画（图75）。

弥勒殿外墙上的明代壁画，大经堂外墙上的四大金刚，时轮学院北墙上的文殊菩萨、观音菩萨和宗喀巴像等明代壁画，班禅行宫中的八仙过海，医学院中的人体解剖和藏医病变示意树壁画，各活佛府邸门道两侧墙面上的财神牵象、蒙人驭虎、和气四瑞、长寿六种等，还有大经堂、大金瓦殿、小金瓦殿、密宗学院、时轮学院等众多壁画，其中释迦牟尼十二宏化故事、二十一尊度母、长寿三尊、二胜六庄严、十六尊者，总计壁画面积达上千平方米。

塔尔寺壁画风格高雅古朴、线条细腻明快、形象生动而略有夸张；绘画技艺娴熟、整体流畅舒展，尤其注意人物性格的刻画，使作品形神兼备、完美无瑕，给人以一种艺术享受。塔尔寺壁画自明代形成规模以来，历经各个时期艺术大师们的精心设计、认真选材、刻意追求、精益求精，形成了自己的画派，达到了很高的艺术效果。

图74．塔尔寺壁画

图75．塔尔寺壁画

（3）项目主要特征及重要价值

技艺特色和风格特征

①浓郁的宗教色彩。塔尔寺壁画诞生在藏传佛教寺院，主要由寺院僧人绘制，其内容全部反映佛、菩萨、护法神以及佛经故事，绘制在经堂、佛殿的墙面上，所以具有浓郁的宗教色彩。

②不同的表现形式。壁画分布面和墙面两种形式，布面壁画就是将画绘制在经过处理的布面上，然后镶框固定在墙面上，其画完全用绘制唐卡的手法完成。墙面壁画就是将画直接绘制在经过处理的墙面上，涂上清漆进行保护。两种壁画手法各不相同，却各有千秋，一样精彩。

③明快的色彩搭配。壁画采用各色颜料，用色既活泼大胆，又崇尚色彩的固有色，色度纯净、古朴自然，凡服饰和背景都比较华丽，肌肤部分用色比较沉稳，整幅图案亮丽明快、柔和均衡，形成一个五彩和谐的世界。

④特制的绘画颜料。寺院壁画用颜料很特别，其颜料是用天然的矿物质和天然植物制作而成，甚至还用珊瑚、玛瑙、绿松石以及金、银等珍贵材料作颜料，其效果是明快透亮、永不褪色。

⑤固定的构图程式。寺院壁画主要反映宗教题材，所以就按照《大藏经》“工巧明部”中《造像量度经》的要求去完成，不论图案大小，凡佛、菩萨之造型必须遵守“三十二相”的基本要求，以显示佛的“妙相庄严”。

⑥特殊的唐卡画派。塔尔寺壁画称之为“却西画派”，属新勉唐画派，其特点是用线精细、线条流畅，讲究勾线功力。色彩古朴自然，多用点彩法，色彩的层次感好。

社会功能及遗产价值

①艺术价值。塔尔寺壁画构图严谨、画面饱满、线条精细、色彩丰富、造型准确、形象生动、场面宏大、绘制程序复杂、感染力强，充分发挥了藏族绘画艺术的精髓，展示了藏文化的博大精深，成为塔尔寺的艺术精华。

②宗教价值。通过这些壁画，可以观测到藏传佛教的基本观念、基本理论、仪轨和制度、宗教的心理结构，也能反映出宗教的历史进程、传播方式、社会功能，探求宗教演变的历史心态和内在逻辑，预测宗教发展的未来走向，有很高的宗教价值。

③历史价值。壁画随同寺院一同诞生，寺内保存有各个时代的壁画，成为历史的记载和见证，对研究塔尔寺的历史和藏传佛教后宏期的发展具有不可多得的学术价值。

④民俗价值。壁画除按《造像量度经》绘制的宗教人物外，还有大量世俗人物和神话传说以及供养人的形象，从人物造型、服饰打扮、环境场所等方面都能见到地域和民族的习俗特点，对研究民俗学很有价值。

（4）项目传承谱系及存续状况

传承方式主要以师徒传承为主。却西·洛桑西念16世纪末首创“却西”画派。传承人主要有多巴老爷、罗桑东主、巴丹尖措、印巴尖措、巴丹力协等。

濒危状况及导致濒危的直接缘由；塔尔寺离城市较近，受现代市场经济和多元文化影响较大，绘制壁画比较清苦，制作周期长，使许多艺僧耐不住寂寞，从而放弃壁画。壁画主要以师徒口传心授为传承方式，目前寺内老艺僧相继离世，面临着“人亡艺绝”的状况，虽然现在寺内有10多人从事壁画，但由于师傅短缺，无法提高水平，有些技艺濒临失传，亟待保护。

9. 塔尔寺藏传佛教舞蹈

（1）项目所在区域及历史渊源

塔尔寺设有专门学习、演示羌姆的法舞学院（藏语，乾巴扎仓），清康熙五十七年（1718年）七世达赖喇嘛·格桑嘉措赐给法舞学院舞蹈面具34幅，舞衣30件，并派拉萨布达拉宫朗杰扎仓舞蹈师传授佛教音乐舞蹈。当年所用的藏式唢呐、胫骨法号等乐器现在依然保存在寺内（图76、图77）。

图76．塔尔寺藏传佛教舞蹈（1）

图77．塔尔寺藏传佛教舞蹈（2）

（2）**项目基本内容**

塔尔寺有内容迥异的两大传统宗教舞蹈——羌姆，分别称为《曲嘉法王》（大威德金刚）和《旦正法王》（马头金刚或称马首明王）羌姆舞蹈。“曲嘉”为文殊菩萨化身之一，“旦正”也称坚桑，为观音菩萨化身之一。《旦正法王》羌姆在全国格鲁派寺院中绝无仅有。这两大羌姆在该寺每年举行的正月“神变祈愿大法会”“四月祈愿大法会”（藏语称“德钦松宗”意为“三庆总汇”）、“六月祈愿大法会”（藏语称“曲科兑钦”意为“转法轮节”）和“九月祈愿大法会”（藏语称“拉吾布兑钦”意为“降凡节”）上演示6次。其中正月法会演示《曲嘉法王》羌姆，九月法会演示《旦正法王》羌姆。四月和六月法会上两个羌姆都要演示。

两大羌姆均由5场组成，《曲嘉法王》场次：第一场，托干；第二场，华吾华莫；第三场，夏雅；第四场，杜楚；第五场，乾芒（意为多人舞），分为曲嘉独舞、夏绸舞和集体舞。《曲嘉法王》有一个重要的环节——“除魔”，因此整体看来稳健而威严，给人很强的心灵震撼。

《旦正法王》场次：第一场，托干；第二场，阿杂拉；第三场，东坚；第四场，杜楚；第五场，乾芒（意为多人舞），分为旦正独舞、夏绸舞和集体舞。《旦正法王》没有“除魔”仪式，舞蹈场面紧凑，干净利落。

这两大羌姆第一、第四场内容基本相同，但在现场演示中有所区别。

（3）**项目主要特征及重要价值**

在漫长的传承过程中塔尔寺的宗教舞蹈，在舞蹈律动、服饰风格、音乐伴奏等方面形成了有别于其他寺院的鲜明特征。舞姿庄重、稳健、典雅，场次分明，造型优美，角色性格突出，舞谱乐谱均有记载，音乐舞蹈配合默契。羌姆舞蹈每个角色的面具、服饰、道具、舞蹈动作都被赋予了深刻的文化内涵。从广义上讲，它将静态的神佛造型艺术用舞蹈形式表现的活灵活现，具有驱病魔、祛灾难、保安泰、求吉祥等含义；从佛教角度讲，它教诲广大僧俗懂得人生真谛、生死轮回的道理，做善事，除恶行，维护宗教法典和寺规，因而也是寺院独有的“护法”舞蹈。

（4）**项目传承谱系及存续状况**

塔尔寺羌姆是青海藏族传统舞蹈艺术的重要组成部分，它不但是宗教文化独特的艺术形式，更是大法会程式的重要仪轨，在寺院里以师傅带徒弟的固定方式传承至今，因此，它是任何民族舞蹈都不可替代的寺院舞蹈艺术。

10. 塔尔寺藏传佛教堆绣

（1）项目所在区域及历史渊源

塔尔寺藏传佛教堆绣，2013年4月被列入市级非物质文化遗产名录。塔尔寺酥油花、壁画、堆绣，被誉为“艺术三绝”，享誉海内外，堆绣就是其中的一个重要组成部分。堆绣和其他唐卡一样主要悬挂在寺庙殿堂、僧舍，还有晒大佛时用的巨型唐卡也是用堆绣手法制作的。堆绣伴随着塔尔寺的历史一步步发展到今天，已有几百年的历史。

塔尔寺从寺院初建开始，酥油花、壁画、堆绣便逐渐发展。堆绣最初制作比较简单，只是将简易图案缝制在布幔上，作为佛像像唐卡一样进行供奉。随着塔尔寺不断增修扩建，大量的殿堂需要悬挂佛像，精致的堆绣便应运而生。目前，悬挂在大经堂的《十六尊者显神通》和《八仙过海》是塔尔寺保存最久的两套堆绣作品，据记载，已有300多年的历史，成为寺内珍品。自此以后，堆绣作品大量出现，如正月十五供展酥油花时悬挂的《释迦牟尼佛生平》《宗喀嘉巨》《历世达赖喇嘛》《历世班禅喇嘛》等是上、下花院珍藏的精品堆绣（图78）。班禅行宫保存的《宗喀巴师徒三宗》等3幅堆绣、阿嘉活佛院内保存的《蟠桃会》堆绣、佐格活佛院内保存的汉文《寿》字堆绣，以及各个殿堂内的不同规格、不同题材的堆绣等，都有200年以上的历史。另外，每年的法会期间，在莲花山展示的大佛有《释迦牟尼》《狮子吼佛》《弥勒佛》和《宗喀巴大师》4幅，一般宽20多米，高30多米，都是具有悠久历史的堆绣佳作（图79）。一幅幅堆绣，记载着几代堆绣艺人的虔诚与奉献，记载着塔尔寺历史发展的脚步，成为塔尔寺珍贵的历史文献。

堆绣均由寺内僧人绣制，主要装饰在寺内殿堂，也传播到省内外其他寺院。塔尔寺邻近的县城和周边乡村民间艺人学习绘制传统堆绣艺术，使其在省内外广泛传播。

（2）项目基本内容

塔尔寺堆绣是用各色绸缎、棉布剪裁成设计的图案形

图78．塔尔寺堆绣

状，精心组合成一个完整的画面，然后用绣线缝制而成。其工序有图案设计、剪裁、组合堆贴、绣制，有的图案部分还需要上色等。以粘贴和缝制相结合，使其牢固地固定在绣布上。堆绣分平堆和高堆，平堆是将剪裁好的各种形状的色布按组合要求摆放在底布上，再进行粘贴和缝制而成，画面很平整。高堆是将剪裁好的各种形状色布里面垫上羊毛或棉花，使图像凸起，然后粘贴和缝制在布幔上。高堆的形象富有立体感和真实感，具有很强的浮雕效果。

堆绣用各色绸缎和布料，注意材料的选择和搭配，配置的颜色比较鲜艳，特别是服饰和背景色彩对比强烈，显得非常华丽，整幅作品凸现出富丽堂皇的艺术效果。堆绣所反映的主题是佛教故事，也有神话传说中的“蟠桃会”“八仙”等题材，其中大经堂中悬挂的“十六尊者（罗汉）显神通”最为经典。由于堆绣制作精美、色彩艳丽、形象富有立体感和真实感，成为殿堂里的重要供奉品和装饰品。

堆绣不仅讲究构图、色彩，更注重人物形态的塑造，粗犷中见细腻，点滴中见绝妙、技艺精湛、巧夺天工。用刺绣、粘贴、绘画相结合塑造的浮雕艺术品，体现出藏族民间艺术的审美价值和艺术魅力。

图79．塔尔寺藏传佛教—堆绣—晒大佛

（3）项目主要特征及重要价值

技艺特色和风格特征

①浓郁的宗教色彩。堆绣诞生在藏传佛教寺院，主要由寺院僧人绣制，其内容全部反映佛、菩萨、护法神以及佛经故事，悬挂在经堂、佛殿，所以具有浓郁的宗教色彩。

②特殊的造型功能。堆绣分平堆和高堆两种，而且用剪、绣、绘几种手法，平堆与高堆相结合，单幅与联幅相结合，刺绣与绘画相结合。凡大型图案多用平堆，小型图案则用高堆，由于其有很强的立体感，造型生动逼真，并且有色彩的渲染陪衬，使图案产生强烈的艺术效果。

③艳丽的色彩搭配。堆绣采用各色绸缎和布料，进行合理的搭配，色彩对比非常强烈，凡服饰和背景都比较华丽，整幅图案亮丽纷繁，富丽堂皇，形成一个五彩缤纷的氛围。

④固定的构图程式。寺院堆绣主要反映宗教题材，所以就按照《大藏经》“工巧明部”中《造像量度经》的要求去完成，不论图案大小，凡佛、菩萨之造型必须遵守“三十二相”的基本要求，以显示佛的“妙相庄严”。

社会功能及遗产价值

①艺术价值：塔尔寺堆绣构图严谨、画面饱满、色彩艳丽、造型准确、形象生动、平面与浮雕相结合，感染力很强，充分发挥了藏族民间工艺的特长，展示了藏民族塑造艺术

的水平，有很高的艺术价值和收藏价值。

②宗教价值。通过这些堆绣作品，可以观测到藏传佛教的基本观念、基本理论、仪轨和制度、宗教的心理结构，也能反映出宗教的历史进程、传播方式、社会功能，探求宗教演变的历史心态和内在逻辑，预测宗教发展的未来走向，具有很高的宗教价值。

③历史价值。堆绣已有四五百年的历史，寺内保存有各个时代的堆绣作品，成为历史的记载和见证，对研究塔尔寺的历史和藏传佛教后期的发展具有不可多得的学术价值。

④民俗价值。堆绣除按《造像量度经》绘制的宗教人物外，还有大量世俗人物和神话传说，从人物造型、服饰打扮、环境场所等方面都能窥见地域和民族的习俗特点，对研究民俗学很有价值。

（4）项目传承谱系及存续状况

塔尔寺堆绣的传承方式是师徒传承，传承人有龙大爷、扎西尼玛、蒙古阿卡爷、罗藏克宗、尕藏尖措、华旦勒协等。

濒危状况及导致濒危的直接缘由；塔尔寺离城市较近，受现代市场经济和多元文化影响较大，制作堆绣比较清苦，制作周期长，使许多艺僧耐不住寂寞，从而放弃堆绣。

堆绣主要以师徒口传心授为传承方式，目前寺内老艺僧相继离世，面临着“人亡艺绝”的状况，虽然现在寺内已有10多人从事堆绣，但师傅短缺，无法提高水平，有些技艺濒临失传，亟待保护。

11．塔尔寺传说与故事

（1）项目所在区域及历史渊源

塔尔寺传说与故事，2016年1月被列入第二批市级非物质文化遗产项目。

藏传佛教格鲁派创始人宗喀巴诞生于塔尔寺所在地，他7岁出家，16岁前往西藏深造，1409年在西藏创建甘丹寺、创建拉萨祈愿大法会、创建藏传佛教格鲁派，其亲传弟子创建拉萨哲蚌寺、色拉寺、扎什伦布寺，著名弟子有一世达赖、一世班禅等。据记载，三世、四世、五世、七世、十三世、十四世达赖喇嘛和六世、九世、十世班禅大师亲临塔尔寺讲经弘法。在《文殊根本续》《甘丹宝籍》等经典中描述了“圣地宗喀”地形，在四世班禅罗桑却吉坚赞（1567年—1662年）所著的《圣地解说》、赛多·罗桑崔臣嘉措活佛1903年著《塔尔寺志》记载塔尔寺菩提树与圣地解说（图80）。

图80．塔尔寺传说——贤巴转经

（2）**项目基本内容**

塔尔寺传说，内容包括宗喀巴大师与菩提树的传说、塔尔寺“天如八幅轮，地如八瓣莲”莲花圣地的传说、塔尔寺建成与周围6个部落的故事、塔尔寺酥油花题材故事等传说（图81），主要流传于青海省西宁市湟中地区，辐射乃至雪域内外的藏传佛教文化圈，使塔尔寺人文荟萃、拥有深厚的人文底蕴，也使塔尔寺成为青海省首屈一指的人文景观，“一带一路”和唐蕃古道上重要的旅游胜地。塔尔寺传说具有深厚的历史、文化和文学价值。640多年来，塔尔寺以宗喀巴大师的诞生地而蜚声海内外，以生出树叶脉纹显现狮子吼佛像的菩提树而缘起得名，以藏传佛教格鲁派法脉源流而闻名遐迩。

古往今来，高僧、人文学者对宗喀巴大师诞生地颇有研究，地理风貌记载详实，僧俗百姓极为推崇，宗喀地域殊胜，“八瓣莲花山”神形兼俱，享誉雪域内外。

宗喀圣景是藏传佛教格鲁派的发祥地，八瓣莲花山等神山是塔尔寺护法神山，也是藏传佛教护法神居住之地。藏传佛教提倡人与自然和谐相处，人文环保理念是藏文化的核心。生活在青藏高原上的藏族人民，以神山、圣水、圣湖、神树、圣地等形式世代守护着高原生态环境，留下了许多动人的传说，编著《塔尔寺菩提丛书》《塔尔寺殿堂解说》《塔尔寺酥油花简介》等著作。

图81．塔尔寺传说——酥油花故事《宗喀巴大师传记》

（3）**项目主要特征及重要价值**

技艺特色和风格特征

塔尔寺传说是青海宗喀地区（西宁湟水流域）重要的历史人文资源，传说和故事内容辐射和涵盖青藏高原和藏传佛教文化信仰圈，在西宁河湟地区民间和僧俗群众中世代流传。塔尔寺传说和故事总体特征可以概括为时空的广延性、结构的开放性、内涵的多重性、思想的人民性、风骨的民族性5个方面。一般说来，这些特征为民间文学作品所共有，但它们在“塔尔寺传说”中却表现得特别强烈和突出，有其他作品所不及处。

社会功能及遗产价值

塔尔寺传说和故事是青海西宁河湟地区重要的文明载体，是青藏高原上世居民族重要的精神财富，也是中华民族和国家的宝贵精神财富，具有重要的人文价值、历史价值、艺术价值和民俗价值。

（4）**项目传承谱系及存续状况**

塔尔寺传说与故事的传承方式为师徒传承。传承人有尖参公保、嘎桑扎西等。

濒危状况及导致濒危的直接缘由：由于经过640多年的历史沧桑，经过宗教改革等自然、人为等因素的洗礼，塔尔寺传说（包含宗喀巴大师和菩提树的故事、塔尔寺八瓣莲花圣地的传说、塔尔寺周围六部落的关系、塔尔寺酥油花民间故事等）濒临失传，后继乏人，亟待保护和传承。

12．塔尔寺四大法会

（1）项目所在区域及历史渊源

塔尔寺四大法会，2016年被列入第二批市级非物质文化遗产名录。

塔尔寺自1379年建寺开始，距今640多年。据记载，三世、四世、五世、七世、十三世、十四世达赖喇嘛和六世、九世、十世班禅大师亲临塔尔寺讲经弘法，规划修葺，完善寺规和修习教育体系，逐步发展为格鲁派六大寺院之一。塔尔寺四大法会都有美好的缘起：正月祈愿大法会，是1409年正月由宗喀巴大师首创，后来格鲁派寺院相沿成习。四月法会是纪念释迦牟尼佛在这月诞生、成佛、涅槃的大法会。六月法会是纪念佛陀在印度鹿野苑初转法轮的法会。九月法会是纪念佛陀在忉利天为佛母摩耶夫人说法后“降回人间”，“弘扬佛法”“普度众生”的法会。

（2）项目基本内容

塔尔寺每年于农历正月、四月、六月、九月举行4次祈愿大法会，进行一系列固定的宗教仪轨，其中正月祈愿法会期间有唱诵经文、弥勒金佛巡游寺院（转金佛）、乾姆供养、酥油花供养等重要仪轨和仪式。塔尔寺祈愿大法会，当地的僧俗群众俗称为“四大观景”，四大法会闻名遐迩，法会期间方圆百里的群众像赶盛会一样云集在莲花山间，分享节日的快乐（图82）。塔尔寺四大法会是青海宗喀地区（西宁湟水流域）重要的民俗活动，内容辐射和涵盖青藏高原和藏传佛教文化信仰圈，法会期间省内外的游客和信众

图82. 塔尔寺四大法会之诵经辩经仪式

达10多万人，盛况空前。

塔尔寺四大法会的相关礼仪节庆活动，内容包括供养三宝、沐浴佛恩、展献酥油花、晒大佛、演示法王舞和花架音乐、顶礼佛宝等民俗活动，其中正月十五的酥油花供展最为著名，参加僧俗百姓约20万人。四大祈愿法会：正月神变大法会又称正月观景。早在1409年正月初一至十五日，大法会在宗喀巴大师的主持下隆重举行。法会上进行了讲论经典、发愿祈祷、展献酥油花等佛事活动。以后，大法会年年如此，沿袭至今。四月祈愿大法会，从藏历四月八日至十五日共进行8天。这个月来寺朝拜、作法事、施供养者较多。六月祈愿大法会是纪念佛祖释迦牟尼在印度鹿野苑初转法轮的法会，从藏历六月初三到初八，共举行6天（图83）。九月祈愿大法会自藏历九月二十日到二十三日寺院举行盛大佛事活动，纪念佛祖降凡。

因为农历正月、四月、六月、九月是佛教的斋月，在这4个月中塔尔寺都有传统的供养法会。法会期间寺内举行诵经、讲经、辩经、祈祷、施供、布施、跳神舞、展献大佛、转金佛等佛事活动，是该寺的四大佛法盛会，也是传统的佛教节日。塔尔寺四大法会宗教文化、节庆法会辐射和涵盖青藏高原和藏传佛教文化信仰圈。中国佛教协会编辑出版的《法音》杂志详细刊载了介绍塔尔寺宗教活动的文章。2011年—2016年经塔尔寺菩提叶丛书编委的策划，编辑出版了6套丛书，第一册《三事仪轨等（藏文版）》；第二册《塔尔寺大金塔包

图83．六月法会转金佛仪式

金工程纪实》；第三册《2015 年吉祥时轮金刚灌顶法会集》（藏、汉文版）；第四册《塔尔寺志（藏文版）》（含第二世嘉木样活佛、第六世赛多活佛以及第四世却西活佛的著作）；第五册《塔尔寺志（藏文版）》（第五世赛多活佛著）；第六册《塔尔寺（汉文版）》修订 20 世纪 80 年代翻译版。

（3）项目主要特征及重要价值

技艺特色和风格特征

塔尔寺四大法会是青海宗喀地区（西宁湟水流域）重要的民俗活动，它是在特定区域、特定人群，在历史的发展中，反复出现并定格下来的生活习惯、习俗，跟信仰、生活、生产紧密相关。塔尔寺四大法会以节庆日形式凝结成各种形态，在信仰、礼仪、演示艺术、造型艺术、民居、禁忌等方面呈现灿烂多姿的文化多样性。

社会功能及遗产价值

塔尔寺四大法会在宗教学、人类学、民俗学、社会学等人文学科中具有重要价值。对繁荣文化和发展旅游经济，打造“一带一路”和唐蕃古道上重要的文明站点和旅游胜地具有重要意义。

（4）项目传承谱系及存续状况

塔尔寺始建于 1379 年，1560 年建成，从第 1 任堪布上师沃赛嘉措（1612 年）至 103 任堪布格嘉仁波切（2017 年）400 年间四大法会不断完善，举行时间、念诵仪轨、举办佛事活动等基本定型、信众云集、盛况空前，是西宁地区重要的民俗活动。传承人有罗藏旦排、罗藏若子里、罗藏巴旦、尖参公保、前热坚赞、坚赞昂旦、尖参藏吾、嘎桑扎西、元旦尖措、尕藏多杰、罗藏龙柔等。

二、湟中非物质文化遗产代表性传承人

（56人）

（一）国家级代表性传承人（8人）

1．杨永良

（1）传承人基本信息

杨永良，男，汉族，1962年1月16日生于湟中县上新庄镇加牙村，初中学历，2007年6月被授予加牙藏族织毯技艺国家级代表性传承人。现任青海省海湖藏毯有限公司技术顾问、加牙手工藏毯传习所所长、湟中加牙藏毯文化传播有限公司董事长（图84）。

（2）传承谱系及授徒传艺情况

据记载，杨永良祖上杨正贤、杨正泰弟兄4人由南京朱玑巷迁居西宁等地。后杨正泰在湟中县上新庄镇加牙村安家。杨永柱和杨永良兄弟是杨正泰第七代孙。杨家从杨正泰之孙杨喜章开始以织作毛席、褐衫、马褥毯为生。

杨喜章有3个孙子杨如柱、杨如泮、杨如桢，杨如泮有5个儿子，都学习织毯，其中杨怀春、杨兴春技艺比较精湛。杨怀春有2个儿子，杨永柱和杨永良。

（3）学习与实践经历

20世纪60年代，只有七八岁的杨永良常常站在忙着织藏毯的父亲身旁，好奇地看着父亲娴熟地将一根根彩色毛线缠到事先挂好的经线上，然后用小刀剁断，积少成多，织

图84．加牙藏族织毯技艺代表性传承人杨永良

成一大片，打磨后，花朵、山水、大象、喜鹊等图案在父亲的巧手下编织而成。当时杨永良边看边把父亲编织藏毯的手法牢牢记在心里，趁着父亲出去的工夫，杨永良就坐在地毯架上，像模像样地织上几下。

杨永良、杨永柱兄弟从小开始学习洗毛、捻线、纺线。12岁在父亲杨怀春、伯父杨兴春、杨宝春等人的指导下编织简单的卡垫、坐垫、马褥毯等。15岁开始独立完成从捻线、采集染色织物、染色线、放线（机架子上缠绕经线），栽织各种图案。

到20世纪70～80年代，加牙藏毯名声远扬，这时杨永良已经成为村里的织毯能手。后来，杨永良将编织藏毯的手艺传给了妻子，还主动教村里人织毯（图85）。

（4）**技艺特点**

杨氏加牙藏族织毯技艺传承已有200多年的历史，其特点有:

①产品采用天然牧场藏系绵羊毛，色泽光亮，纤维长而均匀、弹性好、绒毛厚。

②天然植物和矿物质染色，不掉色、不脱毛。

③纯手工制作，牢固、耐磨、防潮、保温。

④图案主要采用祖传传统图案，各种图案烂熟于心、随心组合、游刃有余、美观大方、各有特点。

（5）**个人成就**

杨永良在1978年—1987年编织了大量藏毯、卡垫，织毯工艺在祖辈真传的基础上增加

图85. 杨永良正在整理编织即将完成的藏毯

了道数，对机架也进行了改进，使其更适宜制作大型藏毯。

杨家祖传织毯木架、木纺车等工具及祖辈织作的藏毯被青海博物馆收藏，成为馆藏品。近几年杨永良编织藏毯的技艺和藏毯织品多次被电视台等媒体采访报道。

杨永良成为第一批国家级非物质文化遗产项目加牙藏族织毯技艺代表性传承人。杨氏加牙藏族织毯技艺传承200多年，在安多藏区和农业区久负盛名。杨氏兄弟掌握的藏式一杆旗马鞍鞯毯和骆驼圆形鞍鞯技艺已成家族绝活，其妻和女儿也继承了杨氏加牙藏族织毯技艺。

2．徐全熙

（1）传承人基本信息

徐全熙，男，汉族，1946年生，高中，2018年5月被授予湟中堆绣国家级代表性传承人。

（2）传承谱系及授徒传艺情况

第一代：塔尔寺艺僧塔秀。

第二代：塔尔寺艺僧扎西尼玛。

第三代：徐全熙。

第四代：徐耀春、史生萍、徐晓春、吴安邦、吴多杰、李长明、祁彩峰、梁增财、桑多伍、张花、徐丽春、张文梅等30多人。

李玉珍：徐全熙的绘画启蒙老师，生于民国时期，1987年去世。

（3）学习与实践经历

徐全熙，1946年生于湟中县田家寨镇下营二村，因自小酷爱美术，对民间刺绣等尤其钟爱。

1967年拜李玉珍为师学习民间绘画。1984年在县文化馆参加绘画培训和学习。1987年拜塔尔寺艺僧扎西尼玛为师，学习塔尔寺堆绣技艺，通过师傅的言传身教，掌握了塔尔寺“艺术三绝”之一的堆绣制作技艺。

1989年通过努力，成立了宗喀工艺美术社，重点制作堆绣作品，担任艺术指导，并在省、县妇联部门的大力支持下成功举办了5届妇女堆绣创业技能培训班，为以后湟中堆绣事业的发展培训了更多的技术人才。1991年承包了县服装厂，并转型成为青海省独家生产堆绣产品的民营企业，同时制作民族服装、寺院宗教装饰用品、民间传统故事及风土人情故事的堆绣工艺品等。

1996年被县政府评为县文化中心户，同时，被推选为湟中县堆绣协会会长（图86）。

图86．湟中堆绣代表性传承人徐全熙和妻子汪生莲正在制作堆绣

（4）**技艺特点**

①宗教性：徐全熙钟情于塔尔寺堆绣，塔尔寺堆绣是他的艺术起点，塔尔寺堆绣的题材都具有浓郁的宗教性。

②艺术性：制作工艺精细、图案别致、形象生动、富丽奇绝，具有独特的传统艺术性。

③广泛性：徐全熙不仅擅长塔尔寺堆绣，他制作的堆绣题材包罗万象，内容丰富多彩，形式千变万化，构思独出心裁，既可登大雅之堂，又可入寻常百姓家。

④经典性：堆绣是装潢殿堂的高级艺术品，使佛殿绚丽多彩、富丽堂皇，也给人们一种身临佛境的神秘感。徐全熙堆绣作品精益求精、精雕细琢、一丝不苟，每一件作品都是经典之作。

⑤痴迷性：他长年组织艺人专门制作堆绣，使这门独特的传统技艺发扬光大，不仅受到社会民众的赞赏和崇敬，也被艺术界人士所称道。

⑥融合性：徐全熙不单痴迷堆绣，还擅长壁画、唐卡、农民画、民间彩绘、泥塑及古

建筑设计。他的壁画构图娴熟、线条流畅、富有力度，设色匀净、艳丽，民间色彩浓郁。

（5）**个人成就**

1995年—1996年，在江苏扬州举办个人展览，展出绘画、堆绣、高原民俗画作等作品。

1996年至今，在甘肃、河西走廊、内蒙古自治区等地长期从事壁画、雕塑、堆绣等民间艺术的开发，给张掖大佛寺创作的巨幅壁画《运经图》已被文化部认定为国家一级保护文物。他先后参加省内外非物质文化遗产及工艺美术展览30余次，并远赴法国、韩国、越南等国家进行文化交流。

2006年，被青海省文化厅评定为青海省一级工艺美术师。

2009年，作品在北京恭王府青海唐卡艺术展中获得很高评价并被收藏。

2010年8月，他的堆绣作品在第八届青海民族民间工艺美术品展中获一等奖。同年10月在首届中国非物质文化遗产博览会上堆绣作品《玛哈嘎啦》获银奖。在首届中国非物质文化遗产博览会传承人展示活动中获传承人展示纪念奖。

2014年，青海省文化厅授予青海省民间工艺美术大师称号。

2018年5月，他被授予国家级非物质文化遗产湟中堆绣代表性传承人。

（6）**为该项目传承保护作出的贡献**

为了很好地传承和保护湟中堆绣，徐全熙从1988年至今一直从事湟中堆绣的研发创作和培训工作。培养徒弟近40人，经他亲手辅导、上手的 156名农村妇女在农闲时节通过堆绣技艺进行创业，56名下岗职工经他培训，潜心研习堆绣艺术，重新走上了新的岗位。

3．李富先

（1）**传承人基本信息**

李富先，男，汉，1963年出生于湟中县拦隆口千户营，初中文化程度。2012年12月被授予千户营高台国家级代表性传承人。

（2）**学习与实践经历**

李富先从16岁开始学习高台绑扎技艺（图87）。每年正

图87．千户营高台代表性传承人李富先（中）和同伴们正在安装高台组件

月里老艺人们绑扎高台时，他在一旁专心致志地观看，还模仿大人进行绑扎，悉心揣摩。后师从老艺人李生英，刻苦学习，经过几十年的潜心钻研，深得高台绑扎秘笈，成为千户营新一代出色的高台绑扎艺人。他绑扎的高台有“高、悬、妙、奇”的特点，随着时代的发展，他在继承前辈艺人传统技艺的基础上，不断融入新的时代气息，创作中充分展现新思想、新观念和新技术。

（3）**技艺特点**

①李富先绑扎的高台具有高、悬和人物形象众多的特点，他绑扎的一台高台最高达到7.5米，人物多达5人。

②李富先善于从传统戏曲与文学作品中汲取养分，挖掘群众喜闻乐见的题材，搬上高台。

③对高台人物的服饰设计情有独钟，他亲自设计高台人物的服饰与头饰等，式样、颜色符合角色人物性格。

④大胆创新，高台题材设计与现实生活重大事件相结合，如《三江源》《环湖赛》《大美青海》《海陆空》等新题材。

⑤将自己所学所感传授于新人，为千户营高台的长远规划出谋划策。

（4）**个人成就**

2006年，李富先他们绑扎的高台作品《三江源》参加广东番禺举办的全国第八届中国民间文艺“山花奖”活动，获得“中国民间文艺山花奖”和“民间艺术表演奖”。

2007年，在青海省西宁市文化艺术节活动中，千户营高台《杨家将》深得广大观众好评。

2010年，在上海世博会上，他们的高台《高原白雪舟》《民族大团结》博得专家们的高度评价。

（5）**为该项目传承保护作出的贡献**

为了将千户营高台的制作技艺更好地传承下来，近几年，李富先等在村里又培养出了李富良、张平、张成等新一代高台制作艺人，并紧跟社会发展步伐，不断创新，进一步延续千户营高台艺术的生命力。

4．何满

（1）**传承人基本信息**

何满，男，汉，出生于1965年，初中学历。青海省民间工艺美术大师，湟中县银铜器协会会长。2012年12月被授予湟中银铜器制作及鎏金技艺国家级代表性传承人（图88）。

（2）**传承谱系及授徒传艺情况**

湟中银铜器制作及鎏金技艺传承的主要方式是祖传亲授，何满祖父何新贵、父亲何生寿是当地有名的银匠，手艺精湛。何满从小跟父亲学习银铜器制作及鎏金技艺，成人后不断创新，将多种现代技艺融入传统的工艺当中，故他的作

图88．银铜器制作与鎏金技艺代表性传承人何满

品更具奇异之处。

2009年成立湟中县银铜器协会以来，作为协会的带头人，从源头着手，积极寻觅合适的徒弟，倾心培养，经他手把手悉心授艺的徒弟就有50多人，其中如柳斌、何亮、何云等10多人已技艺学成，出师自立门户了。

（3）**学习与实践经历**

何满，1979年初中毕业，便跟随爷爷何新贵来到青海省海南州、海西州等地学习银铜器制作与鎏金技艺。

1985年，同父亲何生寿修葺塔尔寺宗喀巴大师灵塔。

1991年至今，自己创业经营银铜器加工制作与销售。

（4）**技艺特点**

①民间传承性：何满的银铜器制作与鎏金技艺，属纯银、纯手工制作，技艺完整承袭传统民间工艺。

②做工原始性：银铜器加工的做工十分讲究，尤其是胶的制作，必须要用植物油、草木灰和松香按比例融合制成，才能做出手工艺品的精品。

③程序严谨性：银器加工制作程序，模型打造、部件焊接、打磨修整、抛光、拉丝划线雕刻、刻花处理、焊接抛成形。鎏金工艺的程序：煞金、抹金、开金、压光和烘烤。以上程序，步步相扣、环环相接。

④手法精湛性：银铜器的核心是雕刻，雕刻手法有掐丝和镎錾、平雕刻和立体刻等。

⑤工艺宗教性：银铜器制作及鎏金技艺与塔尔寺有着不可分割的联系。从形式来看，既有多样性又有独特性；从内容来看，既有传统汉族文化又有浓郁的藏传佛教色彩。

⑥天人合一性：艺术性与生活性的统一，工艺精细、图案丰富，完整保留青海古老民族的生活形态和意识轨迹。材料为金银铜，完全手工制作，经千锤百炼，恰似人与物之间的德行延展，充分体现了我国古代“天人合一”的哲学思想。

（5）**个人成就**

2007年8月，他的银器制品《大银壶》在青海省民族文化旅游节民间工艺美术品展中获三等奖；6月，《纯银保健杯》在青海省第五届民族民间工艺美术品展中获“源羚杯”三等奖。

2010年5月，在“中国深圳第六届国际文化产业博览会”作品荣获中国工艺美术文化创意奖铜奖。

2010年8月，作品《纯银酒具》在第八届青海省民族民间工艺美术展中获“源羚杯”二等奖。

2011年5月，作品获中国深圳第七届国际文化产业博览会文化创意奖。

2012年5月，他的作品《纯银直把茶壶》《双把银壶》在第一届中国当代工艺美术双年展中被中国工艺美术馆收藏；同年12月，他被文化部授予国家级非物质文化遗产项目“湟中银铜器制作及鎏金技艺”代表性传承人。

2014年6月，被中国艺术研究院、中国非物质文化遗产保护中心授予第三届中华非物质文化遗产传承人《薪传奖》。他的事迹多次在中央电视台、青海电视台、西宁电视台等媒体宣传报道。

2014年7月，被文化部中国非遗保护中心特授予第三届中华非物质文化遗产传承人“薪传奖”；同年9月，青海省文化和新闻出版厅、青海省人力资源和社会保障厅、青海省经济和信息化委员会授予第三届省级工艺美术大师称号。10月，作品《纯银佛塔》在第十五届中国工艺美术大师作品暨国际艺术精品博览会上（东阳）获得2014“中国原创·百花杯”中国工艺美术精品奖银奖。

2015年1月，作品《吉祥八宝龙纹银包木碗》由中国国家博物馆收藏；同年11月，在第十六届中国工艺美术大师作品及国博会上获得“百花杯”精品金奖。

2016年7月，作品《八瓣莲花尊》《纯银佛灯》《纯银一体壶》《纯银香炉》被中国工艺美术馆收藏，并被西宁市文广局评为“2016年度西宁市文化企业带头人”。

2017年3月，作品《龙纹香炉》获得世界手工艺理事会杰出手工艺品徽章认证。

2018年9月，作品《如意八宝塔》在第四届当代工艺美术双年展中被中国工艺美术馆收藏。

2018年6月，被评为国家文化和旅游部全国非物质文化遗产保护工作先进个人。2018年12月，被评选为青海省民间文艺家协会第七次代表大会理事和青海省工艺美术协会理事。

他多次获得中国工艺美术协会、深圳文博会、北京文博会、中国当代工艺美术作品双年展等机构奖项，获得“金凤凰”金银铜奖各3次，“百花杯”奖 3金5银。

他的作品还先后多次参加意大利、日本、韩国、西班牙、蒙古、越南等国际博览会及工艺美术作品展，多件作品还被科威特国家博物馆、中国国家博物馆、中国工艺美术馆、青海省博物馆等收藏。

（6）为该项目传承保护作出的贡献

在长期的艺术创作实践中，何满在传统风格的基础上积极探索，大胆创新，取各家之所长，借鉴多民族的艺术风格，逐步打造出当地独有的民族艺术精品，也成为国家级非物质文化遗产项目“湟中银铜器制作及鎏金技艺”最具代表性的传承人物。

2009年，何满带着自己的得意作品登上中央电视台《我有传家宝》栏目，使全国人民了解到青海非遗文化的精彩。另外，他还积极响应国家“非遗走进校园”的召唤，分赴清华大学、青海民族大学多次开展专题技艺培训和演示，让中华非遗的种子在高校的沃土中生根开花结果。

5．尕藏尖措

（1）传承人基本信息

尕藏尖措，男，藏族，1942年9月出生，2007年6月被授予塔尔寺酥油花国家级代表性传承人（图89）。

（2）学习与实践经历

1980年到酥油花上花院，在酥油花制作大师们指导下，开始从事酥油花制作的艺术道路。

1991年10月，应邀到北京民族文化宫进行酥油花制作和展览，他的人物作品得到专家好评。

1993年10月应邀到深圳国际展览中心进行了酥油花的制作和展出。

从1980年到2008年参加塔尔寺每年一次的灯节酥油花制作和展览。

（3）技艺特点

酥油花制作技艺主要靠口手相传，师徒相传，先学习最基础的扎骨架，三年后学习简单的平面图画和色彩搭配等基础知识，然后学习人物和整个酥油花的制胎、雕塑工艺。酥油花制作最主要的特点是浮雕与圆雕相结合，人物

图89．塔尔寺酥油花传承人尕藏尖措

与景物相结合，佛经故事与民间故事相结合，动态与静态相结合等。

（4）个人成就

经过多年的努力，他掌握了整个酥油花的制作过程，每年参加酥油花的制作。酥油花的制作在发展的过程中，塑造方式、花样品种、内容题材和工艺技巧都在不断发生变化。酥油花制作是藏、汉艺术结合的优秀雕塑作品。

尕藏尖措擅长设计人物、刻画人物面部表情以及色彩搭配。擅长人物着装、描金，他设计制作的酥油花花卉都有不同的技术含量。他设计的人物形象逼真，形态生动，比例准确，神态自然，涂色均匀，润泽鲜艳。

他参与制作的酥油花《佛祖释迦牟尼传记》，由8个场景组成，“佛祖诞生”“降伏外道”“成佛”“初转法轮”“降凡”“和平”“祈寿”“涅槃”等，形象地展示了“佛祖”一生的8大功德。

酥油花《宗喀巴大师传记》，由12个场景组成，前生悬记、宗喀巴大师诞生、受近事戒、出家学佛、赴藏求法、回信母亲建塔、精进修法、著书收徒、供佛建寺、创建格鲁派、弟子建寺、圆寂成佛等，展示了“第二佛陀”“雪域智者顶饰”宗喀巴大师的圣迹。

酥油花《六世班禅晋京》，由8个场景组成，六世班禅大师从拉萨启程、途径塔尔寺、进京觐见乾隆皇帝、在京弘扬佛法、圆寂等，展示了藏传佛教领袖人物觐见乾隆皇帝的盛大场面，是国家统一、民族团结的象征。

酥油花《藏王松赞干布的故事》，由10个场景组成，藏王松赞干布继位、统一青藏高原、迁都拉萨、修建布达拉宫、迎请公主、建大小昭寺、创造文字、统一法度等，展示了松赞干布统一高原、建立吐蕃王朝的雄韬伟略和经天纬地的政治才能，留下了藏汉和亲的历史佳话。

酥油花最早产生于西藏苯教，是施食供品上的小小贴花。另有传说称，641年文成公主进藏，带去一尊释迦牟尼12岁等身像并将其供奉于拉萨的大昭寺，吐蕃人民用鲜花献于佛前，以示崇敬之心，后各藏传佛教寺院相继使用，视为礼佛珍品，献酥油花遂成为正月祈愿大法会的重要内容。在发展过程中，酥油花的塑造方式、花色品种、内容题材和工艺技巧都不断发生着变化。1409年，宗喀巴大师首次在拉萨大昭寺发起祈愿大法会时，组织制作了大型立体人物群像的酥油花供奉于佛前。此后，酥油花传入宗喀巴大师的诞生地塔尔寺，在此相沿成习。每年农历正月十五日，皓月升起、华灯初放，塔尔寺便迎来了一年一度的元宵酥油花灯展，人们做花、赏花，祈求吉祥平安，几百年来从未中止。

酥油花的制作分扎骨架、制胎、敷塑、描金束形、上盘、开光六道工序。寺院里的大型酥油花以宗教题材为主，如《释迦牟尼本生故事》《释迦牟尼十二行传》《莲花生本传故事》《宗喀巴本传故事》等，凡佛之造像必守“三十二相”要求，兼及藏戏、神话传说和历史人物，如《文成公主进藏》，另外还有一些别致的小型酥油花。

酥油花的原料十分讲究，需用上年塑制酥油花后拆除下来的陈旧酥油和精细草木灰掺和成韧硬的黑色胎料，方可制胎塑形。塑造时，温度要求较高，制作难度较大。一架酥油花，从整体来看，亭台楼阁数十座，人物、走兽动辄以百计，大至一两米的菩萨金刚、小至十数毫米的花鸟鱼虫无所不备，浮雕与圆雕结合，人物与景物结合，佛界与凡间结合，动态与静态结合，时空分而不断，物象繁而不乱、色彩缤纷、浑然一体，令人叹为观止。酥油花展出时还有十多人组成的小型乐队在旁伴奏。

塔尔寺设有“上花院”和“下花院”两个专门制作酥油花的机构，每院有艺僧20人左右，这些艺僧一般在十五六岁入院，终身从艺。酥油花制作技艺主要靠口手相承、师徒相传。上、下两个花院分别有总监（称“掌尺”）主持，决定当年酥油花的题材、构图、制作分工等事项。现在塔尔寺酥油花制作技艺的主要传承人有扎西尼玛、罗藏龙珠、尕藏加措、加阳谢热、智华若子等。

（5）为该项目传承保护作出的贡献

1958年宗教改革时，藏区宗教活动停止，僧人被遣送出寺。改革开放以来，又恢复了酥油花的制作，大部分著名艺僧已相继去世。酥油花作品极易变形，无法长期保存，这使传统技艺在传承中不容易得到固定的范本，应进一步加大对酥油花制作技艺的保护力度，使这一富于特色的民族手工艺长久存留于世间（图90）。

图90．塔尔寺酥油花——尕藏尖措作品

6. 罗藏昂秀

（1）传承人基本信息

罗藏昂秀，男，藏族，1962年10月出生。2012年12月被授予塔尔寺酥油花国家级代表性传承人（图91）。

1969年至1974年在湟中县李家山阴坡小学就读。

1975年至1980年在湟中县李家山中学就读。

（2）传承谱系及授徒传艺情况

1980年7月到塔尔寺出家为僧，同年10月在艺僧扎西尼玛大师的介绍下，去塔尔寺下花院学习绘画、堆锈、酥油花艺术的制作。1980年拜扎西尼玛为师。后又拜罗藏龙柱、智华若子大师学习酥油花制作，学习扎骨架、制胎、雕塑、描金、束型、上盘等全部过程。

（3）学习与实践经历

2012年参加青海省社会主义学院西宁基层骨干培训班。

2014年参加国家宗教局在北京举办的寺庙管理培训班。

2015年参加上海师范大学中高级旅游管理人员培训班。

2012至2020年任塔尔寺管委会副主任。

图91．塔尔寺酥油花代表性传承人罗藏昂秀

（4）**技艺特点**

酥油花制作技艺主要靠口手相传、师徒传承，先学习最基础的扎骨架，3年后学习简单的平面图画和色彩搭配等基础知识，然后学习人物和整个酥油花的制胎、雕塑工艺，学习浮雕与圆雕结合，人物与景物结合，佛经故事与民间故事的结合，动态与静态的结合等一系列制作过程。

经过多年的努力，罗藏昂秀掌握了整个酥油花制作的全过程，现在每年参加酥油花的制作，而且他非常擅长设计制作人物，刻画人物面部表情以及色彩搭配。人物形象逼真、形态生动、比例准确、神态自然、涂色均匀、润泽典雅。1991年10月应邀到北京民族文化宫进行了酥油花制作和展览，他的人物作品得到专家的好评（图92）。

（5）**个人成就**

1990年—2014年在塔尔寺酥油花下花院，当掌尺（艺术总监）。

2008年11月，被青海省文化厅授予青海省第一批省级非物质文化遗产塔尔寺酥油花代表性传承人。

2017年获得青海省工艺大师称号。

1993年10月应邀到深圳、北京、开封等地进行酥油花的制作和展出，得到了国内外各界人士的好评。

1993年12月于青海海东地区获得专业技术职务绘画雕塑助理工艺美术师资格证书。

图92．罗藏昂秀正在向弟子传授酥油花塑造技艺

7．罗藏官却

（1）传承人基本信息

1964年出生于青海省湟中县群加藏族乡。1971年—1976年就读群加上圈小学；1976年—1979年就读群加民族中学；1981年至今在塔尔寺为僧；2018年5月，被授予塔尔寺花架音乐国家级代表性传承人（图93）。

（2）传承谱系及授徒传艺情况

1983年—1984年，塔尔寺果芒增扎（下花院）学习花架音乐，师从香曲格勒师傅学习笛子吹奏和藏文工尺谱。笛子是花架乐队的主要乐器，要求所有成员必须掌握。

1984年—1985年，师从昂旺罗藏师傅学习管子、小唢呐及打击乐器演奏技艺。

（3）学习与实践经历

1988年，担任塔尔寺时轮经院嗡则（维那师—引经师）。

1993年—1995年，担任塔尔寺时轮经院僧纲。

2005年—2006年，担任塔尔寺大经堂小僧纲。

图93．塔尔寺花架音乐代表性传承人罗藏官却

2012年—2020年，担任塔尔寺寺管会副主任。

2014年，被评为塔尔寺花架音乐青海省级传承人。

（4）**技艺特点**

罗藏官却从1983年起在塔尔寺学习花架音乐，参加酥油花制作、展出演奏，也参加重大礼仪迎送演奏。系统掌握塔尔寺花架音乐演奏的10首乐曲，能读全部藏文工尺谱，能熟练掌握笛子、管子、藏式唢呐、云锣等的演奏（图94）。

（5）**个人成就**

1984年—2020年，每年在塔尔寺正月法会酥油花供展期间演奏花架音乐，主要演奏管子和笛子。1986年，在迎请十世班禅大师的仪式上演奏花架音乐。1987年，向十世班禅大师派遣来塔尔寺的4个扎什伦布僧人师傅学习藏传佛教唢呐吹奏法。

1993年，江泽民主席莅临塔尔寺。罗藏官却在迎请仪式上演奏花架音乐。

1997年，在西安广仁寺举办的佛事活动上演奏花架音乐，在江苏无锡灵山大佛开光典礼上演奏花架音乐。

1988年，在青海电视台藏历年晚会上演奏花架音乐。

2003年，胡锦涛主席莅临塔尔寺。罗藏官却在迎请仪式上演奏花架音乐。

图94．罗藏官却和他的乐队队员们

（6）**为该项目传承保护作出的贡献**

2004年—2020年，为学僧传授花架音乐笛子管子等乐器的演奏技艺，教授藏文工尺谱和简谱，培养了洛藏昂秀、昂旺西热、洛藏拉旦、洛藏仁钦等一批骨干演奏员。

2011年，应邀在西海民族音像出版社录音。

8. 罗藏更尕

（1）**传承人基本信息**

1965年，罗藏更尕出生于青海省湟中县共和镇西岔村（图95）。

1971年—1976年，就读西岔村小学。

1976年—1979年，就读湟中县共和镇中学。

1981年—2020年，在塔尔寺为僧。

2018年5月，被授予塔尔寺花架音乐国家级代表性传承人。

（2）**传承谱系及授徒传艺情况**

1982年加入塔尔寺杰尊增扎（上花院），师从香曲格勒、阿旺尖措师傅学习花架音乐藏文乐谱和笛子、管子等的吹奏法。

1987年向十世班禅大师派遣来塔尔寺交流学习的4名扎什伦布僧人师傅，学习藏传佛教唢呐吹奏法。

图95．塔尔寺花架音乐代表性传承人罗藏更尕

1984年—2004年每年在塔尔寺正月法会酥油花供展期间演奏花架音乐。

1991年—1992年任塔尔寺时轮经院僧纲。

1995年—1997年任塔尔寺时轮经院嗡则（维那师—引经师）。

1998年—2005年任塔尔寺时轮经院金刚上师。

2004年至今为学僧传授花架音乐演奏技艺及藏文工尺谱、简谱。

（3）学习与实践经历

罗藏更尕从1981年起在塔尔寺学习花架音乐，为酥油花展出演奏，也参加重大礼仪迎送演奏（图96）。

1986年，在迎请十世班禅大师的仪式上演奏花架音乐。

图96．塔尔寺花架音乐乐队前往巴黎、伦敦巡展

（4）技艺特点

①乐曲：塔尔寺藏传佛教花架音乐原有16首，其中上下酥油花院有同名而旋律不同的乐曲两首，打击乐曲一首，现已整理录音的有10首。打击乐有单独的演奏曲谱，为便于传授，乐曲又有口读谱和演奏谱两种。

②演奏方式：花架乐曲以齐奏为主，打击乐不与吹奏乐合奏，而是轮换演奏。不加装饰音，在吹奏长音或乐句结束时多用下滑音。

③调式调性：花架乐曲多为五声徵调式。以宫、商、角、徵、羽五声音阶为主。也有以变宫取代宫音的现象，但乐曲中仍保留了宫音的五声徵调式，并在旋律进行中起到骨干音的作用。

④节奏节拍：花架音乐节奏平稳，方正，速度缓慢，节拍以四四、四二拍为主，基本没有混合节拍。

⑤旋律音程：花架音乐旋律以上下级进为主，曲调平稳进行，更显得庄严肃穆，有些乐曲虽有清角音或变宫音，但没有尖锐的小二度旋律音程，四度以上的大跳音程少见。

⑥花架音乐是为酥油花的制作、开光、展出服务的乐曲，具有古朴、庄严、清雅、空灵的特征。除为酥油花制作、展出时演奏外，还为高僧大德、政府要员的迎送仪式演奏。

⑦花架音乐采用行进演奏和站立演奏的姿势。

（5）个人成就

1984年—2004年，每年在塔尔寺正月法会酥油花供展期间演奏花架音乐。

1993年，江泽民主席莅临塔尔寺。罗藏更尕在迎请仪式上演奏花架音乐。

1997年，在西安广仁寺举办的佛事活动上演奏花架音乐，在江苏无锡灵山大佛开光典礼上演奏花架音乐。

1988年，青海电视台藏历年晚会上演奏花架音乐。

2003年，胡锦涛主席莅临塔尔寺。罗藏更尕在迎请仪式上演奏花架音乐。

2004年—2020年，为学僧传授花架音乐笛子等演奏技艺，教授藏文工尺谱和简谱。

（6）为该项目传承保护作出的贡献

塔尔寺花架音乐历史悠久，传承脉络清晰，乐队编制与清宫廷中和清乐基本相同。根据藏传佛教音乐的需要，增加了笛子和两支藏式唢呐。

①花架音乐简谱10首。

②藏文工尺谱乐谱16首。

③演奏乐器：笛子若干支（视乐队人数可随意增加）。藏式唢呐2支、九音云锣1面、七音云锣1面、十七璜笙2支、管子2支、小鼓1面、小镲1副。

④主要乐曲目录和光碟：《昂格却巴》（尤斯格日）、《南斯珀璋》（白木营）、《囊顿耶美玛》（斯周）、《拉耶阿扎》（金钱落地）、《德钦岗日玛》（德心格日）、《却元玛（绿麒麟）、《香香德悟》（顺风点）、尼旦却昌（闪杆金桥）、《拉里呗巴》（八仙）、《却白拉毛》（八谱）。

（二）省级代表性传承人（27人）

1．乔应菊

（1）传承人基本信息

乔应菊，女，汉族，1957年10月出生于青海省湟中县汉东乡下扎扎村。青海省民间工艺美术大师，湟中县堆绣协会会长，青海省美术家协会会员。2008年12月被授予湟中堆绣省级代表性传承人（图97）。

（2）传承谱系及授徒传艺情况

师从旦正、孟鳌奎老师学习湟中农民画。师从塔尔寺艺僧智华学习堆绣艺术。

（3）学习与实践经历

乔应菊从小喜欢绘画。1982年，参加了湟中县举办的首届农民画创作讲习班。从1989年开始，她在县文化馆旦正、孟鳌奎等老师的辅导下，学习创作农民画。

1990年8月，她的农民画作品《高原冬菜鲜》在“全国现代民间绘画画乡作品邀请展”中荣获三等奖，这也为她的艺术创作之路奠定了坚实的基础。

1992年乔应菊开始学习堆绣。一次偶然的机会，她认识了塔尔寺的艺僧智华，智华是一位十分热心的艺僧，看到她非常喜欢堆绣，就答应教她。她开始跟师傅学制作堆绣。2009年8月，湟中县“八辨莲花”研发中心成立，她有

图97．湟中堆绣代表性传承人乔应菊

了自己的工作室。她先后收徒达100多名，制作较大作品近千幅，其中一半以上的作品是提前预订的。

（4）技艺特点

①乔应菊的堆绣作品多以中国古典传说、花鸟风景、人物形象为主。其作品色彩艳丽、层次分明、神态逼真、生动活泼，皆为大众可观赏作品。由于工艺细腻精湛，制作方法独特，每一幅作品都是十分精美的工艺品，人物造型优美、栩栩如生，被社会广大群众青睐，成为现代人喜爱的居家装饰品，有较高的艺术价值和观赏价值（图98）。

②作品推陈出新，越来越被广大游客所喜爱，成为塔尔寺旅游纪念品之一。

（5）个人成就

乔应菊潜心民间艺术，酷爱湟中农民画和湟中堆绣，在短短的十几年内，她的农民画作品和堆绣作品多次在全国现代民间绘画画乡作品邀请展、中国农民优秀作品展、“环翠杯”全国农村书画大赛、当代民间绘画邀请展中获奖。

图98．湟中堆绣《静卧禅思图》乔应菊 作

2002年，在全国妇联、文化部、中央电视台联合举办的第二届中国家庭文化艺术节上，她的堆绣作品《大观园》荣获优秀才艺奖，作品《刘海戏金蟾》《唐蕃古道》《金银滩》《彩云追月》在第一届、二届、四届、五届青海民族民间工艺美术展中获奖。

2001年、2006年、2008年青海电视台在“河湟风”“民生在线”“新闻聚焦”等栏目中多次报道她的才艺。她曾4次参加西部文化产业博览会。

2007年，她参加中国成都国际非物质文化遗产展览，并被省文化厅聘为非物质文化遗产保护工作专家委员会委员。她应邀出访荷兰，进行国际文化交流活动。还带着自己的作品在上海世博会上做了精彩的才艺展示。

2010年—2020年，她多次荣获“双学双比”女能手、“市级文化中心户”、青海省“文化产业示范户”“市人大代表”“县级三八红旗手”、县委、县政府“突出贡献优秀人才”、省妇联“青海省巾帼手工艺示范基地”、市总工会“女工榜样”“西宁市文化企业带头人”等荣誉和称号。

2013年，她的19幅作品在泰国曼谷中国文化中心展出并获优秀奖；2015年，作品在青海省手工艺术品展览中获得一等奖；2017年6月参加中国非遗传承人群研修班，9月堆绣作品参加“感知中国——中国西部文化英国行”英国巡回展；2018年，作品《唐蕃古道》入选天津美术馆“大美青海，多彩文化”展览；7月，参加全省首届“民族团结进步”刺绣大赛获“巾帼创业奖”；2018年，堆绣长卷《唐蕃古道》入选当代工艺美术双年展，在国家博物馆展出，并被中国工艺美术馆收藏。

（6）为该项目传承保护作出的贡献

乔应菊经过几十年的不懈努力，创出了一条汉藏结合的堆绣艺术之路。她原创的《大观园》《唐蕃古道》《彩云追月》等堆绣作品在全国巡展中多次荣获大奖。她创新制作的花鸟、民族风情等堆绣作品深受群众喜爱，畅销省内外，远销海外。昔日的小作坊已发展成湟中锦绣轩艺术传播有限公司，先后培养了200多名堆绣传承人，使这一传统技艺后继有人。

2014年，她创办了属于自己的工作室，每年都会联合当地妇联、残联等部门为当地妇女和残疾人免费做培训。

2．范明周

（1）传承人基本信息

范明周，男，汉族，青海省湟中县拦隆口千户营人，1955年2月12日生，小学文化程度。2008年12月，被授予湟中县千户营高台省级代表性传承人（图99、图100）。

图99．湟中千户营高台代表性传承人范明周（左一）

图100．湟中千户营高台表演

（2）**传承谱系及授徒传艺情况**

千户营高台绑扎技艺已有600多年的发展史，因传承年代久远，有记载的传承13代，前3代已无从考证。

第四代：李如海、胡启立、张玉庆、陈儒秀。

第五代：范德元、李丙连、李如意、陈尚恩。

第六代：张永德、陈尚恭、李全财、张永基。

第七代：陈启虎、马永华、李发仰、张有杰。

第八代：胡德忠、胡理金、李涵林、张丙珍。

第九代：马宗基、马士辉、李润林。

第十代：马贵元、龚守义、李生英、胡理忠、李生芳。

第十一代：唐发祥、李发安、马富元，马存英、雷发旺、胡理财。

第十二代：马永康、胡生玉、马存忠、张伟邦、张丙云、张丙荣。

第十三代：李富先、范明周、文国录、贾生山、丁修业、马倍、李富忠、马廷元。

（3）**学习与实践经历**

范明周从记事起，他的父亲就和村里其他老艺人一起在每年正月绑扎高台，正月十五在村里演出。他四五岁时，父亲就让他做了高台演员，把他绑在高高的杆子上，和其他孩子一样，他也是从害怕、胆怯一步步成为一名众人称赞的小演员的。

他拜前辈胡理财为师。胡理财看到范明周对扎制高台很有天赋，就收他为徒。范明周未负重望，经过多年的潜心研学，成为千户营高台第十三代传承人。

（4）**技艺特点**

①化妆艺术：人物主要以脸部化妆为主，俗称“打脸子”。脸谱秉承了秦腔戏的脸谱特征，在长期的发展过程中又形成了自己的特点，线条疏勒粗犷、色彩淡雅凝重、清丽中透着灵气、简约中蕴含庄严。

②服饰艺术：故事及人物形象主要以戏剧造型为主，尤其是秦腔戏曲的影响最大。服饰大致有神灵仙家、贵族官员、平民百姓、文臣武将之分，以色彩表示其身份高下，颜色有黄、黑、白、红、绿等。花饰以绘画为主，或采用带花的织物，有镶边、贴花、绣花等。

③点缀艺术：在做到主体部分轮廓清晰、色彩鲜艳的同时，细节部分的点缀也具有很好的补充、修饰、矫正、补白作用，起到画龙点睛、锦上添花的艺术效果。

（5）**个人成就**

2006年，范明周和他的同事们扎制的高台作品《三江源》参加广东番禺举办的全国第八届中国民间文艺“山花奖”参赛活动，获得“中国民间文艺山花奖”和“中国首届民间飘色（抬搁）艺术展演入围奖”；2007年，在青海省西宁市文化艺术节活动中，绑扎的千户营高台《杨家将》深得广大观众好评；2010年，在上海世博会上，他们绑扎的高台《高原白雪舟》《民族大团结》博得专家们的高度评价。

范明周的代表作品有《麻姑献寿》《关公保二嫂》《包公赔情》等。

（6）为该项目传承保护作出的贡献

为了将千户营高台的制作技艺更好地传承下来，范明周积极培养下一代传承人，收范长江等年轻人为徒，为高台艺术的长盛不衰和发扬光大，默默贡献着自己的青春与智慧。

3．李成

（1）传承人基本信息

李成，男，汉族，1962年3月出生于青海省湟中县鲁沙尔镇昂藏村一个金银铜器工艺世家。2019年3月，被授予银铜器制作及鎏金技艺省级代表性传承人，青海民间二级工艺师（图101、图102）。

（2）传承谱系及授徒传艺情况

李成的曾祖父、祖父、父亲三代皆为有名的金银铜器艺人。

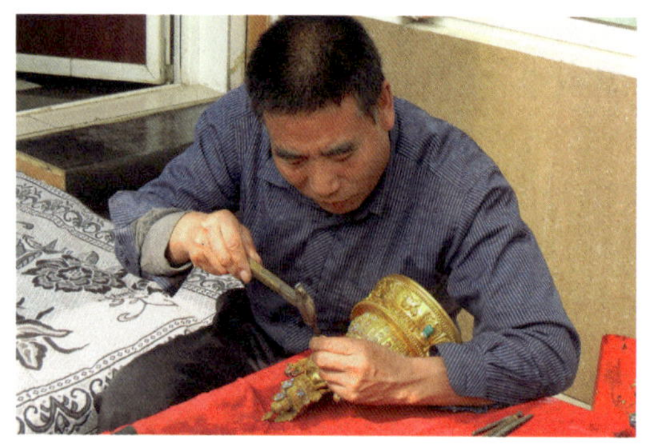
图101．银铜器制作与鎏金技艺代表性传承人李成

图102．李成作品

李成的曾祖父生于民国时期，由于家境贫困被迫弃学从艺，成为当地有名的银匠。祖父李昌年是曾祖父最得力的助手，也是最好的学徒。父亲李进邦也从小受家庭熏陶，分担家庭负担，很早就辍学从艺，因学艺勤奋，很快就熟练掌握了金银铜器制作技艺，成为本地名气不凡的“李银匠”。

李成收徒10多人。何军、阿启辉、李延虎跟随李成学艺10多年，已比较娴熟地掌握了银铜器制作的绘画、雕刻、铸造等多种技艺。

（3）**学习与实践经历**

李成从小受祖父、父亲技艺的耳濡目染，16岁跟随父辈学艺，25岁即出师独自创业。并广泛交流，以能者为师，以佳作为师。他还经常到塔尔寺等著名寺院，仔细揣摩历代经典的金、银、铜器经典作品，从历史的经典塑像中汲取营养，领悟精髓。到20世纪70年代末，他已掌握了铜、银佛像铸造的技艺，金银提纯、青铜配制、雕花錾刻、宝石镶嵌、泥金鎏金等技艺样样精通、步步出彩，探索出了一套自己独有的艺术风格。其子李延虎也是子承父业，技艺学成在塔尔寺金塔路开铺从艺。

2009年，李成创办了“湟中海源雕刻工艺有限公司”，年生产加工各类金、银、铜民族民间工艺品500余件，是集金、银、铜器工艺品制作、加工、销售为一体的民营企业。

（4）**技艺特点**

①传承性：李成的银铜器制作及鎏金技艺，属纯银、纯手工制作，技艺完整承袭传统民间工艺。

②原始性：银铜器做工十分讲究，尤其是胶的制作，必须要用植物油、草木灰和松香按比例融合制成，才能做出手工艺品的精品。

③严谨性：银器加工制作程序为模型打造、部件焊接、打磨修整、抛光、拉丝画线雕刻、刻花处理、焊接抛光成型。鎏金工艺的程序为煞金、抹金、开金、压光和烘烤。以上程序步步相扣、环环相接。

④精湛性：银铜器制作的核心是雕刻，雕刻手法有掐丝和镩錾、平雕刻和立体刻等多种。

⑤宗教性：湟中银铜器制作及鎏金技艺与塔尔寺有着不可分割的联系。从形式来看，既有多样性又有独特性；从内容来看，既有传统汉族文化，又有浓郁的藏传佛教色彩。

（5）**个人成就**

2010年8月，铜雕作品《鎏金仿大明永乐多杰生花》在“第八届青海民族民间工艺美术品展”荣获“源羚杯”三等奖。

2012年，在中国（银川）西北地区非物质文化遗产博览会上，他的参赛作品荣获金奖；

作品铸铜鎏金《仿明代释迦牟尼像》在“第十届青海民族民间工艺美术品展”中获“源羚杯”三等奖。

2013年2月，作品《铜雕鎏金工艺墙饰》荣获“创意无限·八瓣炫彩”湟中县第三届“八瓣莲花”工艺品设计创意大赛金奖；5月，作品《纯银茶具一套》《纯银鎏金》在2013中国（深圳）国际文化产业博览交易会上获得“中国工艺美术文化创意奖”铜奖，《纯金仿大明永佛》获银奖。

2014年7月，作品《仿青铜克什米站卓玛》被青海省博物馆收藏。

2015年10月，西宁市科技局在《科技特派员“湟中民族工艺品工业化加工关键技术研究”创业链》认定活动中被评为西宁市第三批市级科技特派员创业链。

2016年9月，他的湟中银铜器制作及鎏金技艺项目在2016中国文化馆·文化艺术博览会暨银川“一带一路”特色文化产品博览会非遗展上荣获优秀非遗项目奖；10月，他被评为2016年度西宁市文化企业带头人。

2017年7月，作品《鎏金浮雕包银碗》获2017首届青海文化创意设计大赛传统工艺美术创意设计类入围奖；8月，湟中海源雕刻工艺有限公司在西宁市第三届青年创业大赛（湟中赛区）企业组比赛中荣获一等奖。

（6）为该项目传承保护作出的贡献

2012年、2013年，他参加湟中县文体旅游局举办的国家级非物质文化遗产项目银铜器制作与鎏金技艺培训班，并担任授课教师，培训学员400多人。

2012年、2018年，两次在湟中海源雕刻工艺有限公司举办湟中银铜器培训班并授课传艺。还参加了银川、北京、深圳等省内外文化产业博览会。被青海民族大学聘请为西宁市非遗传承人艺术系教师。他的作品远销俄罗斯、叙利亚、新加坡、美国、法国、印度、尼泊尔等地。为展示湟中银铜器文化，他的300多件作品被湟中县河湟博物馆收藏。

4. 旦正

（1）传承人基本信息

旦正，男，藏族，1944年7月出生，青海湟中县人。擅长版画、年画创作，现代民间绘画（湟中农民画）的创始者、组织者辅导老师。毕业于西北民族学院，副研究馆员。2008年，被授予湟中农民画省级代表性传承人（图103、图104）。

图103．湟中农民画代表性传承人旦正（右二）

图104．旦正（右一）为湟中农民画作者辅导作画

（2）**传承谱系及授徒传艺情况**

20世纪70年代初，湟中小南川兴起了一股民间绘画热潮。1973年冬天，湟中县文化馆干部旦正来到土门关乡青峰村，在他的积极组织下，湟中县办起了第一个农民美术夜校，旦正主动担任辅导老师，这是湟中民间绘画艺人首次组织起来的民间绘画教学活动，为湟中民间绘画的普及和发展奠定了坚实的基础。

20多年来，旦正在职期间，共举办40多期美术创作培训班，培训农民画作者800多人次。这些农民画作者族别不同、阅历各异、年龄悬殊，在教授和辅导中，旦正根据个人的生活阅历，针对学员文化程度的差异和不同的审美情趣，耐心辅导他们发挥各自的艺术想象，努力探索自己的创作路子，取得了令人欣喜的效果。

（3）**学习与实践经历**

旦正出生在塔尔寺附近的一个藏族家庭，1962年从西北民族学院毕业，后通过刻苦自学和专家指导，成为一位颇有成就的藏族画家、中国美术家协会会员，有多幅版画佳作在全国美展中获奖。

1971年冬，旦正寻访湟中境内的油漆匠、玻璃画匠、剪纸能手、刺绣能手等民间艺人，组织他们进行农民画创作，他骑着自行车走村串户，经过两年多的调查摸底，摸清了全县民间艺人和美术人才的基本情况。1973年冬，他在湟中县土门关乡青峰村创办的农民美术夜校，不久便办出了名声，《青海日报》一下子刊登了20多幅青峰村的农民画。青海省政府部门还在省城西宁举办了《湟中青峰农民画展》，同时，组织全省农村牧区宣传工作会议代表到青峰村进行现场观摩学习。

四邻八乡的农牧民纷纷赶来邀请旦正老师给他们讲课。旦正又相继办起了土门关乡（当时为公社）、湟中县农牧民美术学习班，成为湟中农民画从起步到成熟，日益发扬光大的奠基人。

（4）**技艺特点**

旦正辅导创作的湟中农民画，继承了民间壁画、建筑彩绘、油漆画的基本画法，同时吸收了唐卡、皮影、刺绣、剪纸等民间艺术的营养，构成了独特的艺术魅力。内容主要表现山村、田野以及农民自己的生活和劳动场景，大多带有鲜明的地域特点和浓郁的民族色彩。

（5）**个人成就**

旦正自20世纪70年代开始绘画创作，代表作品有《人民的重托》（版画）、《鱼水情深》（年画）、《心红羔壮》（剪纸彩绘）等，其中版画《人民的重托》获全国美展三等奖，由中国美术馆收藏。部分作品在《解放军报》《中国文学》（英法文版）、《大众医学》等报刊发表。

近半个世纪以来，他积极投身湟中农民画创作的组织和辅导，为湟中现代民间绘画工作贡献出了毕生的精力。在他的组织和努力下，编辑出版了《湟中民族民间绘画作品集》。他被授予“全国农村文化艺术先进工作者”“全国先进文化馆长”“民间美术工作开拓者”“中国现代民间绘画画乡优秀辅导员”等荣誉称号。同时，当选中国美术家协会第四次全国会员代表大会特邀代表、青海省五届人大代表，青海省第二、三、四届文联委员、湟中县第二、三、四、五、六届政协委员。

他帮助和培养了一大批农民画艺人，让华生兰、扎西才浪、李宝香、汪国梅、窦玉贵等地地道道的农民，跻身中国画坛，成为省内外有影响的文化人物。湟中县被国家授予“中国现代民间绘画画乡”称号。

（6）**为该项目传承保护作出的贡献**

湟中农民画从自发形成、普及、发展至今天，已有近40年的历史了，如今已形成了上百人的创作队伍，先后创作了数千件作品。有的作品以藏族“唐卡”的装饰风格见长、有的以刺绣剪纸的夸张变形见长、有的以漆画的色彩艳丽见长。

5．孟鳌奎

（1）**传承人基本信息**

孟鳌奎，男，汉族，小学文化程度，1938年2月出生于青海省湟中县西堡乡西两旗村。2008年被授予湟中农民画省级代表性传承人。2004年，当选湟中农民画协会主席（图105）。

图105．湟中农民画代表性传承人孟鳌奎

（2）传承谱系及授徒传艺情况

1985年，孟鳌奎被聘为湟中县文化馆农民画辅导老师。期间，他创作的43幅作品获奖，辅导湟中农民画学员创作了240多幅佳作。

因为孟鳌奎的农民画起步较早，湟中农民画优秀作者党明汉、赵占财、韩复兰等作者都得到过他的悉心辅导。

（3）学习与实践经历

孟鳌奎自小喜爱书画，那时上学写字用松墨替代块墨。没有宣纸、颜料、毛笔等，作画的人很少，可他却与绘画结下了不解之缘。他把木炭条当铅笔，天天在墙上、地上、木头上画，捡到一块残破的连环画纸片，仿佛捡到了宝贝，即刻模仿着学画。

15岁，他大着胆子到西宁去寻找绘画老师，机缘凑巧，他碰见省群艺馆的郭世清、方之南老师。他忐忑不安地给郭世清老师拿出自己的白描画，没想到立即得到郭老师的好评。临走时，老师还给他赠送了纸、笔、墨等，让他感动不已。

1971年，他有幸参加了西宁市首届美术学习班。1973年，在有关部门的组织下，参观了西北五省区户县农民画展览。1975年，参加了省县合办的首届混合学习班（陕西省、青海省、大通县、湟中县）。尤其是在陕西省观看了户县的农民画展览后，他感触颇深，下定决心要走农民画创作之路。

1975年，湟中县文化馆旦正老师找他，提出试办全县农民画学习班的事，他十分高兴。经过反复讨论，他们决定把全县在农村走村串户的民间绘画艺人组织起来，举办美术创作培训班，重点以农民画为主。在上级主管部门的支持下，为期40天的培训班如期举办，且连续举办了7年，培养了一大批绘画能手。

图106．湟中农民画《梨花树下》 孟鳌奎 作

2004年，湟中县农民画协会成立，孟鳌奎当选首届湟中农民画协会主席。

（4）**技艺特点**

①地域性：孟鳌奎的农民画熔民族文化、地方文化和民间绘画艺术为一炉。以鲜明的地域色彩和强烈的民族特点为创作背景，取材广泛、内容丰富，突出表现高原风光和风土人情。

②广泛性：在继承传统民族民间艺术的基础上，广泛地从民间刺绣、剪纸、民族服饰、民俗建筑中汲取营养，有选择地借鉴不同民族民间艺术形式的造型、构图、设色、线描及特殊的表现技法，取舍创新、独具特色、自成新貌。

③随意性：构思和表现手法不受专业画的局限。内容朴实、想象丰富，不求比例、形似，不讲究光影、透视。从客观事物的完整印象出发，进行大胆的夸张变形，随意创作。构图饱满、描绘工细、设色匀净、线条流畅，在空白处多以精美的图案加以点缀，具有浓郁的民风民俗情结（图106）。

（5）**个人成就**

1966年，孟鳌奎的国画作品《当代愚公胜昔日》《敢教日月换新天》被《青海日报》采用刊登，并参加了青海省的美术画展。

1987年至1988年，孟鳌奎的4幅作品分别由中国美术馆、美国、玻利维亚大使收藏，获得了专家、学者的高度赞扬。他的农民画精品还有《富民湖》《田园新歌》《树大路宽》《民贸新容》《场院曲》《金粒归仓》《扫雪》等40余幅，多次荣获国内外多种奖项。

（6）**为该项目传承保护作出的贡献**

孟鳌奎的作品都是地道的农民画，取材于农家田园生活，表现形式具有传统的民间特色，风格浑厚质朴，自然清新。在几十年的农民画创作生涯中，他除了创作好自己的作品外，将全身心地投入到对农民画作者的辅导，经他亲手培养和辅导的农民画爱好者达近百人，孟鳌奎在创作农民画的同时，还即兴创作了大量的国画及书法作品，丰富了他的艺术创作内涵。

6. 党明汉

（1）**传承人基本信息**

党明汉，男，汉族，1961年3月生，青海省西宁市湟中县共和镇东台人，初中文化，2004年任湟中农民画协会副主席。中国农民书画研究会会员，中国民间文艺家协会会员。2008年12月，被授予湟中农民画省级代表性传承人。2010年6月，被授予青海省民间工艺大师称号（图107）。

图107．湟中农民画代表性传承人党明汉

（2）传承谱系及授徒传艺情况

农民画启蒙老师：旦正、孟鳌奎等。

党明汉从1996年至今任共和镇文化站站长，配合湟中县文化馆、共和镇文化站文化活动，积极组织农民画培训班，在他近40年的创作过程中，经他亲手辅导成才的湟中农民画继承者有近百名。

（3）学习与实践经历

1980年，党明汉初中毕业在家务农，一边干农活、一边潜心钻研绘画艺术，一边做民间油漆画工，成了周边有名的画匠。

1984年，他参加了湟中县文化馆举办的农民画创作培训班，得到了旦正老师的亲手辅导，为他的绘画事业打下了坚实基础。他创作出《小团出大戏》《蕨菜丰收》等作品。至1988年，每年参加培训班，逐渐由学员变为新学员的辅导者。

1996年，任共和镇文化站站长，每年担任文化馆农民画培训班的辅导老师，同时也创作了多幅有力之作，参加了全国大展，多次获奖。

1997年，得到中国美术馆民间美术部主任廖开明教授指点，创作水平进一步提高。

2008年，他和儿子党万晓被湟中县文化馆推荐赴上海金山驻进中国农民画村从事农民画创作销售，2011年5月返乡。这期间，他积极参加画村及上海、金山举办的各类画展并多次获奖。在上海他有幸与著名画家曹秀文、陈惠芳、陈富林、卢家忠等探讨农民画，给他的创作思路带来了更加广阔的境界。

（4）技艺特点

①立意奇巧，独特；

②构图饱满，均衡；

③线条圆润，流畅；

④设色匀净，明快。

（5）个人成就

1988年3月，作品《红灯迎新春》等8幅作品被入选全国农民画展。作品《下方》曾获《全国现代民间绘画画乡作品邀请展》入选奖、《中国农民画优秀作品展》优秀奖（图108）。

作品《家电进草原》《粉荞花》分别获首届“环翠杯”全国农民书画大赛一等奖和第三届中国农民书画展优秀奖。作品《粉荞花》由浙江美术馆收藏。作品《牧民情》荣获《中国农民画联展暨上海金山第三届旅游节展览》优秀奖、《第二届上海宝山杨行镇全国现代民间绘画艺术交流展》优秀奖，并被台北孙中山纪念馆收藏。

图108．湟中农民画《土族阿姑》 党明汉 作

2002年5月，作品《改板》被陕西省民俗博物馆收藏。

2007年6月，作品《春麦仁》获“第五届青海民间工艺作品展”一等奖。2009年，作品《织地毯》入选“第二届中国重庆綦江农民版画艺术节”中国画乡绘画精品展。

2010年，他被授予“青海省民间工艺大师”荣誉称号。

2013年9月，被湟中县委、县政府授予“突出贡献优秀人才”称号。2014年，被授予第三批西宁市文化产业示范户。

2015年11月，作品《春麦仁》在“第九届秀洲中国农民画艺术节——丝府梦·丝路情2015作品展”上荣获优秀奖。同时在“2015中国长江非物质文化遗产大展”活动中，获银奖。2016年10月，作品《碾场》在“2016陕西第十一届中国艺术节——在希望的田野上”荣获优秀奖。

2017年4月，参加了“青海师范大学——中国非物质文化遗产传承人研修培训班”。2018年11月，参加中山大学“青海省西宁市非物质文化遗产传承人素质能力提升研修班”。2019年9月，参加了中国民间文艺家协会、江西省文联主办的“壮丽70年，阔步新时代”全国农民画创作展，作品荣获优秀奖。

2017年—2019年，广泛开展农民画进校园活动，培训学生80多名，共计培训课时达135节。

2019年10月，湟中农民画在北京“全国农民画精品赴京展”中荣获24项奖项，参赛作者10人，参展作品30幅，并获优秀组织奖。2020年，新型冠状病毒来袭，党明汉的培训基地积极组织作者，以战斗在一线的医务人员、防控人员为素材，为充分表现各民族团结一致、抗击疫情的伟大壮举，创作出数十幅优秀的农民画作品。

7．王义元

（1）传承人基本信息

王义元，男，汉族，出生于1961年，高中学历，湟中县土门关乡红岭村人。2011年，任湟中县皮影协会会长。2010年6月，被授予青海省一级民间工艺师。2014年12月，被授予河湟皮影制作技艺省级代表性传承人（图109）。

（2）传承谱系及授徒传艺情况

祖父：王有财（已故），清末流落到土门关乡红岭村的皮影制作艺人。

父亲：王进贤，红岭村人，皮影制作艺人。

徒弟：王久安，皮影制作艺人。

湟中皮影戏集民间美术、音乐、戏曲为一体。土门关乡红岭村的皮影戏历史悠久，皮影制作工艺已有200多年的历

图109．河湟皮影制作技艺代表性传承人王义元

史。王义元是红岭皮影制作技艺的主要传承人之一，他的皮影制作技艺是由祖父、父亲亲手传教。20世纪70年代，父亲王进贤在当地开办皮影制作学习班，全力培养年轻一代制作皮影技艺。王义元、王义芳等是忠实的学艺后生。

（3）**学习与实践经历**

1984年王义元高中毕业后，跟随爷爷王有财到平安祁家山学习制作皮影技艺。

1989年，王义元和父亲王进贤参加县文化馆举办的制作皮影技艺培训班。

2004年—2020年，从事皮影的制作、加工和销售，同时带徒弟王久安学习传承皮影制作和添色工艺。

（4）**技艺特点**

①技艺的传承性：承袭传统民间工艺技艺，采用天然牛皮制作，雕刻的人物、山水、花鸟、宫殿栩栩如生，活灵活现。

②原料的天然性：加工原料和添色讲究天然，尤其是添色用的颜料，采用纯天然矿物质颜料和胶的自然融合。

③程序的严谨性：加工皮影严格按照以下步骤，首先将牛皮（驴皮）和石膏一块放在水中浸泡1个月，拿出来用剐刀将毛剐净，再用铲刀将牛皮削平。其次是划线托像，刻花制作。最后是添色成型。

④刀法的公正性：皮影雕刻刀法主要有侧刀刻、立刀凿、平刀削。

⑤成型的工艺性：成型工艺程序有和色、添色、融墨、上火砖、压光。

（5）**个人成就**

2003年8月，作品《元帅大将军》在“青海省民族文化旅游节民间工艺美术品展”中获三等奖。

2010年5月，作品《皮影皇上》在“中国深圳第六届国际文化产业博览会”上获工艺美术文化创意奖铜奖。

2013年，作品在湟中县第二届“八瓣莲花”工艺品设计创意大赛中获银奖。

2014年，被授予青海省二级民间工艺师。

2016年4月，皮影艺术参加“2016中国·青海民族手工艺品巡回展”。

2018年，作品《八洞神仙》荣获“海东市首届非物质文化遗产皮影雕刻制作展演”金奖。作品《尕布龙》在“海东市第一届皮影戏表演大赛”中获表演一等奖。

2019年1月，荣获“湟中皮影第一届创新技艺及演唱大赛”一等奖。

主要作品还有《状元坐堂》《张果老过金桥》等。

（6）**为该项目传承保护作出的贡献**

自2008年湟中县着力打造“八瓣莲花”民间艺术以来，王义元和其堂兄王义芳（皮影雕刻艺人）入驻湟中“八瓣莲花”民间艺术展示中心，成立皮影雕刻工作室，对外展示湟中皮影雕刻技艺。2011年、2012年连续两年在湟中区文化馆开办皮影雕刻培训班，为广大学员授课。

2011年，在县政府和县文化主管部门的大力支持下，成立了湟中县皮影协会，王义元被推举为会长。每年正月十五灯节期间，他们组织红岭村皮影班在县文化广场为群众义演。

2019年2月，湟中红岭皮影走进青海省2019年“非遗过大年·文化进万家”非物质文化遗产展演主会场湟中分会场，进行表演。

2016年，王义元与皮影戏协会联合排演皮影现代戏《时代楷模——尕布龙》。整部戏包括放牧、爱民、下乡、训子、绿化5场次，通过皮影戏艺人的唱、演，还原了尕布龙的主要事迹，塑造了主人公一心为民、廉洁勤政的艺术形象。作为一次传统技艺与现代技术的有效结合，改革传统皮影戏仅在白幕布上演、唱的单一形式，通过加入电脑投影、增加实景效果、分男女唱腔、叠加字幕等创新，生动真实地再现了草原广袤无垠、电闪雷鸣的环境及尕布龙下乡调研、植树造林的动人景象。

王义元的徒弟有王久安、王胜良、王长安、张永生、张永金、韩洪德、韩生彦、张永龙、张永鳌、王启安等10余人。

8．张永全

（1）**传承人基本信息**

张永全，男，汉族，小学文化，1966年1月出生在青海省湟中县土门关乡红岭村。2014年12月，被授予河湟皮影制作技艺省级代表性传承人（图110）。

（2）**传承谱系及授徒传艺情况**

父亲：张生华（皮影制作艺人）；张永全是土门关皮影制作第5代艺人。

河湟皮影第一代雕刻艺人可追溯到清末年间（1851年—1861年）。据传，有一位艺名叫罗狗熊的艺人在湟中、西宁等

图110．河湟皮影制作技艺代表性传承人张永全

地卖艺，兼雕皮影。从传艺开始，至今已有6代传人。已故的著名雕刻艺人有马福、殷长安、魏珍、甘世霖、张生华等，他们留下了许多雕刻珍品。

（3）学习与实践经历

从张永全的爷爷开始，他们一家三代传承着皮影制作技艺。张永全的父亲张生华也是河湟地区远近闻名的皮影艺人，张永全跟父亲学得一手皮影制作的好手艺，曾拉起皮影班子走乡串户演唱皮影。

在张永全的记忆里，30多年前的湟中县，至少有十五六支皮影班子，那时皮影很普遍，人们也很爱看。红岭皮影的演出主要在每年农历十月到来年三月，邀请他们演唱的村社几乎都排着队。他们也以新颖的表演形式，独特的演唱腔调吸引着无数观众。他们的皮影班子除了在本县演出外，还经常到平安、互助、民和、门源，甚至甘肃省永登等地受邀演出，平均每年演出达200多场次。

张永全在湟中非物质文化遗产传承体验中心有自己的工作室，虽然赚不到大钱，但有各级领导的大力支持和国家对传统文化的高度重视，他现在收了十几个徒弟。

（4）技艺特点

①传承性：承袭传统民间技艺，采用天然牛皮制作，雕刻的人物、山水、花鸟、宫殿栩栩如生，活灵活现。

②天然性：加工原料和添色讲究天然，尤其是添色用的颜料，采用纯天然矿物质颜料和胶的自然融合。

③严谨性：加工皮影要严格按照一定的程序和步骤。

（5）**个人成就**

2008年，张永全代表青海省皮影艺人参加在四川省成都市举办的国家非物质文化遗产展览。

2016年4月，王义元、张永全、王义芳皮影作品展在西宁市城西区文化艺术中心举办。现场展出各种精美的人物、动物、风景皮影作品，还有现场表演皮影戏剧项目，受到有关领导和广大市民的称赞。

2019年2月，张永全和村里的皮影戏班子以共和镇苏尔吉村党支部书记苏生成为形象，创作出一部新唱段《苏书记宣讲十九大》。小戏台，唱出大时代，台下的乡亲们连连鼓掌。

9．赵洪彪

（1）**传承人基本信息**

赵洪彪，男，汉族，出生于1943年，初中学历，青海省湟中县海子沟乡大有山村人。2007年7月加入中国武术协会。2011年2月，被授予青海大有山民间传统武术省级代表性传承人（图111）。

（2）**传承谱系及授徒传艺情况**

董世章，别名董程，甘肃天水人，师承少林。20世纪20～30年代，因躲避战乱而隐居西宁西杏园，以挑担卖货为生，人称“董货郎”。

赵成章，董世章之徒，赵洪彪之师父。擅长拳、脚、刀、枪、剑、棍等，曾是名冠西北的武术名家，回到家乡后与大儿子赵广麟在村中收徒传艺，大有山村便兴起了全民学武之风。

赵成财，赵洪彪之父，大有山村习武艺人。

赵洪彪，赵成章之徒。

张生玉，赵洪彪的师弟，20岁开始学拳，舞单刀。

大有山村有近百拳种，有的流传有序、拳理明晰，是传统的少林武术；有的风格独特、自成体系，属于村民在

图111．青海大有山民间传统武术代表性传承人赵洪彪

平常的生产生活中自创的武功。

大有山村的习武者大致分为3个年龄层：赵洪彪一代，年事已高，在70岁左右；张昱泰一代，为中坚力量，在40岁左右；还有10多人是十五六岁的学生。

（3）**学习与实践经历**

年过古稀的赵洪彪，是省级非物质文化遗产大有山民间传统武术的传承人。他30多岁时，拜赵成章为师，学习了师父的独门功夫，如龙虎条子、八门展、高家十三枪、周家母子、陶周母子、梅花靠子等。如今，他还珍藏着一套系统的拳术《中华武术内经》，里面详细介绍了对于武德、养生的认知以及内功修养、拳法套路的歌诀。据说内容是从师傅赵成章那里传下来的，因原版损毁，现存版是赵洪彪1973年凭借记忆记录下来的。

赵洪彪习武66年，他对发扬武术精神更是倾尽身心。如果有人想学武术，他都会毫无保留地把自己的本领传授给他人。多年来他已无偿收徒近百人，还有从山西、四川等地登门求武的。

（4）**技艺特点**

①腿法手法为主，拳类套路为次，拳法主要分为七十二腿法、三十六功法、二十四手法、十二进攻法。

②里面藏有三十六天罡、七十二地煞、八卦浑元功。

③器械：枪、棍，大同小异，劈、刺、拦、扎、格、架、撩、戳、准、机、滑、粘、筛、摆。鞭是里外裹缠、阴搬阳扎、虚实不定、灵便自舞、鞭里藏脚。

④双鞭是鞭脚齐发、上格下打。

⑤刀是以砍为要，连刺带削，以实用为主。

大有山民间传统武术以棍著称。进山棍、八虎棍、盘龙棍、八路条子、八仙条子，还有用生产工具做武器的梢子棍等。还有六合枪、八门九锁枪、高家十三枪、梅花枪等枪法。拳法有小洪拳、燕青拳、梅花单拳、九环锤（青海方言将拳头称为锤头）、八门拳、周家拇指等20多种拳法。

（5）**个人成就**

1993年1月，在湟中县武术表演中获得“武术教练员”资质。

1994年2月，在湟中县塔尔寺武术表演赛中获第2名。

2004年8月，在青海省武术表演赛中获“道德风尚奖”。

2007年9月，在青海省第一届农牧民运动会上获男子传统器械第2名、传统拳术第3名。

2008年10月，在青海省首届传统武术套路比赛中获男子老年组传统拳术第2名、传统器械第3名。

2009年10月，在青海省福利彩票武术比赛中获优秀奖。

2010年7月，在青海省第十五届运动会武术比赛中获拳术第3名、器械第5名。

2012年5月，在青海省体育局举办的2012年“武韵杯”青海省武术锦标赛中，赵洪彪参赛的老年男子组长器械项目获得第一名。

（6）**为该项目传承保护作出的贡献**

2007年9月，青海省体育局授予大有山村“青海省民间传统武术运动之乡”。

2009年6月，《西海都市报》以《大有山：我省第一个武术之乡》为题，作了大篇幅宣传报道。

2009年，参加第四届香港国际武术比赛暨国际健身气功展示会。

大有山村的许多拳种都是以言传身教的方式传授，许多拳种正逐步被淡忘和失传。比如村中独一无二的棍术鞭杆，因为没有正规拳谱，一些传承人相继去世，就面临着失传的境地。赵成章曾遗留了一部分当年研究武学时的拳谱，这对研究传统民间武术作用很大，需要及时加以保护。

在赵成章之后，村中的许多拳师应邀参加过青海省内外各类武术交流活动和比赛，得到多项全国、西北和省级武术比赛的名次，在西北的武术界有一定的威名，经常有不少拳师慕名到村中和村民进行切磋和交流。

10．李宝洲

（1）传承人基本信息

李宝洲，男，汉族，出生于1961年9月，高中学历，青海省一级民间工艺师。青海省美术家协会会员。现任湟中县美术家协会副主席，湟中县书法家协会副主席，湟中县农民画协会理事。2011年2月，被授予湟中壁画省级代表性传承人（图112）。

（2）传承谱系及授徒传艺情况

李正元：父亲（木匠，擅长木雕）。

赵科：民间绘画艺人（李宝洲民间绘画老师）。

旦正：原湟中县文化馆馆长（李宝洲湟中农民画老师）。

徒弟：魏生虎、魏建泰、郑平、童福胜、段国虎等。

（3）学习与实践经历

李宝洲自幼酷爱书画，长期临摹学习传统笔墨，重视写生，擅长山水、花鸟、人物及书法，喜欢收藏奇石。

1979年—1982年，师从父亲李正元学习木匠及木雕艺术；

1982年—1983年，师从民间绘画艺人赵科学习民间绘画；

图112．湟中壁画代表性传承人李宝洲

1983年—1988年，在时任湟中县文化馆馆长、美术辅导老师旦正的引荐下参加农民画培训班，开始农民画学习创作，并得到全国著名画家马西光、梁守义、邵华等老师的亲授，绘画水平不断提高，创作了10多幅具有一定影响力的农民画作品，且多次在全国农民画大展中展出并获奖。

1988年后，在青海、甘肃、新疆维吾尔自治区、内蒙古自治区等地从事寺院彩绘、壁画、雕塑及景点建筑等。

（4）技艺特点

擅长佛教、道教等题材的壁画和民间彩绘、农民画、国画（山水画）创作及泥塑制作。壁画构图气势宏大、人物众多，线条流畅、富有书法骨力，设色大胆、富有现代气息。

（5）个人成就

1988年，被湟中县政府命名为“湟中县民间画家”。

1988年5月，作品《春到山村》入选“海东地区首届书画展”，获优秀奖；9月，农民画作品在全国民间书画大赛中获入选奖。

1989年3月，《金带当空》《庆丰收》等6幅作品随同“湟中民族民间艺术展”在北京中国美术馆展出；9月，作品《草原勤女》参加“全国农民书画大赛”展览，获入选奖。

1990年8月，作品《套牦牛》入选“全国现代民间绘画画乡作品邀请展”，获二等奖。

1994年，作品《草原勤女》《草原晨曲》等入选“中国社会发展成就展览”，其中《草原晨曲》获优秀作品奖。

2000年，作品《打马球》《套牦牛》《老翁趣》入选中国农业出版社出版的《世纪之光书画集》。

2010年6月，被认定为“青海省非物质文化遗产传统项目美术（湟中壁画）代表性传承人”和“西宁市文化产业示范户”；被授予“青海省一级工艺大师”称号；9月，国画作品在大通、湟源、湟中三县书画展中荣获三等奖。

2012年4月，青海省博物馆收藏壁画作品2幅，其中《十八罗汉斗悟空》被青海省博物馆非物质文化遗产展览馆永久性展出。

2012年5月，国画作品被《书画天地》采用刊登。

2013年10月，国画山水作品在青海书画展中荣获一等奖。壁画作品1幅、泥塑作品3幅、国画作品3幅入选“美丽中国”邮集，在全国发行。

2014年7月，被西宁市文化产业发展（协调）领导小组命名为“第三批西宁市文化产业示范户”；11月，授予“青海省民间工艺美术大师”荣誉称号。

2015年5月，藏学专家拉科·益西多杰（杨贵明）撰文的《宗喀巴大师画传》，由青海人民出版社出版发行，收录了他描绘宗喀巴大师一生的壁画60余幅。

2017年10月，参加“第二届长江非物质文化遗产大展”活动。

2018年4月，被西宁市总工会授予“西宁工匠”称号。

1982年以来，在西宁北山，湟源城隍庙，多巴，拦隆口等地及新疆、甘肃、内蒙古等地从事寺院及各大旅游景点的壁画、彩绘、雕塑创作。

2015年，他充分利用自己在青藏高原捕获的自然灵感和精神震撼表达对大自然的敬畏和丰富的情感，积极参与木场村“高原美丽乡村”建设，完成雕塑3件，照壁1座，设计建造和谐园1处，和其他画家协作完成壁画800多平方米。

（6）为该项目传承保护作出的贡献

李宝洲从事工艺美术近50年，擅长佛教、道教等题材的壁画和民间彩绘、农民画、国画创作及泥塑制作。他的壁画构图气势宏大、人物众多，线条流畅、富有书法骨力，设色大胆、富有现代气息。其中经他亲手绘出的汉藏壁画达20000余平方米，大小雕塑近千余尊，古建筑设计及修建施工30余处，彩绘工程1200余处。

11．华松兰

（1）传承人基本信息

华松兰，女，藏族，1962年出生在青海省湟中县田家寨镇索尔加村。2011年2月，被授予南佛山花儿会省级代表性传承人（图113）。

（2）传承谱系及授徒传艺情况

朱仲录："青海花儿"歌唱艺术家，亲授华松兰"花儿"演唱技艺。

黄荣恩：原青海省文化厅艺术处老师，华松兰音乐辅导老师。

罗焕新：华松兰音乐辅导老师。

授徒：汪黎英、张莲、鲍明波、蔡秀英、刘海山、彭措卓玛、才仁卓玛。

（3）学习与实践经历

华松兰自小受父亲熏陶，在农忙之余学唱"花儿"。因嗓

图113．湟中南佛山花儿会代表性传承人华松兰

音基础好、进步较快，虽受到一些传统思想的环境制约，不能公开在村子里唱，但无法抑制学唱“花儿”的浓郁兴趣。白天不能唱“花儿”，有时偷偷躲到洋芋窖里学唱白天听到的“花儿”曲令。

结婚后，因有丈夫的大力支持，加之改革开放的春风，让“花儿”艺术进入了一个新的时代。她开始大胆拜师学艺，并通过县文化馆的组织培训，掌握了一定的乐理知识。1990年，经县文化馆的推荐及短期强化训练，代表青海省赴山东省潍坊市参加了全国农民歌手大赛，并获银奖。又多次在省、市、县举办的“花儿”大赛中获奖。

农历“六月六”的南佛山“花儿”会全省闻名，每年都有许多省内外的“花儿”高手前来一决雌雄，华松兰也自然成为每年必不可少的特邀歌手。她还经常随省歌舞团、平弦剧团、文化馆等各文艺团体深入基层，到农村、工厂、机关演唱，足迹遍布省内各地以及甘肃、宁夏等地，得到了艺术专家们的好评。同时，偶然的机会，她有幸结识了“花儿”歌唱艺术家朱仲录先生，并得到先生的真传。

（4）技艺特点

华松兰自幼学唱“花儿”，博采众长，形成了自己的演唱风格。声音明亮挺拔、刚柔相济、韵味地道，歌声山野气息浓厚，给人以天高气朗的高原感受。音度高，音质纯正、优美，音色独特。

（5）个人成就

2007年，获中国文化部主办的“中国原生民歌大赛”独唱及对唱组铜奖。

1996年，应邀参加“第二届中国民俗文化旅游节暨96青岛（市南）‘海之情’旅游节”的艺术演出。

1990年，获湟中县“六月六”“花儿”演唱会大赛二等奖。

1996年，在青海省首届“江河源之夏”艺术节“花儿”歌手大奖赛上，获“花儿王后”称号，受到青海省政府的奖励。

1998年，在“98中国‘沙湖杯’花儿歌手大赛”中获二等奖。

1999年，在全国农民歌手邀请赛中获二等奖。

2010年4月，应邀参加北京全国非物质文化遗产大会闭幕式。同年在青海省同仁、循化、海西、都兰、格尔木等地巡回演出。

2011年6月，参加“第二届西北五省区‘时代联信’花儿歌手·吐谷浑故乡演唱会”；7月，参加“第八届西北五省区‘时代联信’演唱会”。

（6）为该项目传承保护做出的贡献

2012年3月，在西宁市群众艺术馆举办的全省“花儿”歌手培训班上，华松兰为参加培训的200余名“花儿”歌手进行了现场表演和“花儿”的演唱培训，对进一步提高歌手们的综合素质，起到了积极的作用。6月，在循化孟达天池参加了首届“魅力循化”西北五省“花儿”演唱会；7月，参加西宁市凤凰山“第九届西北五省区‘西部矿业之夏’花儿演唱会”开幕式；9月，在西宁市“百姓大舞台”媒体举办“花儿”个人演唱会，她的学生汪英、王花、库儿、采秀英、赵国花、李洪永等同台演出，受到了广大群众的一致好评。

12. 雷有顺

（1）传承人基本信息

雷有顺，男，汉族，初中学历，1966年3月生于青海省湟中县鲁沙尔镇地窑村。2014年，被授予“南佛山花儿会”省级代表性传承人。青海省“花儿”研究会常务理事，湟中县“花儿”协会会长，湟中县河湟艺术团团长（图114）。

图114．湟中南佛山花儿会代表性传承人雷有顺

（2）**传承谱系及授徒传艺情况**

朱仲录："花儿"歌唱艺术家，亲授雷有顺"花儿"演唱技艺。

罗焕新：雷有顺乐理辅导老师。

张生寿、樊明成："花儿"启蒙老师。

雷有顺徒弟：张玉桂、李毓银、张玉杰、汪黎英、钟广来、莫秀芳、张海、向国安等。

（3）**学习与实践经历**

雷有顺初中毕业后，因家处脑山地区，常去山里放羊，在放羊时他跟同伴学会了唱"花儿"。随着年龄的增长，加之他有一副好嗓子，他的"花儿"便越唱越有了名声。每年湟中县城东山公园的"花儿"会、南佛山的"花儿"会，甚至青海省内各地的"花儿"会场成了他唱"花儿"的大舞台，赢得了南佛山脚下"金唢呐"的美誉。

1986年，他被聘到县文化馆工作，期间结识了在音乐方面有名的罗焕兴老师，得到了罗老师在音乐乐理方面的指点和教导，使他唱"花儿"的技艺得到了极大的提升。同年，他通过考试，被招聘到西宁市城中区文化馆"花儿"艺术团，并担任负责人。艺术团经常要到省内各地联系演出，足迹遍布西宁和海东8县各个乡镇村落。后来，他又结识了"花儿"歌唱家朱仲录先生，得到了先生的精心指导，使他的演唱技艺更加娴熟。

1988年，他来到刚刚成立的省民族歌舞团"花儿"艺术团，从演员做起，经过一番摸爬滚打，一步步走向团长的职务。期间，演出场次达4000余场，行程近10万km，甘肃、青海、宁夏回族自治区、新疆维吾尔自治区、北京、南京等地都有他们演唱"花儿"的声音。同时，也培养出了如索南孙斌、彭措卓玛、才仁卓玛、张海、向国安、贾梅香、马占龙、张国统等优秀"花儿"歌手。2003年，他又被聘为青海省戏剧剧院民族艺术团演员及业务负责人。

（4）**技艺特点**

音色洪亮、清晰，用声方法独特、巧妙。

（5）**个人成就**

1990年，在西宁市第二届"六月六"艺术周、青棉第二届企业艺术节"花儿"演唱会上，获擂台赛演唱一等奖。

1993年，在湟中县"六月六"花儿大赛中获一等奖。

1999年，获平安县庆二十周年"花儿"邀请赛二等奖。

2004年，获湟源"日月山之夏"花儿演唱比赛三等奖。

2007年，在"荣誉中国2007和谐盛世、唱响青海"选拔赛中获入选资格。

（6）**为该项目传承保护作出的贡献**

2017年，他被聘为湟中县“非遗”进校园甘河滩镇班沙尔学校的“花儿”授课老师。为了使同学们能够比较清楚地理解和接受这项宝贵的文化遗产，他编写了几十首具有时代意义和现实教育意义的新编“花儿”，充分发挥“花儿”的正能量作用，如《十八大精神放光芒》《遵守交通规则》《保护三江源》等花儿歌词，得到了各级领导和广大师生的称赞。他还编辑了南佛山花儿会《新编花儿集》，出版“花儿”演唱集以及“花儿”情景剧8部。在有关部门的大力支持下，主持承办了5届南佛山“六月六花儿会”。

13．王海寿

（1）**传承人基本信息**

王海寿，男，汉族，出生于1972年，高中学历。2011年2月，被授予湟中陈家滩传统木雕省级代表性传承人，青海省廷辉雕刻工艺有限公司经理（图115）。

图115．湟中陈家滩传统木雕代表性传承人王海寿

（2）**传承谱系及授徒传艺情况**

陈家滩木雕历史源远流长，始建于明代的佛教圣地塔尔寺内的木雕作品和木雕建筑等，多出自陈家滩木雕艺人之手。清末至民国初期，陈家滩木雕艺人史应全和弟子康继福、郭万青、包成林、张生珠等不仅在塔尔寺从事木雕古建筑艺术创作活动，同时还从事民居木雕艺术创作活动。王海寿师承史延辉，曾带领徒弟张丙文、张丙福、张永仓等人从事木雕技艺。

（3）**学习与实践经历**

1984年，王海寿师从陈家滩村著名木雕艺人史廷辉学习木雕技艺。从1991年开始，王海寿长期在塔尔寺古建筑队、新疆维吾尔自治区、内蒙古自治区等地各大寺院从事古建筑木雕、修建、修缮工程。2003年，成立青海省廷辉雕刻工艺有限公司，任经理，从事美术设计工作。2007年，被聘为古建筑工程师。

（4）**技艺特点**

王海寿木雕技艺完整保留了陈家滩传统民间木雕技艺的特点，纯手工雕刻，尤其擅长古建筑结构和古代传统木雕艺术。以地方传统文化为依托，以传统木雕工艺及榫卯工艺为基础，绚丽彩绘的图案结合浮雕、镂刻、透空雕等手法，使陈家滩木雕之花灿烂绽放。

（5）**个人成就**

王海寿常年从事传统木雕及古建筑修建、维修工程。参与了塔尔寺藏经楼新建工程，还有内蒙古自治区呼和浩特市金川开发区牌楼，牌楼跨度长达50m，是木结构建筑工程中具有显著特征的技术工程。并在新疆维吾尔自治区、甘肃、四川等地和省内贵南县的塔秀寺、鲁仓寺等寺院，贵德县的贡巴寺等地修建、维修工程若干处。

2009年，代表青海木雕艺人应邀赴非洲贝宁科托努参加“中国春节民间文化展”文化周活动，并进行才艺表演及交流。

2008年—2010年，连续3次参加省文化厅主办的国际唐卡艺术节和非物质文化遗产精品展并获奖。

（6）**为该项目传承保护作出的贡献**

王海寿他们古建筑公司每年承揽的古建筑维护、寺院装饰等木雕工程遍布四川、新疆维吾尔自治区、甘肃及省内各地。王海寿创新自己的雕刻产品，利用多种艺术表现手法，结合汉藏文化特色，融进鲜明的现代艺术气息，如藏羚羊、藏八宝等。并利用“公司+农户”模式，打造“陈家滩木雕艺术品”品牌，品牌跻身省内外旅游产业的行列。

14. 史生福

（1）**传承人基本信息**

史生福，男，汉族，生于1965年，高中学历，青海省湟中县鲁沙尔镇陈家滩村人。青海塔尔寺古建筑工程队负责人，湟中县木雕协会会长，青海省廷辉雕刻工艺有限公司总经理。2014年12月，被授予陈家滩传统木雕省级代表性传承人（图116）。

（2）**传承谱系及授徒传艺情况**

第一代：史应全。

第二代：康继福、郭万青、包成林、张生珠等。

第三代：史廷辉。

第四代：史生福。

第五代：史生虎、史永胜、代焕洲等。

第六代：史永盛、张炳文。

明末清初，湟中县鲁沙尔镇陈家滩就有木雕艺人从事木雕艺术创作。后来，由史廷辉（1935年—2005年）将其传承并发扬光大，他的木雕艺术在省内外享有很高的声誉，河湟地区称其为“史木匠”。

图116．湟中陈家滩传统木雕代表性传承人史生福

（3）**学习与实践经历**

1984年，史生福师从叔叔史廷辉学习木雕技艺。1995年，被评为古建筑工程师，常年从事传统木雕及古建筑修葺、维修工程。参与了塔尔寺藏经楼新建工程，内蒙古自治区呼和浩特市金川开发区跨度长达50米的牌楼，还在新疆维吾尔族自治区、甘肃、四川等省及省内修建、维修寺院工程若干处。

2000年至今，一直担任塔尔寺古建工程公司负责人，对湟中古建筑修建、维修、木雕制作技艺的传承与发展起到一定的作用。

（4）**技艺特点**

史生福的木雕技艺完整地保留了陈家滩传统民间木雕技艺的特点，纯手工雕刻，尤其擅长古建筑结构和古代传统木雕艺术。并以地方传统文化为依托，以传统木雕工艺及榫卯工艺为基础，绚丽彩绘的图案结合浮雕、镂刻、透空雕等手法，使陈家滩的木雕因当地历史的沉淀而灿烂绽放。

（5）**个人成就**

1996年，通过专业资格考试，取得设计师、高级职业经理人资格。

2003年，成立廷辉木雕有限公司。

2007年，被湟中县委、县政府授予“农村劳务输出带头人”称号。他和同事研究开发的“和瓶箱”被2008年北京奥委会收藏。

2008年，主持维修塔尔寺九间殿、大吉娃等项目。

2010年，在塔尔寺承接乌都市活佛院工程。

2008年—2010年，连续3次参加“国际唐卡艺术节及非物质文化遗产精品展”并获奖。

2012年，维修塔尔寺阿嘉活佛院、裴嘉活佛院、八周活佛院、嘉木杨活佛院。

2013年，修建塔尔寺酥油花馆。

2017年，修建拦隆口镇羊巴寺。

（6）**为该项目传承保护作出的贡献**

史生福积极引进现代先进木工技术和设备，通过对古建筑设计、建造、装饰、装修的研究，对文物的修复、保护，对使用木雕软件开发、利用及软件知识、精雕技术的培训等，培育出了一支古建文化的主力军，为继承传统文化，开发、利用非物质文化遗产和实现文化遗产的可持续保护发挥了积极作用。面对陈家滩木雕老艺人相继过世的现实，史生福毅然选择了将传统文化与现代工艺相结合，走更好地继承与发展民间传统技艺之路。

15. 郭祖成

（1）传承人基本信息

郭祖成，藏语名“扎西”，男，藏族，初中学历，1962年8月出生在湟中县共和镇新庄村。2008年12月，被授予湟中县却西德哇村古老游戏省级代表性传承人（图117）。

（2）传承谱系及授徒传艺情况

却西德哇古老游戏代代相传，经久不衰，流传至今。从郭祖成记事起，就有好多人十分擅长这些项目，如段国寿、都守庭、马占寿、马章义等皆会玩这种游戏。

砸冈朵等游戏的爱好者有扎西、旦登里、段明仁、六十九阿布等人。传授给罗连元（四十二）、马图新、马登仓、马常新、郭啟参、段发邦、陈生寿、段国庆、段发隆、马延基、李国栋等人，全村的青壮年曾经在村里兴起空前的“冈朵热”。

这些游戏又传给了马英国（乳名奇么夹）、马延虎、黄建元、黄建业、郭里兴、马才多、马先图、马啟祥、段发援、马永图、陈生福等人。在他们的指导下，许多人又学会了这些游戏，并不断提高游戏的技巧和连续性，然后又传授给郭祖成这一辈。

图117. 湟中县却西德哇村古老游戏代表性传承人郭祖成

（3）**学习与实践经历**

郭祖成从小喜爱体育活动，尤其钟情却西德哇传统体育游戏，经常跟成年人进行踢毽子、拔桩、老马抢四角等传统体育游戏比赛，特别对“砸冈朵”游戏情有独钟，常常胜于同伴。

2005年春节，新庄村在留美博士宗喀·漾正冈布的指导和资助下，由郭祖成负责，在段国寿、马占寿、马章义、都守廷、荀吉元、马廷虎、马啟祥、陈生福等村民的共同努力下，举办了第一届却西德哇农民传统体育运动会，受到社会各界和广大群众的热烈欢迎。

（4）**技艺特点**

①历史性：却西德哇古老游戏是青藏高原体育游戏文化的一个缩影，如乌多（抛尔石），据记载，在新石器时代就成为欧亚大陆普遍流行的一种武器。冈朵（脚石）和久（藏棋）可追溯到1000多年前。江塔（高杆秋千）可追溯到10～11世纪等。

②民族性：却西德哇村地处阿米嘉顶雪山脚下，即拉脊山脉的余脉。世居村民以藏族为主，所以却西德哇古老游戏的参与者多数为藏族，游戏项目内容也大多与藏族群众的生活和生产有关，具有浓郁的民族特色。

③竞争性：说是游戏，部分项目其实质就是竞争激烈的体育项目，且多项游戏需要超常的爆发力和体力，如朗秀（拉巴牛）、朵決（扛碌碡）等。

④健身性：却西德哇古老游戏主张强身健体，友谊第一，比赛第二。2005年，兰州大学体育考古部教授毕研洁教授通过参加却西德哇村运动会，悉心收集了这些古老游戏的资料，向兰州大学申报了新的课题项目，将藏族传统游戏“冈朵”在基本保持原有风格特点与借鉴现代体育教学的基础上进行了新的整合，并引入大学生的体育课堂。

⑤趣味性：如“井井康”项目，不仅斗智，口中还要唱着曲调，生动地再现藏民族的游牧生活。“丢嘎儿”则更为有趣。

⑥随意性：却西德哇古老游戏是从藏民族放牧时的马背上、生活中演化而来的。石头、木棍、牛羊毛绳、羊粪蛋都是游戏的道具，随手可得。这种游戏还有便于参加，便于普及，形式文明，内容健康、活泼的特点。

（5）**个人成就**

郭祖成积极组织举办“阿米嘉顶之韵”却西德哇传统村运会，自2004年起，在每年的藏历新年或春节前后举行。由专家学者筹资、策划，村委会承办此村运会，主题为“传统、自然、环保、自豪和友爱”，分“莫热”（传统藏舞）、“则莫”（传统体育游戏）、传统服饰展示、传统手工艺与生产生活用具展览、“人与自然”生态环境知识问答及演讲辩论5大类，却西德哇古老游戏是整个运动会最引人注目的项目。

（6）**为该项目传承保护做出的贡献**

却西德哇古老游戏突出民俗特色，将半个世纪前普遍流行于本地的传统游戏和歌舞发展为竞赛和表演项目，其目的在于复兴却西德哇村民的民俗记忆，促进族群的文化认同和社区团结，将非物质文化遗产的保护与社区发展结合起来。从2004年开始，已系统挖掘了70余种藏族传统体育游戏和几种古老歌舞。却西德哇古老游戏已成为青藏高原上有重要影响的特色文化活动之一，在社会上产生积极的影响。

16．慕兰

（1）**传承人基本信息**

慕兰，女，汉族，1973年10月生，大专学历，青海省西宁市湟中县拦隆口镇拦一村人。2019年3月，被授予慕家酩馏酒酿造技艺省级代表性传承人（图118）。

（2）**传承谱系及授徒传艺情况**

慕兰出身酿酒世家，是慕家酩馏酿造技艺第九代传承人。祖父慕增光、父亲慕世基均系当地著名酩馏酒酿造师傅。下辈慕生砦已基本掌握了慕家酩馏的酿造技艺。

图118．慕家酩馏酒酿造技艺代表性传承人慕兰（左一）

（3）**学习与实践经历**

慕兰，自幼跟随父亲慕世基学习酿酒技艺，耳濡目染、潜心学习，完整地继承了父亲高超的酿酒技艺。慕兰在釉药配方、用药数量、温度掌控、发酵时限、酿造时令等方面反复研究与实践，在前辈经验的基础上不断改进和创新，进一步完善了“慕家酩馏酒”发酵的系统技术，不仅把“慕家酩馏酒”祖传技术换代升级，更让“慕家酩馏酒”香飘四海。

（4）**技艺特点**

慕家酩馏酒是湟中县民间用土法酿造的低度酒，具有以下特点：

①配方独特，用料考究：独特的制曲程序，传统手工酿造工艺，口味纯正，是河湟地区劳动人民的智慧结晶，并且包涵了浓厚的酩馏酒历史文化。

②酒精度低，口味绵柔：酒精度约在30度左右，酒味香甜绵软，兼有顺气、和血、调经的功效，引药上行，与寒性药物同服，可缓解其寒性。

③规模较小，质量上乘：酩馏酒酿造规模小，产量低，一般每百斤青稞可酿酒30斤左右，适合于民间以家庭为单位的小型酿造。但这种用最纯朴的民间土法配制的酒品最根本的起点是纯天然原生态，无添加，无毒副作用，保证质量。

④技艺独特，言传身教：酩馏酒的酿造技术是以家庭为单位，一般以言传身教，心领神会为传承方式，很少有系统的文字记载。酒的口感因酿造人而异，稍有差别。

⑤土法配制，养生保健：“慕家酩馏”采用当地优质青稞和60多种中草药及独特的水质，以传统工艺方法酿制而成，具有很好的养生保健作用。

（5）**个人成就**

2015年，参加厦门大学国际关系学院“厦门大学—西宁市融入‘一带一路’建设企业专题培训班”。同年，还参加了企业事业卫生管理人员培训班和“全国巾帼科技特派员暨新型事业女农民培训班”。

2017年，参加“浙江大学2017西宁市非物质文化遗产保护传承人研修班”。

2018年，参加了“东西部扶贫协作西宁市2018年乡村旅游专题培训”。

1999年，取得医师资格证书，2010年取得食品检验（四级）中级职业资格证书。

2011年，被西宁市妇联评为“巾帼建功标兵”。

2013年，任青海省企业信誉协会常务理事。

2015年，被青海省企业信用协会评为“奉献爱心 关爱生命”模范个人。同年，被国家旅游局授予“中国乡村旅游致富带头人”荣誉称号。

2016年，取得中国轻工业职业技能鉴定“品酒师一级”资格。同时，她们的酿酒产业还被国家旅游局评为全国“能人带户”旅游扶贫示范项目。同年，还被青海省妇联授予“青海省农村科技致富女能手”、被青海省旅游发展委员会评为“2016年度青海省旅游产业突出贡献人物”。被青海省酒类行业协会聘为青海省第一届白酒评委（任期3年）。

2017年，荣获青海省“优秀企业家”称号。

2018年，荣获青海省旅游行业“先进个人”荣誉。

2019年10月，中国民间文艺家协会决定授予青海省湟中县慕容古寨为“中国酩馏文化之乡”，并同意建立“中国慕容鲜卑历史文化研究中心”。

（6）为该项目传承保护作出的贡献

慕兰始终没有忘记自己的社会责任和自我价值。为“慕家酩馏酒”传统酿造技艺的传承，通过产业促发展、通过发展保技艺、通过技艺促文化，从而形成良性循环。

慕兰依靠产业旅游，带动当地经济，提升当地旅游业发展能力，拓展区域旅游发展空间，构建旅游产业新体系，努力带动当地村民脱贫。同时慕家村村民以此为契机将自家产的各类经济作物如青稞、土豆、蚕豆、蔬菜等出售给“青海高原酩馏影视文化村”，将自家的酸奶、锅盔等出售给前来旅游的游客，通过非遗产业+乡村旅游，以农业为基础，以乡村旅游赢利，大力发展乡村旅游，吸引吸纳农村劳动力就近就业，缓解空心村社会问题。

慕兰在非遗产业发展、基础设施建设、乡村旅游配套等方面全面推进，让更多农户参与和分享。这不仅为“慕家酩馏酒”传统酿造技艺这项非物质文化遗产的传承打下了坚实的基础，也为非物质文化遗产传承、脱贫工程打下了坚实的基础。

17．李尚奎

（1）传承人基本信息

李尚奎，男，汉族，1978年生于青海省湟中县多巴镇。2019年3月，被授予西纳川铸钟技艺省级代表性传承人（图119）。

（2）传承谱系及授徒传艺情况

民国初期，李氏铸钟匠人李生林和他的后辈李芳、李万明、李万春、李万荣等一直从事铸钟技艺，在河湟地区甚至在省内外许多地方有很大影响，广大民众称他们为“炉源

图119．西纳川铸钟技艺代表性传承人李尚奎

匠”。后来，李生林及其后代将这项技艺以家传的方式一代代传给后人。

李尚奎为李氏铸钟技艺的第七代传承人。自1992年起，父亲言传身教，教他学习铸钟技艺。经过多年的技艺沉淀和不断试验、摸索、创新，积累了丰富的铸钟经验。为使这项技艺能够永久传承下去，李尚奎多次从社会上招收铸钟学徒，从钟模的制作、铁成分的比例和搭配、铁水的熔炼、浇铸等工艺方面，精心授教、不辞辛苦，已有2位学徒的技艺日臻成熟。

（3）学习与实践经历

李尚奎自小受父亲影响，非常熟悉铸钟这门手艺，十分钟爱民间铸造技艺，熟练地掌握了铸钟、配料、做模具等一系列步骤和要求。

2011年，他筹建成立了盈缘法器铸造厂，铸造规模不断扩大。他先后为海南省海口市灵山寺、湟中扎麻隆凤凰山、鲁沙尔刘琦庙等省内外名胜古迹和宗教寺院铸造铁钟、香炉等，订单遍布全国各地。

（4）技艺特点

①李尚奎的铸造在继承传统铸造特征的同时，在造型、图案、文字以及着音等方面，广泛吸收青藏高原民间铸造的手法和造型特色，逐渐形成了浑厚、古朴、音律悠扬的铸造风格和藏式铸钟的特色，具有鲜明的地域性和民族性。

②铸钟造型古朴大方、铭文清晰、声音洪亮，特别是每个钟耳敲击时发出的音质不同，也称“八音钟”，是省内外铸钟技艺中具有独特特质的一种技法。

③趋福趋吉的文化象征。

④铸钟技法多样，有泥范法铸造、蜡模铸造、模具铸造；有阴刻字、阳刻字。

（5）**个人成就**

1995年，为湟源丹葛尔古城、城隍庙、钟鼓楼等铸造90厘米铁钟。

1998年，为海口市灵山寺文化公园铸造1.5米大钟和1.2米香炉各1对。

2000年，为鲁沙尔镇刘琦庙铸造80厘米钟。

2002年，为扎麻隆凤凰山景区铸造1米大钟及1.1米香炉1对。

2016年，为塔尔寺景区大金瓦殿铸造80厘米钟和70厘米香炉1对。

2017年11月，参加浙江大学“2017年西宁市非物质文化遗产保护传承人研究班”。

2017年12月，在青海民族大学参加“中国非物质文化遗产传承人群研修研习培训班”，并远赴云南丽江、大理等地，进行文化交流学习。

2018年，为海东市平安硒岛生态旅游景区铸造1米大钟、1.5米长方香炉1对、六角如意香炉60厘米和68厘米香炉1对。

（6）**为该项目传承保护作出的贡献**

为建立健全西纳川铸钟技艺文字资料和影像资料，李尚奎花费了大量时间和物力，建立实物档案，同时，他非常重视铸工技术人员的培训和学习深造。

18．罗藏克宗

（1）**传承人基本信息**

罗藏克宗，男，藏族，1969年4月出生，大专文化程度，僧人，塔尔寺管委会副主任。2014年12月，被授予湟中堆绣省级代表性传承人（图120）。

（2）**传承谱系及授徒传艺情况**

罗藏克宗先后师从蒙古阿卡爷、扎西尼玛、加羊谢热，智华若子、罗藏龙珠等塔尔寺堆绣大师学习堆绣技艺，极好的艺术天赋和勤奋努力使他很快掌握了各种堆绣技艺，成为

图120．湟中堆绣代表性传承人罗藏克宗

塔尔寺的主要堆绣艺僧。从2005年开始收徒，经过实践，大部分徒弟娴熟掌握了堆绣艺术的流程与制作，能够独立完成工艺难度较高的堆绣制作。

有成就的徒弟有尕藏尖措、勒协尖措、华旦勒协、索南才仁、拉毛旦主、拉毛才让等人。

（3）**学习与实践经历**

1969年4月，出生于青海省湟中县上新庄镇马场村。

1982年冬，入塔尔寺为僧，学习酥油花和堆绣制作技艺。

1994年，由青海省劳动人事厅颁发了古建筑技术人员资格证书。

1995年，在塔尔寺古建筑公司获得古建绘画师职称。

1998年，由青海省海东地区颁发计算机培训合格证书。2004年由西藏大学艺术系颁发唐派唐卡绘画深造毕业证书。

2005年，由青海省人事厅颁发了酥油花制作技师证书。

2010年，由青海省人事厅颁发了古建筑工程安全员书。

2012年—2013年，担任塔尔寺格要（小僧纲）。

（4）**技艺特点**

①浓郁的宗教色彩。藏传佛教寺院堆绣的内容几乎全部反映“佛”“菩萨”“护法神”以及佛经故事，悬挂在经堂、佛殿、僧舍。

②特殊的造型功能。堆绣分平面堆绣和立体堆绣两种，采用剪、绣、绘、缝几种手法，平面与立体相结合，单幅与联幅相结合，刺绣与绘画相结合。立体感强，造型生动逼真。

③艳丽的色彩搭配。堆绣采用各色高级绸缎进行合理的搭配，色彩对比非常强烈，凡服饰和背景都比较华丽，整幅图案亮丽纷繁，富丽堂皇。

④固定的构图程式。寺院堆绣主要反映宗教题材，严格按照《大藏经》“工巧明部”中《造像量度经》的要求去完成，不论图案大小，凡佛、菩萨之造型必须遵守“三十二相”的基本要求。

（5）个人成就

1983年，罗藏克宗在塔尔寺班禅行宫制作堆绣，其中《佛祖诞生图》赠予日本札幌市。

1989年，在塔尔寺果芒增扎（下花院）制作堆绣，主要用于正月祈愿法会酥油花供展上用的大天棚，是塔尔寺的经典堆绣作品。

1990年，作为主要堆绣画师和酥油花制作成员之一，在十世班禅大师的关怀下，经国家民委、文化部统一安排，省民委、省文化厅具体领导，由塔尔寺管委会在北京成功举办了塔尔寺艺术三绝（壁画、堆绣、酥油花）展览。

1992年，在北京民族文化宫参加全国烹饪大赛制作酥油花作品，他在北京西黄寺制作两组酥油花盆景献于江泽民主席。

1993年，在塔尔寺密宗经院制作堆绣作品，作品现在密宗经院陈设，为游客和信众称颂。

1994年，作为主要堆绣画师和酥油花制作成员之一，塔尔寺管委会在深圳国际展览中心制作并举办了塔尔寺艺术三绝（壁画、堆绣、酥油花）展览。

1995年，在塔尔寺古建筑公司获得古建绘画师职称。

2000年—2002年，任塔尔寺果芒增扎（上酥油花院）掌尺（酥油花总监）。创作并展出了《班禅进京》《王子顿月、顿珠故事》《白玛文巴》等，成为塔尔寺艺术三绝的标志性作品之一。

2003年—2005年，赴藏深造，在西藏拉萨师从丹巴绕旦先生学习勉唐派唐卡绘画、堆绣技艺，使他的绘画、堆绣技艺得到突破性的升华，他的结业作品得到丹巴绕旦大师的高度赞誉。

2009年—2012年，罗藏克宗师徒为塔尔寺弥勒佛殿制作大型壁画《弥勒菩萨图》，现陈设在弥勒佛殿周围。

（6）为该项目传承保护作出的贡献

①收集、整理、保护湟中塔尔寺堆绣历史传承资料。

②修复塔尔寺古老破损的堆绣文物。

③申请经费每年负责培训学习工作。

④编撰《湟中塔尔寺堆绣制作工艺及流程画册》。

19. 印巴尖措

（1）传承人基本信息

印巴尖措，男，藏族，1968年9月5日出生于湟中县上新庄镇账房台村，1983年在塔尔寺出家，入时轮经院学习藏传佛教经典。曾就读塔尔寺酥油花上花院、西藏大学、青海民院。2014年12月3日，被授予湟中壁画省级代表性传承人。青海省二级民间工艺师（图121）。

（2）传承谱系及授徒传艺情况

在塔尔寺上花院36年，主抓年轻艺僧的培养，先后为30多名艺僧进行传艺，传授基础绘画知识和酥油花制作技艺，这些徒弟是塔尔寺上花院年轻一代的中坚力量，为艺术传承做出了贡献。

从事壁画唐卡绘制的徒弟：王佐祥、金寿、张明、罗藏尼玛、才仁等10人。

（3）学习与实践经历

印巴尖措入塔尔寺为僧，开始学习制作酥油花。当时，曾中断了20多年的佛事活动正在逐步恢复中，如多巴老爷、罗桑东主、嘉羊等一批老画师还健在，他先后师从老画师嘉羊、扎西尼坞、巴丹尖措学习绘画基本技艺，同时也学

图121．湟中壁画代表性传承人印巴尖措

习酥油花制作。印巴尖措，得到老一辈艺师的悉心指导，很快熟练地掌握了酥油花制作、泥塑佛像以及一般僧人很难掌握的彩粉时轮金刚坛城制作等。那时候一有空，他就跑到九间殿细细临摹却西大师留下的唐卡、壁画作品，端详大师塑造的佛像，孜孜不倦的努力，使他在十八九岁时，就成为塔尔寺的优秀画师，娴熟地掌握了塔尔寺布面壁画、间堂壁画、墙面壁画等各种壁画的绘制形式。

（4）**技艺特点**

经过30多年的艺术实践，印巴尖措对矿物质颜料和植物颜料的采集、研磨、配色，有着独特的见解和把握。

形成了一套自成特色的描金、晕染等绘画方法。他的壁画上色用点染的方法，使画面色彩自然而美观。却西画派对人物面部的处理不用金色，这种画法也是塔尔寺独有的画法。画面描金用自己制作的各种玛瑙笔来处理，用玛瑙笔磨染的金色熠熠生辉。

印巴尖措把塔尔寺的却西画派和西藏勉唐派绘画技艺有机地结合，同时汲取其他画派的艺术特长，坚持用传统矿物质和植物颜料绘画的原则，形成了自己画面布局大气而层次鲜明、人物肖像逼真而线条明朗、色彩艳丽而不浮躁、山水皴染自然而壮美的画风。由于他的勤勉和极高的绘画天赋，现在已成为塔尔寺炙手可热的壁画大师。目前他的徒弟罗桑尊者、华丹叶谢、巴丹勒谢等已成为独当一面的优秀画师。

（5）**个人成就**

2002年—2004年，印巴尖措担任杰尊增扎（上花院）掌尺即艺术总监，负责设计构思当年酥油花的内容，指导色彩调配，掌握画面布局，制作主佛，监制每幅画面的制作，负责大型酥油花的组合等。三年创作并展出了《佛祖释迦牟尼本生传》《王子顿月、顿珠故事》《极乐净土》等，成为塔尔寺艺术三绝（壁画、堆绣、酥油花）的标志性作品之一。作为塔尔寺一个僧人参加酥油花制作仪轨，是终身制，因此30年来从未间断。

1987年，19岁的印巴尖措跟随十世班禅大师赴西藏，被授命为宗喀巴大师创建的格鲁派第一寺院甘丹寺僧人，传授酥油花制作技艺，并于农历正月十五展出他指导制作的大型酥油花作品，这也成为迄今为止西藏寺院唯一一次展出的大型酥油花作品。

1990年，作为主要唐卡画师和酥油花制作成员之一，塔尔寺管委会在北京制作并成功举办了塔尔寺艺术三绝（壁画、堆绣、酥油花）展览，第一次让首都观众领略了塔尔寺藏传佛教艺术的恒久魅力。

1994年，作为主要壁画画师和酥油花制作成员之一，塔尔寺管委会在深圳国际展览中心制作并举办了塔尔寺艺术三绝（壁画、堆绣、酥油花）展览。

1995年—1996年，2011年—2012年印巴尖措曾两度担任时轮经院僧纲。

1996年，在北京举办个人唐卡艺术展。

1999年—2000年，应邀为贵州贵阳市郊区某寺院塑造《西方三圣》佛像。

2005年—2009年，不满足于现状的印巴尖措，赴西藏拉萨拜勉唐派著名大师丹巴绕旦先生进修绘画技艺，绘画技艺得到突破性的升华，结业作品《财宝天王》《宗喀巴大师》《千手观音》等得到丹巴绕旦大师的高度赞誉。

2006年，在西藏学习期间应邀赴上海，为西藏德吉孤儿院举办慈善唐卡展，引起藏传佛教绘画界的高度关注。曾多次接受青海省电视台、中央电视台、凤凰卫视及英国BBC等媒体采访，在《大美青海（塔尔寺）》等专题片中播出他的壁画、唐卡和酥油花等作品。

2009年，从西藏回到塔尔寺，经过多年的积累，印巴尖措带领12名徒弟，历经三年精心绘制，为塔尔寺释迦牟尼佛殿制作了长33米，高2.6米大型壁画《释迦牟尼生平图》，实现了他17岁时在拉萨大昭寺立下的宏愿“当我有能力时，一定要为自己的寺院制作一幅大型壁画”的夙愿。这就是2012年农历九月二十三悬挂在塔尔寺释迦佛殿外墙一周的精美壁画。

2013年，印巴尖措应邀再次赴西藏拉萨市做酥油花浮雕《吐弥·桑布扎生平故事》（即藏族文字创造者），4人历时30多天完成。

（6）为该项目传承保护作出的贡献

从事社会传承教育并为社会就业做贡献。参加“三区”工艺美术人才技艺、“阳光工程”、农牧民或残疾人等技能培训，受聘高校和职业技术院校的客座教授，传授壁画等创作技艺和理论知识。

20．严作鸿

（1）传承人基本信息

严作鸿，男，汉族，1971年2月生于青海省湟中县田家寨镇田家寨村，高中学历。2014年9月，被授予青海省一级民间工艺师。湟中堆绣协会副会长。2020年3月，被授予湟中堆绣省级代表性传承人（图122）。

图122．湟中堆绣代表性传承人严作鸿（右）

（2）**传承谱系及授徒传艺情况**

1988年—1992年，拜民间绘画艺人李玉珍门下学习绘画。

1993年—1996年，拜塔尔寺堆绣艺僧智华门下学习堆绣。

1997年—2000年，拜湟中堆绣制作艺人乔应菊门下学习堆绣。

曾带徒弟李有清、邢国芳、井汉玉、李玉全、梁月英、陈香林、赵宗兰等。

（3）**学习与实践经历**

严作鸿自幼喜爱绘画，1986年高中毕业后，在民间画家李玉珍门下学习绘画，掌握了山水、花鸟、人物等基本绘画技巧，并通过油漆绘画家具、门窗，增加收入。1993年，经人介绍拜师塔尔寺堆绣艺僧智华，在智华的倾心传授下，他初步了解了“堆绣”艺术的基本技巧，基本掌握了棱堆和平堆的制作手法。后通过乔应菊老师的指导和自己的不断钻研，堆绣手法不断提升，工艺更加精湛。

2003年，在他的努力下，成立了“青海作鸿堆绣艺术研发有限公司”，带动、培训残疾人和妇女进行堆绣制作，取得了较好的社会效益和经济效益。他的公司先后被评为“湟中县残疾人文化产业示范户”“湟中县残疾人就业扶贫基地”“西宁市残疾人扶贫基地”。

（4）**技艺特点**

①内容丰富，不拘一格。严作鸿在堆绣传统手法的基础上，不断进行研发新产品，尝

试用国画的构图、配色技法，丰富题材内容，将山水田园、人物、花鸟等用堆绣的手法进行大胆创作。其作品《富贵牡丹》采用平堆手法，通过工笔素描，用绸缎剪、贴、熨、染色等手法制作而成，受到广大群众的喜爱。

②色泽饱满，线条流畅。染色原料采用天然石料进行调染，并且常用朱砂、心红等代表人们美好祝愿的颜料进行重点着色。作品《十八罗汉》采用浮雕的手法，然后用天然石颜料进行绘染而成。其作品粗犷中显细腻，点滴中见绝妙，技艺精湛，具有很高的收藏价值。

③题材在注重宗教文化的同时，突出反映时代气息，他的花鸟、山水、动物等作品，内容丰富，不拘一格。并用装裱、装框各类挂件等形式展示作品，突出了作品的观赏价值，也便于收藏。

（5）**个人成就**

2007年，严作鸿堆绣作品《牡丹图》荣获第五届青海省民间艺人优秀奖。

2009年，作品《五牛图》荣获义乌国际商品博览会二等奖。

2011年6月，书画作品《富贵牡丹》荣获第21届全国助残日书画展二等奖。作品《玉兰鸟》曾在中央电视台艺术天地栏目播放。作品工艺独特，手法传统，图案新颖，色泽饱满，不断受到广大民众和艺术收藏家的赞赏。

21. 伊发金

（1）**传承人基本信息**

伊发金，僧名罗藏佐巴，男，1975年生于互助县。塔尔寺藏餐省级非物质文化遗产代表性传承人。1991年至今在塔尔寺出家为僧。2019年3月，被命名为塔尔寺藏餐制作技艺省级代表性传承人（图123）。

（2）**传承谱系及授徒传艺情况**

1996年—2012年任塔尔寺大茶房僧会茶师，负责为塔尔寺僧人滚茶熬粥。师从老僧人学习塔尔寺头巴（八宝米饭）、包子、者色等藏餐技艺。

图123．塔尔寺藏餐制作技艺代表性传承人伊发金（左一）

（3）**学习与实践经历**

塔尔寺大茶房，建于藏历第十二绕回土蛇年（康熙二十八年，1689年）。内有五口大铜锅，其口径为2.65米，深1.3米。主要供养塔尔寺鼎盛时期3600名常住僧人的饮食，当时厨房操作和服务人员达到近百名，其中大嘉麻1人，配主要副手9人，大嘉麻全面负责厨房事务和活佛坐床、堪布换任等大型宴会，也是塔尔寺饮食文化传承者。由于不记录、不留名等原因，很多大嘉麻的名字已无从考证。伊发金1996年—2012年共16年时间在塔尔寺大厨房跟老一辈嘉麻系统学习塔尔寺传统饮食，尤其擅长制作寺院大型宴席，参与1997年塔尔寺维修竣工庆典时大型宴会（走马席）制作，参与制作2002年大金瓦殿竣工典礼时的宴席，2009年主持使用长期闲置的三口大铜锅为塔尔寺法台讲经法会时供应近2000人的饮食，在寺院佛事活动时为300人同时提供阿卡包子、手抓羊肉等。

（4）**技艺特点**

藏传佛教寺院僧侣是藏族社会中的一个特殊群体，其饮食文化内容丰富多彩。寺院僧侣每天的生活都离不开茶，历史上还曾出现过规模庞大、气势恢宏的寺院宴会。因此，研究藏传佛教寺院僧侣的饮食习惯，可以充分挖掘蕴涵其中的深层文化意义。塔尔寺僧人的饮食生活经过汉、蒙古等民族的交往，积累了丰富的饮食知识，历史的沉积和发展形成了自己独具特色的饮食文化。塔尔寺饮食文化既独具宗教特色，又有浓郁的民族风情，阿卡包子、糌粑、酥油、曲拉、牛羊肉等历来是寺院僧众的传统食品。

22. 格桑龙珠

（1）传承人基本信息

格桑龙珠，男，藏族，1947年2月生，青海省化隆县人，大专文化程度。2019年3月，被授予塔尔寺传统建筑营造技艺省级代表性传承人（图124）。

（2）传承谱系及授徒传艺情况

格桑龙珠培养的艺僧有旦增群排、三旦、顿珠华旦等。还将木构件方面的技艺传授于民间艺人史生福等，将泥瓦工技艺传授于刘洪明等，将样式设计方面的技艺传授于罗藏昂秀、罗藏官却、扎西尖参等，将构造设计的技艺传授给李长斌等。

（3）学习与实践经历

1952年，他出家入寺为僧，师从塔尔寺鎏金大师罗藏谢热学习鎏金技艺，后师从杨佳活佛和西纳活佛学习藏式建筑规划、宏观布局、木构件设计等技艺。1982年远赴武汉赤壁观音寺和当地鎏金大师交流学习。还多次在塔尔寺管委会的组织下前往广西、陕西、江苏等地参观学习建筑修建特点。

期间，他还参加了国家文物局在北京故宫博物院举办的藏传佛教文物保护培训。

图124．塔尔寺传统建筑营造技艺代表性传承人格桑龙珠

（4）**个人成就**

他参与维修的国家级项目有：塔尔寺大金瓦殿、小金瓦殿、吉祥行宫、大经堂、弥勒佛殿、释迦佛殿、宗喀巴佛殿、九间殿、遍知殿、医明经院、大吉哇、玉赤贡玛殿等主体古建筑，协同国家文物局专家、中国文化遗产研究院专家，对塔尔寺古建筑藏汉结合的风格、材料、工艺进行了深入学习和研究，并在具体实施中予以指导并应用。全程参与塔尔寺时轮经院、香萨活佛院、嘉雅活佛府邸修缮维修工程前期研讨、开工、施工，金幢鎏金等项目。协同中国文化遗产院、北京兴中兴建筑设计事务所专家对塔尔寺大经堂、赛多活佛院等做了项目申报前期工作。多次接待建筑方面的专家，详细介绍塔尔寺中心区的既有汉族建筑风格的佛寺，也有藏式建筑风格的扎仓、经堂等形式多样、风格各异、高低错落、富于变化的古建筑独特风格特点。

2018年，向来塔尔寺参观考察的塔尔寺古建文化研究小组和学习建筑营造特点的学生，讲解塔尔寺建筑艺术的人文价值、历史价值、艺术价值和民俗价值，讲解塔尔寺集建筑、绘画、雕刻、装饰等艺术为一体的独特的建筑结构艺术特点，热情接受访谈并对学生提出的疑惑进行详细解答，提供相关资料。

修缮并顺利竣工塔尔寺医明学院及附院、巴周、尕前、嘉木样活佛院等工程，国家文物局验收了该工程。且塔尔寺古建筑修缮在2018年获“全国六佳古建筑修缮保护优秀奖”。

（5）**为该项目传承保护作出的贡献**

认真收集整理塔尔寺近年来古建维修资料、设计图纸325张，得到国家文物局专家的一致肯定。

23．旦曲隆多

（1）**传承人基本信息**

旦曲隆多，男，藏族，1964年10月生，湟中县上新庄人。塔尔寺印经院经理。2019年3月，被授予塔尔寺雕版印刷技艺省级代表性传承人（图125）。

（2）**传承谱系及授徒传艺情况**

1980年加入塔尔寺华日康（印经院），师从罗桑协热学

图125．塔尔寺雕版印刷代表性传承人旦曲隆多

习刻版、印刷技术，熟练掌握了刻版印刷的12项工艺。

1983年—2000年雕刻印版，在华日康（印经院）组织整理、补充《至尊宗喀巴大师文集》（藏传佛教的主要经文之一）、刻版印刷《果芒由恰——嘉木样大师文集等》（塔尔寺参尼扎仓学习辩论的教材，藏传佛教僧人日常学习的主要经文之一，长达500多页）和《胜过各方的大法域塔尔寺念诵法行沐浴祈愿顺序幸运宝》即《沐浴经》（僧人们简称“吹锁”经）这是四大祈愿法会期间唱诵和吟读的主要经文之一，每天必读，但唱诵时经文的长短由诵经师（翁泽即领诵经文的高僧）掌握，有时较长，有时较短，有时咏诵《白伞盖母》《尖参则莫》《卓玛》（是广大信教民众悬挂在鄂堡、拉则、佛塔和房前屋后的圣物）等经幡印版。

2001年—2017年收徒叶西昂丹、扎西才让等传授雕版印刷技艺，他们已成为塔尔寺印经院的骨干。

2018年新招收徒弟10人，在塔尔寺印经院全日制教授培训雕刻技艺，年终考核，成绩令人满意。

2019年又增招对雕版有兴趣的10名学员，在塔尔寺传习所教授培训塔尔寺雕版印刷技艺。年终进行考核，实行优胜劣汰制。

2018年12月，参加塔尔寺管委会组织的电脑培训班，主要学习电子排版、电子存档、扫描等内容，以便于将原有资料进行整理并数字存档。

2018年全面开放传习中心（塔尔寺印经院），向广大游客及信众展览展示塔尔寺雕刻、印刷、打磨、上色等制作技艺流程。参观人数达百万人次。

2018年传习中心（塔尔寺印经院）新招20名印刷技工，用传统工艺，传统方式印刷棉纸版《宗喀巴师徒三尊文集》20部，每部43函，每函近500页。还有印刷种类繁多的日常念诵经文等，大量刻制印刷了《白伞盖母》《尖参则莫》《卓玛》等信教民众广泛应用的经幡，全部售空，供不应求。

近年来，还多次组织塔尔寺印经院艺僧赴北京、五台山、西安、西藏、四川德格、青海黄南州等地印经院参观学习，交流经验。

他坚持不懈修补塔尔寺印经院残缺经版，逐年逐步清洗印版。积极参与主持印经院事务，努力将这古老技艺推向社会。

他还自己制作了10套雕刻工具，包括斜口刀、圆口刀、锥子、锯子、木锉、刨子、刮刀、铁（钢）尺、鹰嘴刀、凿、扁铲等，全部用于收徒教授。还将自己存放的，适于雕刻、木质较硬而细腻的桦木板，全部贡献出来，用于教授学徒。

24. 坚赞华藏

坚赞华藏，男，1965年2月出生于湟中县维新乡新庄村，藏族，2010年11月，被授予塔尔寺酥油花省级代表性传承人（图126）。

图126．塔尔寺酥油花代表性传承人坚赞华藏

1981年6月在塔尔寺出家。1984年，经过考核，师从酥油花老艺人扎西尼玛和智华若子学习酥油花制作。1987年—2017年在塔尔寺下花院制作酥油花。2012年—2015年任塔尔寺下花院掌尺（艺术总监）。

2016年参加欧洲塔尔寺“艺术三绝”交流活动。1996年参加开封举办的塔尔寺“艺术三绝”展览活动。1994年参加在深圳举办的塔尔寺“艺术三绝”展览活动。

主要擅长人物的制作。在寺院里，他的主要功课、职责就是学习技艺、创作作品。从他走进寺院的那天起就有专门的老师——老艺僧为他们辅导，学习藏传佛教《造像度量经》，还有《比例学》《色彩学》《轴化法》《智者绘画法》《物图与比例》等。平时，画图案，掌握藏族风格的各种边饰和藏传佛教八宝图，练习基本功。冬天，塑酥油花，学习雕塑。艺术是他一生的追求，一生的事业。如今他已经是塔尔寺艺僧中技术最为娴熟的艺僧之一。2018年塔尔寺哲学院授予他然尖巴学位。

30多年来，他遵照塔尔寺管委会的安排，主抓年轻艺僧的培养，先后为17名艺僧进行了培训传艺，传授基础绘画知识和《酥油花》制作技艺，这些徒弟是塔尔寺下花院年青一代的中坚力量，为艺术传承做出了贡献。

25．旦曲更桑

旦曲更桑，1965年4月6日生于青海省大通县兰冲村，2010年11月，被授予塔尔寺酥油花省级代表性传承人（图127）。

图127．塔尔寺酥油花代表性传承人旦曲更桑

1982年到塔尔寺出家为僧。

1990年到塔尔寺下花院制作酥油花、堆绣，曾拜扎西尼玛、罗桑龙柱、智华若子里等为师，从艺20多年。传承谱系为：扎西尼玛—罗桑龙柱—智华若子里—洛桑昂秀—尼玛坚参—旦曲更桑。

26．罗藏仁增

罗藏仁增，男，藏族，1963年5月生。2010年11月被授予省级非物质文化遗产塔尔寺酥油花代表性传承人。1981年—2017年在塔尔寺上花院学习酥油花制作技艺，师从尕藏尖措、嘉阳大师。1993年—1996年在塔尔寺酥油花上花院任掌尺（艺术总监）（图128）。

1990年，他们制作的酥油花在北京民族文化宫展出，受到国家领导人的高度评价。1994年，他们制作的酥油花在深圳国际展览中心展出。还曾出国前往法国、德国、蒙古国制作精美的酥油花，受到国际友人的好评和赞誉。2014年，他被评为省级二级美术大师。

图128．塔尔寺酥油花代表性传承人罗藏仁增

27. 朋措坚参

朋措坚参，男，藏族，1971年3月出生在青海省湟中县共和镇西岔村。2010年11月，被授予塔尔寺酥油花省级代表性传承人（图129）。

1980年在塔尔寺出家为僧。1983年开始学习唐卡、酥油花、泥塑、时轮七彩粉末坛城制作技术流程，师从嘉央大师。1987年，随十世班禅大师入西藏，教西藏僧人制作酥油花。1990年代表塔尔寺去北京举办唐卡和酥油花艺术展览，1997年—2000年在塔尔寺上花院担任艺术总监。1994年去深圳做酥油花在深圳国际展览中心展出，1997年去河南开封做酥油花，2009年在山东青州举办酥油花展览，2016年去法国、德国做酥油花展览，2012年应西藏拉萨市藏文化宫邀请为其制作酥油花。

图129．塔尔寺酥油花代表性传承人朋措坚参

（三）市级代表性传承人（21人）

1．赵成凯

（1）传承人基本信息

赵成凯，男，汉族，青海省湟中县海子沟乡大有山村人，初中学历。2014年7月，赵成凯被授予青海大有山民间传统武术市级代表性传承人（图130）。

（2）传承谱系及授徒传艺情况

董程，相传师承少林武术；

赵成章；

赵广麟、杨生蔚、赵洪玉；

赵洪彪、赵甫、赵德、赵希周；

赵成凯。

（3）学习与实践经历

大有山村是青海省有名的武术之乡。这里有不少老拳师，大都得到过青海省早期武术界名人赵成章的亲传。大有山村民崇尚习武，在他们当中，赵成凯尤为热爱武术，甚至到了痴迷的程度。他曾在青海省首届农牧民运动会上，摘取了器械和拳术的金牌、银牌。他家里练武器械一应俱全。过去农闲时，赵成凯的师兄弟就会舞起枪棒，一招一式有板有眼。他们有严格的拜师程序、标准的动作规

图130．青海大有山民间传统武术代表性传承人赵成凯

范、正宗的传承拳法。

赵成凯从大有山著名的老拳师父亲那里学到了白虎单鞭、小洪拳、进山棍、八虎单拳、青龙条子、九环锤、龙虎条子、八门展、高家十三枪、周家母子、陶周母子、梅花靠子等。25岁那年，赵成凯的父亲赵希周去世了，赵成凯为了缅怀父亲，开始整理、练习赵家武术。

（4）技艺特点

作为大有山的武林高手，赵成凯最拿手的是鞭杆。鞭杆短小灵活，可以藏于袖筒之中。这种看似农民赶牲口用的鞭杆，招数灵活多变，一旦舞起来便虎虎生风。当攻对手上路受阻后，可以立即掉转杆头攻下路，令对手防不胜防。

（5）个人成就

2016年4月，在“平川·潭沙酒窖杯中国新乡南太行国际武术节”，分别荣获短器械第二名、拳术第三名。

2017年7月，荣获马来西亚国际武术节传统软器械和其他软器械男子E组金奖、其他传统拳术男子E组银奖。

2018年11月，在“天马武道杯”第二届西北武术节上，获得男子成年组条子第一名、男子成年组传统拳第三名。

2019年8月，在“步锐舒·牵力鞋”杯第四届中国南太行国际武术节上，荣获男子D组其他拳术金奖、男子D组其他器械银奖。同时，在“中武杯”第四届中国南太行《同盟山》国际武术节暨“会盟牧野·精武强国”大会名家展演中荣获金奖。

现在，在湟中武术协会的带领组织下，大有山村每年都邀请省内外武术团体，开展大有山武术交流会，让大有山村的武术文化流传得更广，而赵成凯是其中最有力的推动者。

（6）为该项目传承保护作出的贡献

大有山村民的尚武传统，源于西北武术界名人赵成章。赵成章师承武林隐士董程，学到了拳、脚、刀、枪、剑、棍等武艺的真传，尤其是达摩棍法更是被他练到了较高的境界。

大有山武术继承并保留了传统武术之精华。其中尤以棍和鞭杆著称。赵成凯应邀参加过青海省内外各类武术交流活动和比赛，得到多项全国、西北和省级武术比赛的名次，在西北的武术界有一定的名气，经常有不少拳师慕名到村中进行切磋交流。

2．赵占财

（1）传承人基本信息

赵占财，男，汉族，高中学历。1973年9月出生于青海省湟中县田家寨镇泗洱河村，湟中县农民画协会主席。2014年9月，被授予青海省一级民间工艺师。2014年7月，被授予湟中民间彩绘泥塑市级代表性传承人（图131）。

（2）传承谱系及授徒传艺情况

杨朝：已故知名壁画、泥塑艺人。

图131．湟中民间彩绘泥塑代表性传承人赵占财

姚永全：已故知名壁画、泥塑艺人。

李毓珍：已故知名壁画、泥塑艺人。

扎喜尼玛：塔尔寺泥塑大师、著名酥油花艺僧。

王春林、赵占寿：赵占财壁画、泥塑徒弟。

（3）**学习与实践经历**

赵占财自小喜欢绘画、泥塑艺术，读小学时他创作的泥塑《孔子像》在田家寨镇教委艺术品比赛中获一等奖。1990年高中毕业后他师从当地知名民间绘画、泥塑艺人李毓珍学习泥塑、壁画艺术，期间也受到壁画、泥塑艺人杨朝、姚永全的艺术指导。

1995年，他拜塔尔寺泥塑大师、著名酥油花艺僧扎喜尼玛为师，学习泥塑技艺。从1997年开始，在省内同德、贵南、祁连、乐都、化隆、民和、西宁等地从事庙宇寺院的建筑、彩绘、泥塑佛像、神像制作工程。2004年，参加了县文化馆举办的农民画创作培训班，学习创作农民画，作品曾多次参加全国农民画大展并获奖。

（4）**技艺特点**

①赵占财的彩绘泥塑始终反映着相应时代人们的生产、生活习俗。他的彩绘泥塑作品构造精巧、结构美观、色彩鲜艳、是深受欢迎的手工艺品。

②泥塑佛像是人们眼中“神”的化身，主要用于庙宇、家庭神位，是人们寄托希望、祈求平安、祈求幸福的载体。

③赵占财的作品运用雕、塑、捏等手法，经过反复修改、磨光、彩绘等多道工序制成，人物形象生动、逼真，具有很强的艺术性。

（5）**个人成就**

2000年农民画作品《福音进草原》获第二届中国农民画展三等奖。

2007年10月，作品《拾哈达》荣获第三届中国农民画艺术节“今日中国新农村”中国百县农民画大展，同年在《人民日报》海外版、国内版、《世界知识》画报刊登。

2009年10月，作品《孝天》入选第二届中国重庆·綦江农民版画艺术节中国画乡绘画精品展。

2010年6月，作品《拾哈达》在第四届秀州·中国农民画艺术节“时代新风”中国现代民间绘画新作展中荣获金奖，并由秀州·中国农民画艺术中心收藏。作品《拉拔牛》在第四届秀州·中国农民画艺术节“端午民俗文化全国农民画邀请展”中荣获优秀奖。8月，作品《东升》在“全国农民画展”中荣获优秀奖。

2012年8月，参加第五届青海国际唐卡与文化遗产博览会非物质文化遗产生产性保护展。

2015年6月，作品《财宝天王》荣获第七届中国（山东）工艺美术精品博览会暨中国创新设计文化展“神龙杯”山东省工艺美术设计创新奖金奖。

2017年9月，参加由文化部、教育部主办的“中国非物质文化遗产传承人研修研习培训计划”青海师范大学热贡泥塑班。

（6）为该项目传承保护作出的贡献

湟中民间彩绘泥塑因对艺人的美术知识、技法要求较高，故比壁画艺人少，赵占财是湟中区彩绘泥塑的代表人物之一，他每年在青海省农牧区承包制作各大寺院、庙宇泥塑。

为了切实保护泥塑艺人，赵占财千方百计收纳对这项技艺有爱好和特长的徒弟，使泥塑艺术后继有人。多渠道让他们得到实惠，使他们有足够的信心和希望成为技艺精湛的艺术新秀。同时，想尽办法保护他们的泥塑作品，保护其艺术风格、制作技艺，引导他们研发具有当地文化色彩、民族特色的泥塑工艺制品。

3. 杨汝龙

（1）传承人基本信息

杨汝龙，男，汉族，1976年3月出生于青海省湟中县多巴通海。湟中县泥塑协会副主席。2014年7月，被授予湟中民间彩绘泥塑市级代表性传承人（图132）。

图132．湟中民间彩绘泥塑代表性传承人杨汝龙

（2）**传承谱系及授徒传艺情况**

第一代：王金贵（已故）。

第二代：晋生旺（已故）。

第三代：杨汝龙。

第四代：魏建智、文绍虎、马文德等。

杨汝龙自幼酷爱艺术，16岁拜晋生旺为师，开始学习民间彩绘泥塑技艺。24岁独自创业，从事泥塑、彩绘艺术创作，创作了百余尊泥塑艺术作品，先后带出6名徒弟。

（3）**学习与实践经历**

1992年，杨汝龙开始跟随民间彩绘泥塑艺人晋生旺学习泥塑技艺。通过艰苦的努力学习，他的泥塑技艺有了很大提高。期间，他又多次外出，到各地求艺取经、取长补短，使自己的技艺有了新的发展，并形成自己独特的艺术风格。

2010年，杨汝龙参加了“湟中艺术之路”培训班。随后，他为了进一步做好湟中彩绘泥塑这项非遗项目的创新和传承，先后参加了“武汉非物质文化遗产培训班”“青海大学非物质文化遗产文化学习班”和“浙江大学非物质文化遗产培训学习班”，以优异的成绩取得了结业证书。

（4）**技艺特点**

①承袭了传统民间工艺特点，具有民间传承性。

②尤其是泥的要求严格，必须要用糯米熬的水、鸡蛋的蛋清、麻刀，用一定的比例制作。

③作品构图、骨架、和泥、打底、塑形、打磨、修整、上色，步骤严谨，一丝不苟。

④杨汝龙的泥塑不管藏式泥塑还是汉式泥塑，原料一样，工艺也大致相同，只有造型和尺寸存在差异。根据不同的理论基础来塑像，因而泥塑风格迥然不同。藏式塑像规定严格，并以经文形式进行规范，不追求造型与生活的关系，线条圆润，人物没有骨节，整体突出庄严的艺术效果。

（5）**个人成就**

2011年，作品《西施浣纱》荣获“八瓣莲花”创意大赛无限创意奖。

2012年，泥塑作品《西施挽纱》《岳母刺字》在湟中第二届“八瓣莲花”工艺品设计创意大赛中获优秀奖。

2016年6月，多幅作品在“庆祝建党95周年、红军长征胜利80周年湟中、平安、乐都三区老干部书画巡回展”入选展出。

2017年9月，参加“中国非物质文化遗产传承人研修研习培训计划”青海师范大学热贡泥塑班。10月，作品参加“第二届长江非物质文化遗产大赛”活动获奖。

他的作品遍布北京、内蒙古自治区、甘肃及青海省内的祁连、大通、湟源、西宁、湟中各地，尤其在湟源的城隍庙、日月山、湟中的徐家寨庙儿山、鲁沙尔的关帝庙、多巴的李家庄庙、扎麻隆凤凰山都有他的作品。

（6）为该项目传承保护作出的贡献

2000年，杨汝龙筹建成立了“汝龙泥塑彩绘工艺厂”。他又先后参加青海民族大学、浙江大学非遗培训班，希望给湟中泥塑这门古老的技艺增添新的活力，走出一条产业化的发展之路。

4．李生俊

（1）传承人基本信息

李生俊，男，汉族，1951年8月生，小学文化程度。湟中县上新庄镇加牙村人。2014年7月，被授予湟中加牙“四月八”庙会市级代表性传承人（图133）。

（2）传承谱系及授徒传艺情况

第一代：韵家爷（民国时期）；

第二代：杨永威、张夺魁、杨启春、杨永禄、汪生连；

图133．湟中加牙“四月八”庙会代表性传承人—李生俊（左）

第三代：安永财、刘宝珠、杨永彦、陈生连、李生芳、韩明月；

第四代：刘成云、李生俊；

第五代：孙文成、徐玉宝、田长发。

（3）**学习与实践经历**

1968年，李生俊加牙小学毕业。1980年后，随着改革开放新形势的进一步发展，加牙村“四月八”庙会活动越来越红火。因李生俊自幼爱好文艺，也是村里小剧团的演员。近年来，他在火神会里负责排练社火节目，扮演灯官老爷，并给演员们化妆等。从1995年开始，村里推荐他为庙管会负责人。

（4）**技艺特点**

“四月八”庙会以丰富多彩的活动，提高民众健康素质。赛马、武术、“花儿”演唱，丰富民众文化生活、陶冶情操、有利于人们健康长寿。

同时，庙会还以形式多样的物资交流，提高民众生活水平。通过物资交流、小吃摊点进一步提高了民众的生活水平，增加经济收入，奔向致富之路。

（5）**个人成就**

随着改革开放日益深入，李生俊受祖父及庙会其他老人的指导，逐渐参与和负责庙会的各项活动，如“四月八”庙会、社火排练、庙会资金的筹措、庙宇修缮、账务管理等工作，1995年被村委会推荐为庙会负责人。

（6）**为该项目传承保护作出的贡献**

以前，加牙“四月八”庙会以法师插口钳、赛马、碰鸡蛋、大众吃熬饭为主要内容。从20世纪80年代开始，庙会又增加了演唱“花儿”演唱、武术表演、物资交流等丰富多彩的内容和形式，充分表达了新时代群众日益增长的美好生活愿望。

加牙“四月八”庙会是村子庙管会主办、大众参与的一项群众性的传统民俗活动。庙管会负责人5年为一届，通过村委会推荐选举产生。同时，积极培养新的传承人，孙文成、徐玉宝、田长发等年轻人就是李生俊亲手培养起来的。

5．张生贵

（1）传承人基本信息

张生贵，男，汉族，1962年6月生，初中学历。青海省湟中县鲁沙尔镇人。2014年7月，被授予鲁沙尔高跷市级代表性传承人（图134）。

（2）传承谱系及授徒传艺情况

鲁沙尔高跷，据当地有关记载，源于明代洪武年间，由南京朱玑巷迁到青海湟中的汉族民众带来的。清末及民国初期，已故鲁沙尔村民霍得鲜、秦国安等高跷艺人已将鲁沙尔的高跷打造得有声有色。中华人民共和国成立前，鲁沙尔高跷规模较小，形式单一。中华人民共和国成立后特别是改革开放以来，在高跷艺人秦志良、霍得禄、王作荣、李长贵等人的辛勤努力下，鲁沙尔高跷犹如雨后春笋、年年翻新、岁岁繁荣，以其跷身高、演员多、表演生动、变化丰富、节奏鲜明、韵律高昂在省内外颇有名气，成为繁荣当地文化的一项重要内容，也是当地老百姓祈求风调雨顺，国泰民安的一种传统的民俗民情。现在，鲁沙尔高跷的传承人有李启林、张生贵、霍生军等人。

图134．鲁沙尔高跷代表性传承人张生贵

（3）**学习与实践经历**

1980年—1994年，张生贵从事高跷演艺。

2000年—2020年，在鲁沙尔社火民俗馆从事高跷管理工作。

（4）**技艺特点**

鲁沙尔高跷在继承传统民间舞蹈和曲艺演唱的同时，着重在跷身的撑高、悬妙和舞姿的优美上下功夫，充分吸收青藏高原民族民间舞蹈的表现形式和服饰特色，逐步形成了具有浑厚、强烈、质朴、豪放、粗犷的艺术风格和青藏高原博大高远的艺术情怀。

①具有鲜明的地域特点和浓厚的民俗风情风味。

②队伍庞大、服饰靓丽、跷身高悬、阵容恢宏。

③一般只在每年农历正月十二、十四、十五、十六演出。

④祈愿国泰民安、风调雨顺、社会和谐，是全面发展的文化象征。

⑤历史悠久，流传广泛，是亟待传承的宝贵文化遗产。

（5）**个人成就**

张生贵十分热爱高跷艺术，在高跷老艺人王作荣（已故）的指导下，从事高跷艺术表演、组织10余年，自1982年以来，鲁沙尔高跷几乎每年在春节、灯节期间在县城调演，被县委县政府及有关部门多次评为塔尔寺灯节社火表演优秀文艺节目。2008年被文化部评为“中国民间文化艺术之乡”，成为“湟中八韵”文化中夺目的奇葩。

（6）**为该项目传承保护作出的贡献**

为了使鲁沙尔高跷能够继续发扬光大，张生贵还积极与省、市、县其他高跷表演组织联系，学习和借鉴他们的先进技艺，充实演出队伍，提高演技水平，提高演员素质，并对鲁沙尔高跷进行全方位的开拓和创新，努力将高跷艺术最大限度地传承下来。

鲁沙尔高跷虽然在很久以前就已传入，经历了四、五代人的传承，但因学习时比较辛苦，且带有一定的风险，传承者已趋稀少，为了保护高跷艺术，张生贵他们采取动员、培训、辅导、代培等形式传承高跷技艺，扩充高跷队伍，使演员人数达到100余人。

6．慕生昝

（1）传承人基本信息

慕生昝，男，土族，1981年9月生，中专学历。青海省西宁市湟中县拦隆口镇人。2014年7月，被授予慕家酩馏酒酿造技艺市级代表性传承人（图135）。

（2）传承谱系及授徒传艺情况

高祖父：慕德春（清代）；

曾祖父：慕增光（清代）；

祖父：慕世基（民国）；

姑姑：慕兰（当代）；

慕生昝（当代）。

（3）学习与实践经历

从1998年开始，慕生昝跟随祖父慕世基学习酩馏酒酿制。经过3年的历练，在祖父的指导下能生产出自家的酩馏酒。每年农历“二月二”，是村里最热闹的时候，也是慕家酩馏酒出新酒、“祭酒圣”“游古寨”的酩馏文化艺术节，已连续举办七届。2019年6月慕家酩馏又举办了“文化和自然遗产日”湟中县非遗宣传展示活动。8月，古寨还举办了赏民俗、看武术表演、现场观看酿造酩馏酒的全过程活动。10月，《中国摄影报》“秘境湟中”摄影训练营近百位摄影家走进慕容古寨，记

图135．慕家酩馏酒酿造技艺代表性传承人慕生昝

录古寨悠久的历史文化。11月，慕容古寨举办第四届体育工作者运动会。在以上各项活动中，慕生昝作为慕家酩馏酒酿造技艺传承人，积极参与，时刻将酿酒技艺与文化活动紧密地结合起来，决心酿出最好的酩馏酒。经他指导和培养的酩馏酒酿造技艺继承人有王栋霞、李燕芳等人。

（4）技艺特点

①酩馏酒以青稞为原料，土法酿造，流程简便，包涵了浓厚的酩馏酒文化。

②酒度低，乙醇度约在30度左右，香甜绵软，兼有顺气、和血、调经的功效。

③酩馏酒酿造规模小、原料少、成本低，适合于民间以家庭为单位的小型酿造。

④酩馏酒的酿造技艺是以家庭为传承方式，口传身教，没有文字记载，酒的质量因酿造人不同而略有差别。

（5）个人成就

多年来已熟练掌握慕家酩馏酒酿造技艺，受到社会各界的好评。

（6）为该项目传承保护作出的贡献

多年来，经慕生昝亲自口传心授的学徒有10多人，为传承和保护这项技艺奠定了一定的基础。

7. 李生清

（1）传承人基本信息

李生清，男，回族，1954年4月生于青海省湟中县上五庄镇拉尔宁一村。2016年11月，被授予上五庄钉马掌技艺市级代表性传承人（图136）。

（2）传承谱系及授徒传艺情况

第一代：李纳，1887年出生，成年后拜岳父为师学铁匠，21岁自立门户开了铁匠铺，主要打制马掌、马掌钉、镰刀、斧头等铁器物品。1929年病故。

第二代：李元德，1909年生，李纳之子。接受父亲的

图136．上午庄钉马掌代表性传承人李生清

传艺以制作马掌、马掌钉为主要营生，有一定的信誉，外号“耳朵儿铁匠”。由于父亲去世较早，李元德为了学到更好的技艺，又拜师肖马有、丁俩目门下学习深造，出师后自立门户，研制李氏马掌风格十火120锤李氏马掌。

中华人民共和国成立后，李元德带领3个儿子在解放军驻上五庄新街马步芳公馆骑兵团和拉尔宁一村李家大院打造马掌、马掌钉。后来，他将此项技艺传授给儿子李生清。

第三代：李生清，1954年4月生，李元德之子。兄弟3人，继承父亲研制的李氏马掌风格，十火120锤李氏马掌技艺，深受周边广大民众的赞誉。

（3）学习与实践经历

李生清从小学二年级（13岁）便开始跟随父亲李元德学习钉马掌手艺。父亲去世后，自己刻苦学习，立志继承前辈钉马掌技艺，至今从未放弃。至2005年，他已前后带出10多名徒弟。

2011年，他重整旗鼓，决定重新恢复李氏马掌产业。2014年，投资5万元，成立上五庄李氏马掌有限公司。

（4）技艺特点

①李氏马掌分3种：即走马掌、牧马掌（包括骡、驴）和耕马掌。走马掌重量可达1600克，宽度4～5厘米。牧马掌（包括骡、驴）和耕马掌重量250克左右，宽度2厘米。

②李氏马掌有七眼掌、六眼掌和四眼掌等。

③李氏马掌主要是由国标钢筋经火炉沾水十火120锤铸造而成。

（5）个人成就

由于现在钉马掌这门手艺在其他地方已失传或濒危，加之这项技艺属纯手工打造，有耐磨、质地好、轻巧方便的特点，产品受到藏区牧民们的喜爱。李氏马掌在省内主要销往海西州、海北州、海南州、果洛州、黄南州等地，在海北州祁连县和黑马河一带很受欢迎。

（6）为该项目传承保护作出的贡献

李氏马掌主要以师徒口传心授为传承方式，目前民间老艺人已相继离世，面临着“人亡艺绝”的境况。在李生清的传承和带领下，目前有10余名学徒，支撑着李生清的“钉马掌”铺子。他的大孙子也在业余时间跟随他学习“钉马掌”技艺。

8．谈家良

（1）传承人基本信息

谈家良，男，汉族，1963年10月生，高中学历，青海省湟中县鲁沙尔镇徐家寨村人。2016年11月，被授予会龙山雷祖庙会市级代表性传承人（图137）。

（2）传承谱系及授徒传艺情况

一世：谈瑗清，清乾隆年间；

二世：谈文策，清嘉庆年间；

图137．会龙山雷祖庙会代表性传承人谈家良（左二）

三世：谈俊清，清道光年间；

四世：谈君庆，清咸丰年间；

五世：谈复泰，清同治—光绪年间；

六世：谈永芳，清光绪—宣统年间；

七世：谈积德，1918年—1998年；

八世：谈家良，1963年生；

九世：谈耀宗、谈高宗、谈惠宗。

（3）学习与实践经历

1980年谈家良加入湟中县道教协会，2002年当选为湟中县政协委员，2003年任青海省道教文化交流中心主任，2005年当选为青海省昆仑文化艺术研究院常务理事、院士。

（4）个人成就

2002年，应邀参加了青海湖大型祭海活动。

2005年，应邀参加了大通老爷山朝山法会。

2007年，参加了国家宗教局举办的全国道教骨干培训班。同年，赴江西龙虎山天师府受禄，并应邀参加了“全省道教信众祈祷世界和平，构建和谐社会”大型法会。

2008年，同全省道教信众在青海湖举行放生法会。

2009年，当选为青海省道教协会常务副会长、西宁市道教协会常务副会长。同年，参加了在北京举办的首届国际老子道学文化高层论坛。

2010年，在青海省社会主义学院学习。

2011年，赴苏州大学学习。

2012年，赴兰州大学学习。同年，在北山土楼观举行“纪念抗日战争暨世界反法西斯战争胜利祈福法会”。

2015年，赴武汉中南大学学习。同年，在昆仑山举行敬拜昆仑祈福中华大法会。并参加青海省道教协会举行的纪念中国人民抗日战争暨世界反法西斯战争胜利70周年和平祈祷法会。

2014年—2016年，筹办和主持会龙山雷祖庙会。

9．王延年

（1）传承人基本信息

王延年，男，汉族，1977年12月生，初中学历，湟中县田家寨镇下洛麻村人。2016年11月被授予下洛麻“出阎王”市级代表性传承人（图138）。

（2）传承谱系及授徒传艺情况

据传，道光年间有张、王二人从山西谋生来到此地，凭借记忆根据山西当地的“耍阎王”情景心授口传，编导出《张三醉游“十八层地狱”》的民间传统情景剧，并在每年的农历正月十六演出。此剧原无剧本，一代代以心授口传，流传到今。2006年，村民王延年在此剧中扮演张三角色。为了使“出阎王”的剧情更加生动感人，由王延年提议，村民孙得元执笔记录，根据张学禄、张学金二位前辈的口述，认真记录，整理出一本《张三醉游“十八层地狱”》的小剧本。现由本村退休教师王占魁精心保存。

“出阎王”的主要传承人一般都是扮演张三角色的人，如孙生明、孙生旺、张学禄、张学金前后扮演张三，后有王宝山（已故）、张维太、张维海也扮演过张三角色，自

图138．田家寨下洛麻出阎王代表性传承人王延年（左二）

1999年至2020年一直由王延年扮演张三。扮演张三角色，要求要有一定的歌唱天赋和说唱的基本功。王延年已扮演20年，他的演唱技艺得到当地群众的一致好评。现在，如王顺魁、张占平、沈国寿等人也是“出阎王”优秀的演员人选，2019年由沈国龙扮演“阎王”角色。

（3）**学习与实践经历**

王延年自小酷爱唱歌，尤其喜欢青海“花儿”、青海民间小调等的演唱。从15岁开始就装扮“出阎王”中的其他角色。1999年起，他正式扮演“出阎王”中张三的角色。至今已有20年的演出经验，已经能够熟练地表演剧情中的各种动人情景。

（4）**技艺特点**

“出阎王”剧情内容及唱法把青海眉户戏、青海越弦、青海灯影戏、青海民间小调等融为一体，并在长期的演唱过程中逐渐形成了群众喜闻乐见的多种唱法。

（5）**个人成就**

自1999年开始负责组织下洛麻“出阎王”演出活动，一直担任火神会会头，每年扮演“张三”角色。

（6）**为该项目传承保护做出的贡献**

王延年现有王顺魁、张占平、马保顺（学生）为传艺学徒，每年都会随王延年进行“出阎王”演出，已基本掌握“出阎王”剧本知识及演唱技巧。

10．韩静浦

（1）**传承人基本信息**

韩静浦，男，汉族，出生于1965年，初中学历，湟中县多巴镇扎麻隆村人。现任湟中县壁画、泥塑协会秘书长，湟中县美术家协会副主席，青海省美协会员，九天圣都书画院院长，青海牡丹文化艺术研究院副院长。2014年7月，被授予湟中古建彩绘市级代表性传承人（图139）。

图139．湟中古建彩绘代表性传承人韩静浦

（2）**传承谱系及授徒传艺情况**

王之禾；

晋生旺、田生丰；

韩静浦；

毛玉庆、柳全德、张海鹏 、杨永彩、周永龙、韩晓栋等。

（3）**学习与实践经历**

韩静浦1981年初中毕业后师从田生丰，开始学习国画。1983年参加湟中县农民画学习班，学习创作农民画。1984年应征入伍在武警青海总队服役，从事宣传服务工作，1987年退役。1988年—1992年，师从湟中著名民间泥塑、壁画艺术家晋生旺学习泥塑、壁画艺术，共同创作了多幅泥塑、壁画作品。1993年，组建古建筑彩绘队从事寺院庙宇泥塑、壁画创作。2008年，成立丹噶尔皮绣研发公司，从事图案设计与技法研究。

（4）**技艺特点**

擅长佛教、道教泥塑佛像、神像，塑像比例准确、造型生动、形象逼真，人物动态鲜活、栩栩如生，设色均净典雅。泥塑、壁画和浮雕吸收了“永乐宫壁画”和“瞿坛寺壁画”的细腻特点和线描技法，在本地域传统泥塑、壁画的基础上有所规范、提高和创新。

（5）**个人成就**

在本省各地的寺院、道观庙内创作宗教壁画达6000余平方米，佛神像30余尊。扎麻隆凤凰山美神院内的泥塑作品富有特色，特别是西王母像，比例准确、造型生动。主要作品分布在贵德玉皇阁、南海殿、隍庙；湟中县扎麻隆凤凰山、西宁三其村等地，受到广大群众的赞誉及有关专家的好评。

从事寺院庙宇古建彩绘、壁画、泥塑30余年，口传心授带了30余名学徒。其中较突出的有毛玉庆、柳全德、张海鹏 、杨永彩、周永龙、韩晓栋等，他们都能独立彩绘，承揽寺院古建彩绘。

2002年2月，在湟中扎麻隆凤凰山，彩绘九天玄女祖宫。绘制壁画《飞天仙女系列》（共6幅）、《护法将》（共6幅）。

2003年3月，在贵德玉皇阁创作壁画《帝王图》《名相图》《名将图》《后土皇地祇》《南五祖》《北五祖》《上天玉皇》《四大天师图》等18幅。

2004年，在扎麻隆凤凰山美神院创作泥塑、壁画《九天玄女》《西王圣母》《观音菩萨》《普贤菩萨》《文殊菩萨》《龙女》《善财》《董双成》《张玉娥》等。

2005年，在贵德城隍庙绘制壁画《十殿阎君、十八司系列》《四值功曹》《四大捕快》等13幅。

2009年，应湟中职校邀请给美术班学生授课。

（6）为该项目传承保护作出的贡献

韩静浦除寺院庙宇古建筑彩绘外，还积极参展县、市、省美协组织的各类美术展览活动。2012年8月，作品参加青海省文化厅组织举办的工艺美术展、唐卡艺术节暨非物质文化遗产成果展。

11. 张师魁

（1）传承人基本信息

张师魁，男，汉族，1963年12月出生在青海省西宁市湟中县拦隆口镇麻子营村，初中文化程度。2019年11月，被授予湟中壁画市级代表性传承人（图140）。

（2）传承谱系及授徒传艺情况

张彦德：父亲（画匠）；

旦正：原湟中县文化馆馆长；

晋生旺：民间工艺美术师；

徒弟：胡理生、张发福、蔡富山等。

图140．湟中壁画代表性传承人张师魁

（3）学习与实践经历

张师魁初中毕业后，便跟父亲和村子周边的农村画匠走村串户学习箱、柜、寿材等画匠技艺。1986年，参加在湟中县文化馆举办的农民画培训班，认识了旦正老师。在旦正老师的精心指导下，系统地学习了绘画理论知识，使自己的绘画技艺得到很大提升。期间，他的多幅作品在海东及全国农民画展中获奖。同时，他在西藏地区进行壁画彩绘的过程中，受到了巴桑大师的热心指导。

1990年，他又跟随工艺大师晋生旺学习壁画。先后在塔尔寺、扎麻隆凤凰山、拦隆口、李家山、大通等地及西藏、甘肃进行寺院庙宇修建、壁画彩绘和景点建筑修建。

（4）技艺特点

擅长佛教、道教等题材的壁画、人物创作。同时还进行民间彩绘、农民画、国画（山水画）的创作。

（5）**个人成就**

1990年，农民画《摔跤》获“湟中县庆国庆美展”三等奖。《跳脚跳》获海东地区农民画展优秀奖。

2016年，农民画《荡秋千》入选全国农民画展。

1986年—2020年在西藏、甘肃等地各大寺院及景点绘制壁画、彩绘数百幅。

（6）**为该项目传承保护做出的贡献**

在拦隆口收胡理生、张发福为徒，在大通收蔡富山为徒。

12．马全

（1）**传承人基本信息**

马全，男，汉族，1988年4月21日出生在湟中县多巴镇城中村。现任青海润叶文化发展有限公司法人、总经理。2019年10月，被授予南佛山花儿会市级代表性传承人（图141）。

（2）**传承谱系及授徒传艺情况**

第一代：朱仲录，有“中国花儿王”称号；

第二代：马俊，有“中国花儿王子”称号；

第三代：马全，获“金唱家”称号；

第四代：王勇，杨年，李启兰，阿怀库，李永彪，何尕庙，李红发，顾永龙，田明，董生伟，樊光顺等；

现成立润叶堂传习工作室，有徒弟11名。

（3）**学习与实践经历**

马全自小很有唱歌天赋，5岁上学，9岁时在学校举办的两届卡拉OK比赛中均获第一名。2001年，初中毕业，曾学过烹饪。16岁，在工地上做过钢筋工，还在大酒店做过服务生和歌手。“长大了要当个歌唱家”是马全从小的梦想。17岁，他在省歌舞剧院拜见马俊老师。马俊非常喜欢这位

图141．南佛山花儿会代表性传承人马全

前来学歌的“徒弟娃”，开始手把手教马全唱“花儿”。

2011年—2013年，担任青海省歌舞剧院歌手。

跟随师父马俊在青海、甘肃、新疆维吾尔自治区、宁夏回族自治区等地区演出，学习实践8年。

（4）**技艺特点**

结合老、中、青三代的演唱方式方法，适应全国电视媒体和新媒体的推广需要，努力克服少数民族歌手唱法中咬字不清晰、舞台展示差，唱法不科学、音色不嘹亮的问题。

（5）**个人成就**

马全，曾就读于北京师范大学本科，人力资源管理专业。中国音乐家协会会员，青海省音乐家协会副主席，全国新兴音乐产业工作委员会委员，西宁市青企协理事，青海润叶文化发展有限公司董事长。曾荣获青海省“第三届德艺双馨文艺工作者”称号。

2007年，在全国CCTV青年歌手大奖赛青海赛区的选拔赛上获得第三名。

2008年，在全省农民艺术节上，获得三等奖。并在青海电视台和青海“花儿”研究会举办的《青海花儿歌手电视大赛》上，从全省500多名歌手中脱颖而出，赢得大赛桂冠，荣获“金唱家”美誉。

2010年，创办“花儿梦”演艺队，演出一百余场。同年，在北京第十四届CCTV全国青年歌手电视大奖赛大赛总决赛上获优秀奖、全国原生唱法第十名。并在北京人民大会堂代表青海省参加“中国地方非物质文化遗产进入世界非物质文化遗产”的演出，得到国家领导人刘延东的接见。2010年，和著名指挥家姜金一老师，与青海省交响乐团多次合作演出作品“青海花儿红”并担任主唱歌手。

2011年，在北京人民大会堂参加《黄河情韵》大型民歌演唱会，内蒙古卫视现场直播。

2012年，随同中国文联赴法国巴黎参加巴黎“中国文化周”活动，并获银奖。同年，参加广西全国“山歌歌王争霸赛”，获银奖。

2013年，参加西北五省音乐节民歌大赛获金奖。同时，参加甘肃省全国花儿大赛获专业组金奖。

2013年，赴中国台湾参加“两岸情、心连心”花儿巡回演唱会。

2015年，创办青海润叶文化发展有限公司，个人和团队参演以花儿为主的演出700余场。

2018年，创办金唱家网络文化传播有限公司。9月，受中国音乐家协会邀请参加全国基层音乐人才第一期培训班。

（6）为该项目传承保护作出的贡献

在创办花儿梦演艺队演出过程中，从青海省各个地区搜索寻找优秀民间花儿传承人才，并多次为花儿爱好者授课。

创建青海润叶文化发展有限公司，使之前的团队演出更加规范化、企业化、市场化，并且作为企业支撑，为青海省的优秀花儿歌手搭建文化平台，解决了花儿歌手因文化程度和经济能力限制的发展瓶颈。

他们创办的金唱家网络文化传播有限公司，主要填补了青海省花儿事业在线上零推广的空白，让实实在在的优秀歌手、优秀花儿声音借助新媒体的力量，真正走上线上线下双路线推广的路子。

13．许桂英

（1）传承人基本信息

许桂英，女，藏族，1970年9月 7日生于青海省湟中县共和镇东岔村，小学文化程度。2019年10月，被授予湟中县却西德哇村古老游戏市级代表性传承人（图142）。

（2）传承谱系及授徒传艺情况

许桂英熟悉的乌朵、藏棋、新麻热等项目从小由父母传授。后又受漾正冈布教授和古老游戏传承人郭祖成老师的指导。除了乌朵、藏棋、新麻热，她还对其他古老游戏包括丢噶尔、井井康、江塔、冈朵等项目进行进一步学习，并对这些项目的游戏规则、游戏道具制作、游戏的由来等能够熟练掌握。

多年来，把自己学到的新麻热的舞蹈表演技艺和自唱歌曲及歌词全部传授给村里新麻热表演队队员。

（3）学习与实践经历

在湟中县共和镇东岔村每年举办的东却赛马会上，许桂英自小都会跟随大人们跳锅庄、打乌朵比赛、下藏棋等各种

图142．湟中县却西德哇村古老游戏代表性传承人许桂英

活动。成年后，她出嫁到共和镇新庄村。2004年—2007年，在兰州大学漾正冈布教授的提议下，通过村委会的积极努力，成功举办以藏族古老游戏为主题的农民运动会“却西德哇之韵”，她积极参加乌朵比赛、新麻热表演、藏棋比赛、锅庄表演，并参与学习各种运动项目。经过几年的学习，对这些快要失传的古老游戏有了基本的了解，尤其对乌朵、藏棋、新麻热等项目掌握得比较熟练。后经漾正冈布教授和古老游戏首席传承人郭祖成老师提名成为该项目的传承人。近几年她积极响应县文化局“非物质文化遗产传承”的号召，随县文化局多次在湟中、互助、西宁中心广场参加文艺演出。并随同省棋协多次参加棋类交流活动。

（4）**技艺特点**

由于个人喜好，比较擅长乌朵、藏棋、新麻热等项目，包括乌朵的制作工艺、打乌朵的技巧等。比较了解藏棋的棋法。对新麻热的舞蹈步伐、自唱歌曲、节奏等有比较熟练的掌握。

（5）**个人成就**

2004年，在共和镇新庄村举办的“却西德哇之韵”藏族古老游戏农民运动会乌朵比赛中，获得第一名。

2008年8月，经漾正冈布教授和郭祖成老师提名，被授予该项目“非物质文化遗产”县级传承人。

2018年夏，获得“非物质文化遗产”新麻热表演奖。

2019年9月，获得青海省棋协藏棋表演奖。

（6）**为该项目传承保护作出的贡献**

2016年—2019年，每逢农历正月十四，多次参加县文化部门举办的“非物质文化遗产”文艺汇演活动。并多次在湟中、互助、西宁文化广场参加演出活动。

14．李延军

（1）**传承人基本信息**

李延军，女，汉族，1998年10月17日生于湟中县多巴镇合尔营村，高中文化程度。2019年10月，被授予西纳川铸钟技艺市级代表性传承人（图143）。

图143．西纳川铸钟技艺代表性传承人李延军

（2）传承谱系及授徒传艺情况

据实物考证，塔尔寺自明代建成以后，便有湟中李氏铸钟在寺内悬挂，用于佛事活动。代代相传，以至今日。民国初期，李氏铸钟匠人李生林和他的后人李芳、李万明、李万春、李万荣等从事的铸钟技艺在省内外享有极高的声誉。河湟地区群众称其为“炉源匠”，李生林一生以家传手艺教导后人，世代相传。

李延军的爷爷把手艺传给了父亲李尚奎，李尚奎又把自己长期从事铸钟产品研发与创新的经验传给了她。

（3）学习与实践经历

李延军，因自小酷爱铸造手艺，对民间铸造等尤其钟爱。2017年湟中县多巴中学毕业后，通过父亲的言传身教掌握了铸钟、配料、做模具等一系列的制作技艺。并对其铸钟技艺进行系统研究和改革创新，努力做出更好的产品，使铸钟技艺有了一定的社会效益和经济效益。

（4）**技艺特点**

李氏铸钟技艺主要体现在工艺和音响两个方面。李氏铸钟造型古朴大方、铭文清晰、声音洪亮、具有鲜明的地域性和民族性，充分吸纳青藏高原民间铸造的手法和造型特色，具有深厚、古朴、声音独特的铸造风格和藏式铸钟特色。

（5）**个人成就**

李氏铸钟技艺自2011年成立盈缘法器铸造厂以来，先后为鲁沙尔刘畸庙、塔尔寺西纳行宫、湟中扎麻隆凤凰山、大通会宁寺、海南省灵山寺等省内外地区的寺院和庙宇铸造多种型号的铁钟。

（6）**为该项目传承保护作出的贡献**

李延军经过多年的技艺沉淀和不断探索，积累了丰富的钟艺经验。掌握钟模的制作、铁的比例和搭配、铁水的熔炼、浇铸等工艺方面的知识，已基本掌握了技艺核心，并在帮助父亲进行铸钟制作的同时，能够进行员工的培训工作。

15．李延虎

（1）**传承人基本信息**

李延虎，男，汉族，1986年8月出生，高中文化程度，青海省湟中县鲁沙尔镇昂藏村人。湟中县海源民族工艺品制造有限公司员工。2019年3月，被授予银铜器制作及鎏金技艺市级代表性传承人（图144）。

（2）**传承谱系及授徒传艺情况**

李延虎出生在湟中县鲁沙尔镇昂藏村一个从事金、银、铜器制作工艺的世家。父亲（李成）、祖父（李进邦）、曾祖父（李昌年）、高祖父（小名：峨元派）四代皆为闻名遐迩的金银铜器制作巧匠。

图144．银铜器制作及鎏金技艺代表性传承人李延虎

李延虎的高祖父峨元派出生于民国初期，由于当时社会动荡不安，家庭生活困难，峨元派被迫学艺，成为当地闻名的一名银匠。后来李延虎的曾祖父李昌年也开始跟高祖父学习技艺，成了高祖父的得力助手。因受家庭的熏陶，他的祖父也跟着学艺，曾祖父去世后，祖父李进邦更加刻苦学艺，熟练掌握了金银铜器制作技艺，也成为当地小有名气的银匠。父亲李成受曾祖父和祖父的影响，16岁开始学艺，继承曾祖父和祖父精湛的金银铜器制作技艺。父传子、子传孙，代代相传，李延虎也跟着父亲学习银铜器手工技艺。

（3）**学习与实践经历**

李延虎从小因受祖父和父亲的亲传，19岁起，也跟随学艺，子承父业，现在塔尔寺金塔路设销售点用于金银铜器的宣传、展览和销售。

李延虎自跟随父辈学艺，广泛吸收每个艺人的不同传统技艺，谦虚与人交流，真诚拜他人为师，扎实掌握铜、银铸造技艺、錾刻雕花、宝石镶嵌、泥金鎏金和复古工艺等。他通过参加青海民族大学银铜器鎏金非遗培训班、青海师范大学非物质文化传承人研修班，极大地提升了自己的技艺水准。成功完成湟中暖锅节特大火锅的鎏金制作。他和父亲在湟中博物馆展出复古银铜器产品300余件。

（4）**技艺特点**

①承袭传统民间工艺技艺，具有民间传承性。银器制品属于纯银、纯手工制作。

②加工原料十分讲究。

③工序繁琐。

（5）**个人成就**

李延虎多次携带产品参加文博会、青海省内外各类非遗展、八瓣莲花创意大赛、工艺美术展等。在2017第三届“八瓣莲花”创意设计大赛中获得银奖、2015中国（深圳）国际文化产业博览会上获得创意铜奖。

2018年，在县科协和藏式银铜器技术创新联合会举办的工艺品创新大赛中作品获得二等奖、三等奖。

积极参加青海民族大学银铜器鎏金非遗培训班和青海师范大学非物质文化传承人研修班。积极加入藏式银铜器技术创新联合会并被选为理事会员、举办培训班和工艺作品评奖活动。

（6）**为该项目传承保护作出的贡献**

他从事银铜器制作鎏金技艺、传统铸造和精密铸造工艺以来，为了让更多人了解和传承传统文化、传统技艺，从2010年开始收徒传艺，目前已收3人。在得到传承的同时，进一步促进就业和创业，拓宽增收渠道，发展特色文化产业，带动贫困人员振兴助力乡村。

多次参加北京、深圳、西安、长春等省内外的文化产业博览会和文博会。与湟中县职业学校联合培养学徒，利用学校的优势对学徒定期进行美学、冶炼、化工方面的理论培训，并在他的工作室学习实践制作技艺。2017年，协助父亲成立藏式银铜器技艺创新联合会，吸收艺人为会员，邀请上海等高校的专家多次举办培训班进行学习和交流。联合会还举办工艺品创新大赛，在展示自己技艺的同时学习别人的技艺，提高大家的创作能力和技艺水平，也提高了经济效益。

16. 杨启杰

（1）**传承人基本信息**

杨启杰，男，汉族，1990年10月出生在湟中县上新庄镇加牙村。2019年3月，被授予加牙藏族织毯技艺市级代表性传承人（图145）。

图145．加牙藏族织毯技艺代表性传承人杨启杰

（2）**传承谱系及授徒传艺情况**

杨启杰以加牙藏族织毯技艺传承人杨永良为师学习织毯技艺。

（3）**学习与实践经历**

杨启杰，2014年6月河北工业职业技术学院大专毕业。2014年—2020年跟随其父杨永良学习并从事加牙藏毯编织技艺。2015年，参加由县文化局主办的藏毯研习班，并在加牙藏族织毯传习所学艺至今。

（4）**技艺特点**

①采用天然牧放的青海藏系绵羊毛，色泽光亮，纤维长而均匀，弹性好、绒毛厚。

②天然植物和矿物质染色，不掉色、不脱色。

③手工制作，牢固、耐磨、防潮、保温。

④采用玫瑰景、毛细景、三蓝五彩、对头牡丹、桃柳寿柿、鱼鼓剑板、琴棋书画、梅兰菊竹、松鹤延年、藏八宝、汉八宝等祖传图案为主，制作时没有图纸，各种图案烂熟于心，随心组合。

⑤制作—上架后，一次完成编织、平修、剪花、修整等工序，下架时全部工序完成。

（5）**个人成就**

2017年，参加中国传统工艺新生代传承人竞技与作品展，荣获中国传统工艺新生代传承人竞技与作品展最佳新人奖。

2018年，与父亲杨永良参加中国藏毯展览会展览。

（6）**为该项目传承保护作出的贡献**

①将杨家祖传制毯木架，木纺线车等工具，祖辈织做的藏毯捐赠给青海省博物馆收藏。

②在媒体多次宣讲加牙藏毯文化传承历史。

③创办加牙藏毯文化传播有限公司。

17. 党永宗

（1）**传承人基本信息**

党永宗，男，汉族，1958年12月生，高中学历。青海省湟中县甘河滩镇页沟村人。2019年10月，被授予湟中县页沟村老社火市级代表性传承人（图146）。

图146．湟中县页沟村老社火代表性传承人党永宗

（2）**传承谱系及授徒传艺情况**

据当地老人传说，页沟村社火有300多年的历史，150年前，党永宗的曾祖父党生祥是社火的行家，后传承给了党永宗的爷爷党发旺和他的父亲。父亲这一辈主要由党绩成、朱光辉、李仲孝、李仲发、李成岳、李成杰、朱国良等人继承。

（3）**学习与实践经历**

党永宗高中毕业后在家务农。他从小就喜欢唱歌，特别是当地的民间小调，并在吟唱的同时加以收集整理。

后来，随着年龄的增长和村里社火的兴起，有空就全身心地投入到社火队里。20世纪末，李成杰、李仲华等人将村里的社火进行了大胆的改革，把时间较长的“滚灯、马灯、碗灯”等节目取消了，重新加上了如“十八罗汉、五鼠闹东京”等节目。

2016年，党永宗担任村里的社火会头，他考虑到前面取消的几项节目具有其浓厚的传统意义，失传了挺可惜，他又张罗着把“滚灯、马灯、碗灯”几项节目通过重新编排加了进来，并在2017年元宵节演出，观看民众拍手叫好。

（4）**技艺特点**

党永宗承袭前辈演技，熟悉页沟老社火表演能借助各种道具，事先有场面变化编排，有引人入胜的高潮铺垫，有生动热烈的说词唱词，有欢快热闹的吹打锣鼓音乐伴奏和表演程序。

老社火里有《渡十船》《放风筝》《十道黑》《庄家话》《十盏灯》等民间小调，还有“马灯”节目里所唱的《看酒》《送信》等。说词中，最有特点的要数“货郎”说词。舞蹈方面页沟老社火有顶灯、鸭子围蛋、黑驴打滚等形象幽默，令人捧腹的许多搞笑动作。

（5）**个人成就**

2016年，党永宗担任村里的社火会头，他一心想把村里的传统社火传承发展下去，于是，他带头给火神会捐了6000元，其他会头也纷纷捐了款，约筹资1万多元。同时，他的愿望得到了县文化局领导的大力支持。党永宗又将自己的1.6万元现金拿出来，立即设计定做马灯、滚灯等和其他节目的道具。并把在群众中口传的全部社火唱词，搜集整理成册。2016年春节，以新的面貌进行改版，改版后再演出。2017年元宵节，本村的社火表演受到观众的一致好评。2017年2月12日，《青海日报》综合新闻以“金鸡报喜迎新春，张灯结彩闹元宵”为标题，大篇幅报道了页沟村传统社火。

（6）**为该项目传承保护作出的贡献**

党永宗为页沟村老社火做出了很大的努力，他带头捐款、跑项目、组织社火把式，研究怎样把页沟社火优秀的东西发掘出来，让很多地方已经消失的社火节目“滚灯”“马灯”“碗灯”等重新回归社火，增加了不少新的、鲜活的、有正能量的节目，使页沟老社火重新焕发生机。

18. 曲吉昂秀

（1）**传承人基本信息**

曲吉昂秀，男，藏族，1970年11月生于青海省湟中县共和镇。大专学历，青海省一级工艺美术师。2019年10月，被授予宗喀唐卡市级代表性传承人（图147）。

（2）**传承谱系及授徒传艺情况**

第一代：洛桑东云（龙大爷）；

第二代：扎西尼玛；

第三代：智华若子；

第四代：曲吉昂秀。

图147．宗喀唐卡代表性传承人曲吉昂秀

（3）**学习与实践经历**

曲吉昂秀1980年—1992年在塔尔寺跟随老艺僧扎西尼玛学习唐卡、堆绣、酥油花技艺。1993年—1995年，为了让自己的学习更系统更全面，他远赴印度拜藏画大师桑吉叶西学习系统的唐卡度量经，并在学习期间将唐卡度量经整理成书面资料带到塔尔寺，成为后期跟随他的徒弟们学习的依据。

2003年，曲吉昂秀被湟中县教育局聘请为湟中县职业技术学校美术专业教师，培训唐卡、堆绣技艺。同时帮助职校设立了唐卡堆绣专业，将带有神秘色彩的寺院艺术大胆引进到社会学校课堂，并打破了传统唐卡“传男不传女”的思想观念，一心把自己的专长传授给家乡的后代，同时将唐卡艺术不断发扬光大、永久传承。

2005年，成立宗喀艺术学校，曲吉昂秀任常务校长。接着又成立了青海宗喀诺布藏文化艺术中心，每年湟中县职校唐卡专业优秀毕业生再到本中心继续深造，得到曲吉昂秀的精心辅导。经他亲手培养起来的优秀唐卡人才有：关毅、王佐相、黄特山、厍小伟、马玉富、史生军、祁国强、靳桂、薛义英等。

（4）**技艺特点**

曲吉昂秀的唐卡绘画严格按照度量经规定画，色彩沉稳、大方古朴。采用纯天然矿物颜料和纯金箔绘画，有一套传统的矿物质颜料及金箔的研制加工方法，线条流畅细腻，描金和勾线精益求精。

（5）**个人成就**

2002年、2003年，曲吉昂秀师徒为吉林省妙音寺绘画大雄宝殿所有的壁画。

2003年，曲吉昂秀师徒为沈阳抚顺善缘寺大雄宝殿绘制巨幅壁画。

2004年，师徒共同设计制作的堆绣《十八罗汉祥和图》在“北京第六届国际艺术博览会”获最佳工艺奖。

2009年，在“青海国际唐卡艺术与文化遗产博览会”上，曲吉昂秀的作品《千手观音》获二等奖。

2010年9月，为表扬对“全国非物质文化遗产展示会”做出的突出贡献，展示委员会颁发荣誉证书。

2011年，在深圳文博会上，唐卡《千手观音》获得“中国工艺美术文化创意奖”银奖。

2012年，由曲吉昂秀设计、师徒共同绘制的唐卡《释迦牟尼与十八罗汉》参加“2012年首届青海文化旅游产品创意设计大赛”并获得一等奖。

2013年，参加上海首届文化博览交易会赛区万花奖评奖，6幅作品获金奖。

2014年，第十届深圳文博会上，唐卡《释迦牟尼与十八罗汉》获得“中国工艺美术文化创意奖”银奖。2016年8月，该作品参加在中国国家博物馆举行的“中国当代工艺美术双年展”，得到专家的肯定和好评，并被中国工艺美术馆收藏。

2014年—2016年，为成都石径寺千手观音殿绘画三十二观音应身像壁画12幅。

2018年3月，参加第53届全国工艺品交易会，会上唐卡《四臂观音》荣获铜奖。

2018年8月，取得入选资格参加“2018中国当代工艺美术双年展”（中国国家博物馆）展出3件作品，《释迦牟尼生平》彩唐由中国工艺美术馆收藏，《银卡绿度母》唐卡由中国工艺美术馆收藏。

2019年3月，参加“第54届全国工艺品交易会”，唐卡《红卡释迦牟尼》荣获优秀奖。

2019年6月，荣获“绘画艺术珍品——寻找青海最具收藏价值唐卡（总赛区）”冠军。

2019年8月，入选“中国好手艺”，《红卡释迦牟尼》在中国美术馆展出。

2019年9月，在“第二十届中国工艺美术大师作品暨手工艺术精品博览会”上，宗喀诺布藏文化艺术中心参评的手绘唐卡《释迦牟尼与十八罗汉》获得金奖。

2019年9月，在“第六届中国（山西）民族民间工艺美术暨第二届（大同）文化产业博览会”上由曲吉昂秀、祁贵强绘画作品《释迦牟尼》荣获奖金。

2019年9月，在“第六届中国（山西）民族民间工艺美术暨第二届（大同）文化产业博览会”上由曲吉昂秀、薛义英绘画作品《千手观音》荣获银奖。

（6）为该项目传承保护作出的贡献

2015年7月，曲吉昂秀代表青海壁画（唐卡）赴白俄罗斯参加中国青海特色商品推介展演会。9月，他又代表青海唐卡（壁画）赴意大利，参加米兰世博会青海主题日宣传展演活动。

2016年8月，参加“吉尔吉斯斯坦（一带一路）海东市文化特色宣传周”活动。

同时，他还积极帮助湟中县职业学校民间传统工艺部教师编写《唐卡校本教材》《堆绣校本教材》，为学校唐卡教学做出突出贡献。为湟中县唐卡（壁画）工艺的传承和发展奠定了坚实的基础。2016年，补修了塔尔寺密宗院巨幅唐卡。2018年，修缮了塔尔寺上嘉央活佛院像。

19．韩玉梅

（1）**传承人基本信息**

韩玉梅，女，回族，1980年11月20日生，初中学历。

2019年10月15日，被授予市级非物质文化遗产西宁回族花花制作技艺代表性传承人（图148）。

（2）**传承谱系及授徒传艺情况**

王氏（姓名不详）；

米秀英（韩玉梅外祖母，89岁）；

马金花（韩玉梅母亲，66岁）；

韩玉梅，39岁。

（3）**学习与实践经历**

韩玉梅自小跟母亲和外祖母学习花花制作技艺。初中毕业后，将全部精力投入到花花制作技艺上。期间还多次走访周边花花制作技艺精湛的老人，并通过上网查询等渠道了解了多种制作技艺。

（4）**技艺特点**

①原材料，无任何添加剂，制作手法独特，口感酥脆香

图148．西宁回族花花制作技艺市级传承人韩玉梅

甜，唇齿留香。

②色泽鲜艳，花样新潮，寓意吉祥。

③面的颜色原来用姜黄、红曲、香豆上色，现在由食用色素调制，还加入菜籽油、鸡蛋、红糖、白砂糖、枣泥、黑白芝麻、蜂蜜等。

（5）**个人成就**

2017年，参加了湟中县举办的美食节展览。经常帮助亲朋好友制作花花。

20．尖参公保

尖参公保，男，藏族，1964年出生。2016年11月，被授予塔尔寺传说与故事市级代表性传承人（图149）。

1981年，他出家塔尔寺，1986年—1989年为青海省藏语佛学院学生，大专毕业。2005年为中国藏语系高级佛学院学生，获托然巴学位（佛学博士）。2016年获塔尔寺毛兰然坚巴传统格西学位。2019年取得青海省高级经师职称。1993年至今任塔尔寺经师。2008年荣获县政协“五个一”活动先进个人称号。2020年获2019年度青海省优秀僧尼奖。先后主编《塔尔寺志汉文版》《金色印记》《塔尔寺菩提叶丛书》1—9册

图149．塔尔寺传说与故事代表性传承人尖参公保（中）

等著作。主持设计构思塔尔寺文物展示中心布展工作。现任县政协委员，塔尔寺管委会副主任，省佛教协会副秘书长。

21. 罗藏若子力

（1）传承人基本信息

罗藏若子力，男，1964年5月生，藏族。2014年7月，被授予塔尔寺羌姆市级代表性传承人（图150）。

（2）传承谱系及授徒传艺情况

1981年，他加入塔尔寺法舞学院，先后师从罗藏加羊、尕藏谢热、洛桑昂秀、尖参藏吾学习、表演塔尔寺《曲嘉法王》《马头明王》两大羌姆32年，曾担任乾宦（羌姆经院负责人），在两大羌姆中担任过多楚（尸陀林）、阿扎拉、巴吾、曲嘉法王、旦正法王等角色。还多次担任乾郭（领舞即法王），他熟悉两大羌姆所有角色的舞蹈动作和音乐，舞蹈动作规范，节奏感强，音乐记忆准确。2002年至今在乾巴扎仓为新艺僧教授两大羌姆的各种角色，每年4次为新来的僧人教授他们所担任角色的舞蹈动作，规范舞蹈流程，

图150．塔尔寺羌姆代表性传承人洛藏若子力（左一）

整理文字记述的舞谱和乐谱，是塔尔寺扮演两大美姆法王角色时间最长的艺僧之一。由他培养的东珠建参、宗哲等多人先后任法舞学院乾宦（总监）

（3）**个人成就**

1989年作为主要唐卡画师和酥油花制作成员之一，在北京、深圳制作并成功举办了塔尔寺艺术三绝（壁画、堆绣、酥油花）展览，还在展览开幕式上演示了法王舞。1986年，十世班禅大师莅临塔尔寺，在班禅行宫为大师演示法王舞。1993年，江泽民主席莅临塔尔寺，罗藏若子力在迎请仪式上演示了法王舞。

三、湟中非物质文化遗产面临的困境和保护开发

湟中非物质文化遗产面临的困境和保护开发

陈生龙

（一）湟中非物质文化遗产保护的现状

青海省湟中县是一个多民族聚居、多宗教共存、多文化融合的地区，有藏传佛教文化、道教文化、昆仑文化、民俗文化四大文化旅游资源。作为青海省河湟文化的发源地，其深厚的文化底蕴和文化资源为湟中县文化事业的发展提供了极大的动力和支持。

湟中县从 2005 年正式启动非物质文化遗产的搜集、普查和整理工作，经过有关部门多年的艰苦努力，取得了令人欣喜的成绩。截至目前，湟中县已申报批准了市级以上非物质文化遗产项目 34 项，代表性传承人 56 名。其中，加牙藏族织毯技艺、塔尔寺酥油花、湟中堆绣、湟中县千户营高台、银铜器制作与鎏金技艺、塔尔寺花架音乐这 6 项已被列入国家级非物质文化遗产名录。湟中陈家滩传统木雕、河湟皮影制作技艺等 6 项被列入省级非物质文化遗产名录。湟中古建彩绘、田家寨下洛麻出阎王等 12 项被列入市级非物质文化遗产名录。杨永良、徐全熙、李富先、何满等 8 人被授予国家级非物质文化遗产代表性传承人。乔应菊、范明周、李成、旦正、孟鳌奎、党明汉等 27 人被授予省级非物质文化遗产代表性传承人。赵成凯、赵占财、杨汝龙、李生俊、张生贵等 21 人被授予市级非物质文化遗产代表性传承人。

（二）湟中非物质文化遗产项目面临的困境

1．文化产业化背景下比较有朝气的“非遗”项目

在文化产业化背景下，非物质文化遗产作为文化的历史形态与现实内容的重要组成部分，其保护与传承既面临挑战，也面临机遇，受到大家的普遍重视。如何依托非物质文化遗产的“货”，借助文化产业化的“船”，使非物质文化遗产的保护与传承工作顺利而有效开展，这是学术界、各地政府及相关产业界共同面临的一个极其重要的课题。如“湟中银铜器制作及鎏金技艺”“湟中陈家滩传统木雕”“慕家酩馏酒酿造技艺”等项目，就通过找寻其自身与创意文化产业发展之间的对接路径及文化构成要素的沿袭、替代与创新等，使得自身在文化产业化进程中得以焕发出新的生机和活力，同时为非物质文化遗产的保护与传承提供了有益的借鉴与启示。

湟中“非遗”项目“湟中银铜器制作及鎏金技艺”已成为当地银铜器艺人增收致富的一项重要渠道，现在全县从事银铜器加工的农民达 2000 多人，产品销往甘肃、四川、内蒙古

自治区、深圳以及尼泊尔、印度等国内外市场，年收入约700多万元。同时，湟中银铜器制作及鎏金工艺作为当地“八瓣莲花”民间艺术的重要组成部分，为当地深厚的文化底蕴增添了浓墨重彩的一笔。在文化艺术方面，各种银铜器及鎏金制品，图案新颖活泼，做工精细、巧妙，具有很高的审美价值和观赏性。加之加工手法精湛，具有浓郁的藏文化特色和很好的收藏价值，市场前景比较广阔。

自改革开放以来，陈家滩村的木匠把祖传的木雕技艺继续发扬光大，成立了“廷辉雕刻工艺有限公司”，积极引进现代先进木工技术和设备，通过对古建筑设计、建造、装饰、装修的研究，对文物的修复、保护，对使用木雕软件开发、利用及软件知识、精雕技术的培训等，培育出了一支生机勃勃的生力军，为继承传统文化，开发、利用非物质文化遗产和实现文化遗产的可持续保护发挥了积极作用。在省内外各地，无论是神殿佛堂、僧俗民宅都能找到湟中木雕的踪迹，湟中木雕文化已经适应了当地地域环境，并得到了生存、传承和发展。

“慕家酩馏酒”传统酿造技艺在青海文化中占有重要而独特的地位，具有文化资源与经济资源的双重优势，也是发展文化技艺产业的宝贵资源。传承人充分激发创造精神，坚定文化自信，通过非遗产业+乡村旅游，以农业为基础，以乡村旅游赢利，大力发展乡村旅游，吸引吸纳农村劳动力就近就业，既缓解了“空心村”的社会问题，又赢得自身的经济效益。他们始终没有忘记自己的社会责任和自我价值，通过产业促发展，通过发展保技艺，通过技艺促文化，从而形成良性循环。

2．湟中非物质文化遗产项目面临的困境

“非遗”面临的保护与传承的困境是带有共性的。尤其作为民间传统手工艺，其技艺的传承始终是单一的、单向的和有限的，没有形成规模，其影响力也无法与主流的文化业态相比。如“加牙藏族织毯技艺”“西纳川铸钟技艺”“上五庄钉马掌技艺”。

首先是认知危机。现代人对传统文化普遍缺乏认同感，这是当前大众审美较为集中的取向。加之民间传统手工艺其天生的“狭隘性”和自我保护意识，导致其常常遭受主流文化形态的排挤，以至一度被人认为这类“非遗”是低级的东西，无法登大雅之堂。此外，从事民间传统手工艺研究的人员严重匮乏，使得其在理论深化、价值认知与实践推广中备受歧视。如“加牙藏族织毯技艺”，由于这种手工编织技艺费时费力，很多年轻人都不愿意学习。实际从事藏毯编织的女性居多，男性大多在农闲时间外出打工，加之男女手上力量的差异，使藏毯的质量受到一定影响。而且藏毯技艺属于家族式传承，技工之间没有系统的教材，这也在很大程度上导致一些技艺的失传。近年来，又因为地理环境的变化，致使藏系绵羊、牦牛、山羊的生存环境恶化、数量减少、毛绒产量下降、毛色出现杂质等，严重影响着藏毯原材料的供应。况且，现时许多机织地毯又很大程度上冲击着手工织毯，除了少数市场需要的装饰挂毯，民用手工地毯需求已经很少，所以，藏毯的市场认知度已经大大降低。

其次是传承危机。如“西纳川铸钟技艺”“上五庄钉马掌技艺”项目，面临着缺乏传承人甚至后继无人的境遇。“西纳川铸钟技艺”随着市场经济的不断深入，作为一项传统的民间口传心授的手工技艺，逐渐走向衰落，老艺人相继去世，年轻人嫌这行业学艺周期长、工艺要求严、机械化程度低、地位贱、挣钱少，又脏又累又单调，很少有学习的志向，许多工艺面临失传，铸钟技艺传承难度很大。“上五庄钉马掌技艺”也是受现代市场经济和多元文化的影响，李氏马掌手工艺较为复杂，许多艺徒耐不住寂寞，从而放弃学艺。这种以师徒口传心授为传承方式的“非遗”项目，因老艺人已相继离世，手艺面临“人亡艺绝”的境地。

最后是发展危机。大众普遍淡漠的民俗观使得非物质文化遗产的发展举步维艰。也正是由于对民间传统项目的认知危机和传承危机，导致像“加牙藏毯”“李氏铸钟”“钉马掌”这类“非遗”的经济效益和社会效益无法得到有效发挥，其对大众审美的美育功能和对社会文化发展的支撑作用微乎其微，甚至更为偏激的人认为，传统的民间手工艺根本无法成为一种谋生的手段，也几乎没有太多的艺术价值和产业价值可以挖掘。如“河湟皮影制作技艺”，自电影电视和网络开始普及，皮影的日子就没多大指望了。传承人也曾几度放弃父辈们传授给自己的皮影手艺，但又想到这是老人们留下的宝贵财富，失传了就没有了，才坚持到了今天。

“湟中泥塑彩绘”“湟中壁画”项目因题材大都与宗教有关，长期以来一直盛行于寺院、庙宇，只局限于宗教范围而很少出现在大众视野中，不被广大群众所享用和欣赏，现有艺人皆为中老年者，年轻人学习者极少，而且他们的作品都在各大寺庙的墙上，不便交流和传播。

还有如“南佛山花儿会”，随着市场经济的不断深入，许多农民外出打工，老艺人一个个离世，青年人又对当地花儿不太感兴趣，所以“花儿”在广大人民群众中间的演唱情绪已经呈现出大幅度的下降趋势。从事“花儿”行业的艺人也相对大大减少，加之演唱“花儿”的人员文化素质本来就普遍较低，他们对“花儿”的创作和研究力度十分有限，所以，“花儿”艺术的生存和发展举步维艰，已经濒临失传的边缘。

“却西德哇传统体育游戏”从20世纪50～60年代开始已经逐渐淡出人们的生活。尤其是随着电视、网络等现代娱乐媒体的普及，对传统体育游戏的冲击力更大。30岁以下的村民中几乎没有人会玩这些游戏了，许多人甚至未听说过这些游戏。多数老年人也因几十年未玩这些游戏，只有些残缺不全的记忆。

“加牙四月八庙会”“会龙山雷祖庙会”，受时代发展的冲击，越来越多的年轻人已不再喜欢这种民间艺术，尤其如“法师”这样的职业已濒临消亡，现在已很难在当地找到足够的角色，每年要到很远的地方去邀请。赛马、武术、演唱“花儿”的活动规模也越来越小。会龙山雷祖大殿及许多建筑也因年久失修，急需花大气力维修。整个庙会管理人员的文化素质也普遍较低，保护力度十分薄弱。

“页沟村老社火”虽然得到广大民众的一直拥护和肯定，但因当地的自然条件，一是几乎一半村民虽户口在页沟村，可平时大多居住在县城或省城，村里为社火的事不好强求。二是村里经济拮据，资金来源不足，仅凭几个社火召集人的力量是远远不够的，年轻人也没有几人愿意把精力和资金奉献给村里社火。

（三）湟中非物质文化遗产的保护与开发

1．依托创意产业的发展优势，对湟中“非遗”由救济式保护向开发式发展转变

要想很好地保护民间传统“非遗”项目，单纯靠授予非物质文化遗产传承人称号是不够的，且以此传承非物质文化遗产的力量是十分薄弱的。创意产业的兴起和发展不仅开创了一个新的产业类型，同时它也促使人们从传统审美和传统艺术创作中去找寻灵感、题材和资源。如“加牙藏族织毯”“湟中堆绣”“宗喀唐卡”等民间传统手工艺的制作技艺就有了被市场、艺术创作、消费群体重拾的可能。

首先，对民间非物质文化遗产的保护，不能停留在为了保护而保护的层面，而是要通过某种路径，对民间手工艺进行行之有效的开发。特别是产品的功能和外观设计上迫切需要进行再设计。纵观全国工艺品市场，国内的民间工艺产品大多来自民间，生产工艺基本停留在带有浓重传统色彩的民间艺人的手工操作（创作）上。这些手工艺品的设计、创作、生产工艺等靠几代人传承了上百年，一直以古老、质朴的原始状态存在，没有随着时代的发展而演变，更谈不上什么创新开发。文化的原始状态与经济社会发展对文化现代化的要求之间存在着一道不可逾越的鸿沟。所以，要想在新时代文化产业化的浪潮中抓住创新发展的契机，主动设计无疑是创新发展的首要之举。如“湟中堆绣”在近年来的发展过程中，这方面就做得十分突出，不仅让“湟中堆绣”从神秘的宗教寺院走向社会，还将制作体裁从宗教故事、宗教人物拓展到各种神话故事、山水花鸟、甚至现代人物、事件等，以其精湛的制作技艺打动顾客的心扉，让他们欣喜若狂，爱不释手。

其次，对民间传统手工艺的发展必须走产业化道路，创立民族品牌。如“加牙藏族织毯”“银铜器制作及鎏金技艺”“河湟皮影制作”“陈家滩传统木雕”等项目，要求造型设计要符合大众审美情趣，制作工艺上应将传统手工工艺与现代产业的生产规模化、流程分工化、经营市场化等相结合，产品系列化，价格多样化，以满足不同层次购买者的需求，这才是湟中传统手工艺“非遗”项目的光明之路。

当前，许多曾经非常辉煌的老字号却面临步履蹒跚或被边缘化甚至渐进消退的尴尬境地。这也与其人才缺乏、产品创新不足、知识产权保护、市场开拓能力较弱等原因紧密相连。如“大有山民间传统武术”“却西德哇村古老游戏”“加牙四月八庙会”“会龙山雷祖庙会”等项目，就是因为缺乏人才开发、项目形式创新、市场的开拓能力而导致项目的逐渐衰落。

2．依托创意产业的开发优势，挖掘湟中“非遗”的文化价值

现代人的生活节奏快速，喜欢追求刺激、新鲜和愉悦。他们生活在较好的社会和经济环境中，并接受了良好的教育，他们易于接受新生事物，对有特点的物品表现出浓厚的兴趣，形成与他们的父母辈完全不同的价值观念、审美取向和消费趣味。他们把那些过分讲究“民俗”的手工艺品理解为古板和落伍，对传统的、陈旧的、一成不变的事物毫无兴趣，显得漠不关心，而更多的关心人类自身的“情感因素”，希望将生活变得鲜活并且轻松有趣。

这就给传统的民间技艺提出了新要求，如何将其蕴涵的传统文化的文化底蕴和精神内涵赋予当代审美元素，进行与新时代人类对产品新的观念和需求的整合。如“湟中堆绣”“湟中农民画”“河湟皮影制作”等的制作和绘画体裁尝试着从传统的框架中走出来，制作让社会大众喜欢和欣赏的艺术品，尤其是适合年轻人口味的新产品，让传统的“非遗”技艺焕发出新时代的青春气息，充分挖掘“非遗”的文化价值。

3．依托创意产业的开发优势，挖掘湟中“非遗”的艺术价值

创意产业的产品一是要体现出古老深厚的艺术元素，二是要结合现代的时尚风格——用现代的手法来重新演绎古典内容。

如“湟中堆绣”，工艺工细精湛，制作方法独特，每一幅作品都是一幅十分精美的工艺品。而且堆绣作品除可在寺院装饰外，还被社会广大群众青睐。堆绣“花鸟”“人物”等早已成为现代人喜爱的居家装饰品。

“千户营高台”在民间艺术中，是一朵多彩的艺术奇葩。千户营高台通过一代代传承，有独特的技艺，有鲜明的风格，且融美术、音乐、文学为一体，在当地民间艺术中产生了广泛的影响。

“银铜器制作及鎏金技艺”，各种银铜器及鎏金制品，图案新颖活泼，做工精细、巧妙，具有很高的审美价值和观赏性。加工手法精湛，具有浓郁的藏文化特色和很好的收藏价值。

“湟中彩绘泥塑”作品皆为艺人精心创作，运用雕、塑、捏等手法，经过反复修改、磨光、彩绘等多道工序制成，人物形象生动、逼真、具有很强的艺术性。

“湟中壁画”多为工笔重彩，描绘精细，线条流畅自然，色彩渲染匀净、艳丽，画面富于装饰性，又讲究佛教协调统一的艺术效果，绚丽多彩、金碧辉煌，很好地衬托了殿内佛像和佛堂建筑，达到了宣传佛教教义震撼人心的效果。

由此可见，传统工艺既要体现本土元素，又不能忽视时代发展带来的新的审美观念的变化。这就是对传统工艺艺术价值的产业开发。

参考文献

[1] 湟中县志编纂委员会. 湟中县志［M］. 西宁：青海人民出版社，1989.

[2] 青海省政协学习和文史委员会. 守望精神家园［R］. 2011年内部版.

[3] 杨贵明. 塔尔寺文化宗喀巴诞生圣地［M］. 西宁：青海人民出版社，2007.

[4] 迦色. 图解宗喀巴［M］. 北京：紫禁城出版社，2008.

[5] 谢承华. 河湟民间文化览胜［M］. 西宁：青海人民出版社，2012.

[6] 曹萍. 赵宗福. 青海省首批国家级非物质文化遗产代表作名录丛书［M］. 西宁：青海人民出版社，2010.

[7] 阿罗 · 仁青杰博、马吉祥. 藏传佛教圣像解说［M］. 西宁：青海民族出版社，2013.

[8] 南文魁. 西北民间艺术品典藏丛书——佛像［M］. 西宁：青海民族出版社，2014.

[9] 崔永红、张得祖、杜常顺. 青海通史［M］. 西宁：青海人民出版社，1999.

[10] 杨贵明. 塔尔寺［M］. 西宁：青海人民出版社，2009.

[11] 湟中县科技文化体育局. 国家级、省级、市级非物质文化遗产名录项目、代表性传承人申报书［R］. 2020.

[12] 湟中县人民政府. 我县文化产业情况的调查［R］. 2009.

[13] 政协湟中县委员会学习和文史资料委员会. 湟中文史资料选（第七辑）［R］. 2013 年内部版.

后记

因工作关系，和湟中非遗结下不解之缘。2019年3月，针对国家级非物质文化遗产项目“湟中堆绣”编著《湟中堆绣》一书，由青海人民出版社出版。今年又有幸接到《河湟遗韵》的编写工作，让我又有了全面了解湟中非物质文化遗产的机会，既感到压力山大又感到十分荣幸。因为我曾在《湟中报》社和《新湟中》杂志社工作过，多次接触过湟中的非遗项目和多位传承人，故提起“塔尔寺酥油花”“加牙藏毯编织”“湟中堆绣”“千户营高台”“湟中农民画”等多项非遗项目都历历在目，仿佛刚刚看见，刚刚耳闻，刚刚摸过。它们既是湟中文化的骄傲，又是中华文化的一颗颗闪亮的星辰。在这些项目的背后，又都昂扬地挺立着若干充满使命感和责任感的项目传承人，他们的音容笑貌犹如电影镜头一般，始终定格在我的脑海。他们无时不在感动着我，召唤着我，激励着我，他们既是我的好朋友，又是我敬仰和崇尚的艺术家，他们的每一件作品都在闪耀着璀璨夺目的光华。

《河湟遗韵》的初稿总算敲定下来，更加欣喜的是青海省非遗保护专家工作委员会专家、青海省“花儿”研究会会长、地方文化学者滕晓天先生在百忙之中为本书撰写了序言。湟中区文体旅游局局长李玉寿也在繁忙的工作之余，事必躬亲，亲力亲为，也为本书撰写了序言。尽管本书还远远不能全面地、深入地反映和体现湟中非遗项目和传承人的所有精彩，但我们毕竟经过几个月的辛勤努力，资料已初见端倪，也得到了各级领导和各有关部门的大力支持，也算为湟中非遗工作的资料收集、整理和保护工作迈开了重要的一步。

湟中是一个多民族聚居、多宗教共存、多文化融合的地区，有藏传佛教文化、道教文化、昆仑文化、民俗文化等丰富多彩的文化旅游资源，是河湟文化的发源地，深厚的文化底蕴和文化资源为全区文化事业的发展提供了强劲的动力和支持。截至目前，所辖已申报批准市级以上非遗项目34项，传承人56人，其中列入国家非遗名录的项目有6项，国家级传承人8人；列入省级非遗名录的项目有16项，省级传承人27人；列入市级非遗名录的项目有12项，市级传承人21人。同时，还申报批准了县级非遗保护项目103项，传承人108人，涉及内容丰富，形式多样。通过对各种民间活动、民间艺术、传统知识以及技能的发掘、整理和申报，有效地保护了湟中的传统文化，极大地丰富了广大人民群众的文化生活。

《河湟遗韵》一书的编辑出版只是湟中非遗工作的一个小结，是湟中非遗工作发扬光大的一个新起点，湟中非遗还有一个艰难而漫长的发展历程，需要我们作出更大的努力。《河湟遗韵》的出版，首先要真诚感谢区委、区政府、区文体旅游局各级领导的亲切关怀和大力支持。感谢湟中区文化馆、塔尔寺管委会各位领导，尤其是湟中区文化馆馆长郭秋芳、工作人员王天皎等不辞辛苦，为本书提供详尽的原始资料，并不厌其烦地与相关部门和传承人再三核实有关事实。最后要特别感谢住房和城乡建设部及中国建筑出版传媒有限公司（中国建筑工业出版社）对本书出版的诚挚关心和大力支持。本书一定会有许多不足之处，敬请大家谅解，并提出宝贵意见。

编者
2020年8月

图书在版编目（CIP）数据

河湟遗韵／陈生龙编著．—北京：中国建筑工业出版社，2020.9

ISBN 978-7-112-25341-8

Ⅰ.①河… Ⅱ.①陈… Ⅲ.①文化遗产－湟中县－名录 ②民间艺人－名录－湟中县－现代 Ⅳ.①K294.44-62 ②K825.7-62

中国版本图书馆CIP数据核字（2020）第141578号

责任编辑：李玲洁　王　磊
书籍设计：韩蒙恩
责任校对：李美娜

河湟遗韵

陈生龙　编著

*

中国建筑工业出版社出版、发行（北京海淀三里河路9号）
各地新华书店、建筑书店经销
北京锋尚制版有限公司制版
北京富诚彩色印刷有限公司印刷

*

开本：787×960毫米　1/16　印张：17¼　字数：361千字
2020年9月第一版　2020年9月第一次印刷
定价：168.00元

ISBN 978－7－112－25341－8
（36324）

ISBN 978-7-112-25341-8
9 787112 253418 >